成为人民报纸

新中国上海报业的历史变革

（1949~1953）

龙 伟 / 著

社会科学文献出版社
SOCIAL SCIENCES ACADEMIC PRESS (CHINA)

目 录

导　论

　　互联网的兴起颠覆了传统新闻生产流程，重构了人与人的社会关系。在这种背景下，信息技术与政治转型变成了西方学术圈一个引人关注的话题。例如 1999 年美国学者丹尼尔·林奇（Daniel C. Lynch）出版了《后宣传时代：改革开放后中国的媒体、政治、思想工作》。[①] 该书聚焦当前中国思想工作机构的改革，从报刊、广播、电视、互联网、书籍出版等各个方面描述了中国宣传系统在进入媒体工业时代的转型。另一位重要的学者是坎特伯雷大学的布莱迪（Anne-Marie Brady）。她曾主持"当代中国的文宣与思想工作"研究项目，在 2008 年推出了《当代中国的宣传和思想工作》一书。[②]布莱迪在书中指出，1949 年以后中国的宣传人员使用了包括电影、电视、报纸、海报等印刷媒体、戏剧和音乐等文化艺术及思想政治学习等一切可能的通信手段来进行广泛宣传。

　　林奇与布莱迪等学者与此前西方学者的认识并不一致。此前不少西方学者对以互联网为代表的新型信息技术持乐观的态度，这种论调令人仿佛回到市场经济的历史谈论之中，彼时的西方学者信誓旦旦地提出市场经济必然会改变中国的政治前景。然而在经历改革开放的高速发展后，中国在政治上将市场经济与社会主义的政治体制有机结合在一起，挑战并超越了西方的"华盛顿共识"（Washington Consensus）。中国独特的发展模式在很大程度上颠覆了西方学术界的既定认识和传统观念，这迫使西方研究者不断去反思既有的"西方中心主义"的观念和认识。由是，"韧性威权主义"（resilient authoritarianism）、"调适性威权主义"（adaptive authoritarian-

---

① Daniel C. Lynch, *After the Propaganda State: Media, Politics, and "Thought Work" in Reformed China.* Stanford: Stanford University Press, 1999.

② Anne-Marie Brady, *Marketing Dictatorship: Propaganda and Thought Work in Contemporary China.* Lanham: Rowman & Littlefield, 2008.

ism）等论调占据了西方中国研究的主流。① 与此类似，在互联网、社交媒体等现代数字技术大行其道的浪潮中，"信息技术与政治转型"的讨论再度出现激烈的交锋。林奇、布莱迪等人的论述显然也受到西方中国研究这一话语转换的影响。与那些"技术决定论"不同的是，越来越多的研究者意识到有必要将互联网、社交媒体等现代技术媒体置放于中国政治体制、中国执政转型的背景之中加以讨论。

作为社会系统的组成部分之一，互联网的兴起使得媒介与其他社会系统的关系正变得极其复杂。面对特定时段复杂的社会环境，单纯的信息或"技术决定论"的解释就会变得缺乏说服力。"技术决定论"的论调往往包含着一种强烈的意识形态预设。在西方学者的眼中，自由主义的媒介环境往往与市场经济、民主政治完美匹配，科学和技术也一直被视作西方意识形态取得支配地位的合法化依据。② 自然地，在讨论中国社会的媒介与政治问题时，西方学者也往往将植根西方社会的理论移用来加以衡量。这套话语理论从西方的社会经验出发，具有很强的科学主义色彩，强调全球化背景下的一致性和普世性，淡化分析对象的社会历史背景，更忽视媒体发展中的政治权力问题。当这套话语被用来观察和解释中国问题时，理论的适应性就成为问题。特别是它对中国社会与媒介发展的历史特殊性的忽视，使得这套理论的解释说服力大打折扣。很明显，对媒介政治功能的反思有必要将媒介功能置于特定的社会和历史结构中，考察特定语境中政治结构、传播权力运作过程及其历史逻辑。班纳吉（Indrajit Banerjee）就指出，要理解互联网在亚洲的作用，应将其置于该地区的政治和媒体情境中。③ 同理，要理解中国媒介的发展与功用，有必要抛弃西方化的普世理论和规范性框架，以"中国中心"的视角从中国媒介与中国政治和社会的发展逻辑中去寻找答案。

如果我们承认互联网也属于媒介之一种，那么我们就同样应该承认互

---

① 黎安友：《从极权主义到韧性威权：中国政治变迁之路》，巨流图书股份有限公司，2007。

② Michael Adas, *Machines as the Measure of Men*：*Science*，*Technology*，*and Ideologies of Western Dominance*. Ithaca，NY：Cornell University Press，1989.

③ I. Banerjee，"Internet and Democracy in Asia：A Critical Explanatory Journey," in Indrajit Banerjee，ed.，*Rhetoric and Reality*：*the Internet Challenge for Democracy in Asia*. Singapore：Eastern Universities Press，2003，p. 3.

联网和以往的媒介形态有着内在的一致性。要理解当今互联网与中国政治走向的关系，也可以寻找一种类同的"媒介－国家"的历史视角。事实上，从交往史或技术史的角度理解，互联网的出现与历史上其他媒介的出现或许并没有本质的区别，所有的媒介根本上都只是人与人交往的工具。不同的是，互联网新媒体的出现使原来"一对多"的单向传播模式变成"多对多"的网状复合结构，但这仍然只是信息传播形式上的变化，互联网的交往属性与工具属性没有改变，媒介与政治的根本性关系也没有发生变化。一种类同的"媒介－国家"的历史视角或将有助于我们观察媒介在国家与社会之间彼此关系上的互动，进而理解现象世界背后潜伏的社会结构和权力运作。

执政者对互联网的焦虑大多来源于对"信息"控制力的担心。的确，中国历史上任何新的传播技术所引起的信息几何级的增长都会给执政者带来巨大的压力。邓小南注意到，只要统治阶层自身意识到在信息占有与控制上可能处于不利地位，无可遏抑的焦虑感便会油然而生。① 这样的情形不仅在两宋上演，近代大众传媒兴起之后，执政者或许要更为频繁地面对这样的焦虑。中国近代的政治实践表明，政治权力对媒介技术的掌控与利用无疑是影响媒介发展的关键性因素。媒介功能的强弱并不纯粹取决于媒介本身，而与统治阶级的权威性及其对社会的控制程度密切相关。与西方自由主义的媒介历史实践全然不同，大众媒体与政治的紧密结合是中国近代媒介实践的重要特征，这决定了在中国的媒介环境中，脱离政治结构来讨论媒介根本不得其要。

就中国共产党的媒介治理而言，本书注意到中华人民共和国成立之初的媒介环境与改革开放后市场化的媒介环境颇有类同之处。这两个时段均因为存在较为广泛而复杂的信息传播环境，使得中共面临信息散播管理的难题。中共自延安时代起就借鉴列宁的党报理论建立了"四性一统"② 的无产阶级党报体制。不过长期以来，中共所面对的主要是根据地一元化的媒介环境。中华人民共和国成立后，由于大量私营、非党报刊的存在，这

① 邓小南主编《政绩考察与信息渠道——以宋代为重心》，北京大学出版社，2008，第12页。
② "四性一统"指党性、群众性、战斗性、指导性统一在党性之下。参见黄旦《从"不完全党报"到"完全党报"——延安〈解放日报〉改版再审视》，李金铨主编《文人论政：知识分子与报刊》，广西师范大学出版社，2008，第273～279页。

对中共延安时期的单一性党报管理提出了新的挑战。1949 年后短暂的三四年，既存在党报，也存在非党报。既有作为宣传的新闻事业，也有私营新闻事业，同时还面临外部西方舆论的巨大压力。如何将众多有影响力的非党报刊纳入中共的宣传战线，整肃资产阶级的旧有习气，确立中共对这些非党媒体的领导，避免对立，为我所用，成为中共新闻战线上的重要问题。作为新生政权的执政党，中共在中华人民共和国成立初期所面对的媒介管控的忧虑，事实上并不亚于此后的任何一个时期。研究此时中共对媒介秩序的形塑，将有助于反思性地理解在中国这一特定政治与社会结构中媒介与政治的复杂关系，而中共在历史关键时期积累的历史经验，亦可能成为其在面对类似问题时重要的思想和历史资源。

中共面对新中国复杂的舆论局面，通过没收、接管等方式实现了对媒介资源的重新配置，推进完成了对私营报业的统合，形塑了新的政治宣传"主体"（Subject）。这一整套举措使得中共迅速彻底实现了对城市（先进的）媒介技术和资源的占有和利用。当然，这一过程并非和风细雨、风平浪静，私营报纸从"自由主义"到"人民报纸"的改造与转变并不轻松，中共的整顿收编并使之合法化的过程也并非一帆风顺。相反地，各种力量和声音广泛地存在于理想与现实、承诺与兑现、服从与妥协之间。总的来看，中华人民共和国成立之初中共对媒介技术和资源的收编、改造与利用无疑是巩固新生政权、强化领导话语的重要步骤。这一过程清晰展示了中共政治权力在新闻领域的运作路径。

1956 年，弗雷德里克·西伯特（Frederick Siebert）等撰写了《传媒的四种理论》。在这本经典之作的开篇，他们提出这样的设问：传播为什么是现在的样子，为什么它为不同的目的服务，为什么在不同的国家它的表现形式存在极大差别？① 差不多 50 年后，丹尼尔·哈林（Daneil Hallin）和保罗·曼奇尼（Paolo Mancini）提出了同样的设问，并在此基础之上完成了《比较媒介体制：媒介与政治的三种模式》一书。② 事实上，这样的追问如此迷人，以至它完全可以成为媒介史研究的永恒之问。

---

① 费雷德里克·S. 西伯特等：《传媒的四种理论》，戴鑫译，中国人民大学出版社，2008，"引言"，第 1 页。
② 丹尼尔·C. 哈林、保罗·曼奇尼：《比较媒介体制：媒介与政治的三种模式》，陈娟等译，中国人民大学出版社，2012，第 1 页。

　　中华人民共和国新闻史的研究时常面临同样的追问：中国的传媒为什么是现在的样子？要理解当下的传媒之境，必然回溯过往之径。著名社会学家米尔斯（C. Wight Mills）说："如果我们想理解当代社会结构中的动态变化，就必须尽力洞察它的长期发展，并根据这些发展设问：这些趋势发生的机制是什么，该社会结构变迁的机制是什么？正是在诸如此类的问题中，我们才能深入涉及这些趋势。"① 按照米尔斯的逻辑，只需简单回顾近代新闻史，即不难证实中国近代的社会结构乃是中国近代传媒演进发展的土壤和前提，只有对近代社会变迁的机制有深刻的理解，才可能洞察媒体的演进发展。

　　事实上，媒介技术从来就不是一种纯粹中立的力量。一定社会结构的新闻事业总是必然地要服务于这一社会结构的意识形态。西方新闻业以自由相标榜，但马尔库塞就一针见血地指出：大众媒介乍看是一种传播信息和提供娱乐的工具，但实质上不发挥思想引导、政治控制等功能的大众媒介在现代社会是不存在的。② 法兰克福学派认为，在现代发达资本主义社会中，国家权力对媒介的控制非但没有减弱，反而进一步加强了。霍克海默与阿多尔诺就曾以斩钉截铁的语气说过："广播系统是一种私人的企业，但是它已经代表了整个国家权力，……切斯特农场不过是国家的烟草供给地，而无线电广播则是国家的话筒。"③ 与西方新闻业以"自由主义"相标榜、掩饰其功利取向不同，马克思主义政党对报刊功能的界定则更为明确。列宁政党一直强调报刊的宣传、鼓动和组织功能。例如共产国际二大就规定："日常的宣传和鼓动必须具有真正的共产主义性质。党掌握的各种机关报刊，都必须由已经证明是忠于无产阶级革命事业的可靠的共产党人来主持编辑工作。"④ 列宁强调："写作事业应当成为整个无产阶级事业的一部分，成为由整个工人阶级的整个觉悟的先锋队所开动的一部巨大的社会民主主义机器的'齿轮和螺丝钉'。"⑤ 毛泽东则更为浅显明白地讲："在阶级消灭之前，不管通讯社或报纸的新闻，都有阶级性。资产阶级所

---

① C. 赖特·米尔斯：《社会学的想象力》，陈强等译，三联书店，2005，第163页。
② 马尔库塞：《单向度的人》，张峰等译，重庆出版社，1993，第9页。
③ 马克斯·霍克海默、特奥多·威·阿多尔诺：《启蒙辩证法》，洪佩郁、蔺月峰译，重庆出版社，1993，第150页。
④ 《加入共产国际的条件》，《列宁全集》第39卷，人民出版社，1986，第199页。
⑤ 《党的组织和党的出版物》，《列宁全集》第12卷，人民出版社，1987，第93页。

说的'新闻自由'是骗人的，完全客观的报道是没有的。"① 毛泽东强调：
"在世界上存在着阶级区分的时期，报纸又总是阶级斗争的工具。"②

　　20世纪中国革命的一大特征就是动员民众参与政治。在此过程中，报刊无疑是最好的政治动员武器之一。近代中国人办报之始，就与政治运动保持密切关系，中国大众传媒的兴衰也始终与政治运动、政党权力密切联系。国共两党都异常强调对报刊等大众媒介的运用。在这样的历史脉络中，政治权力对媒介的影响不难想见。总体而论，中国近代大众传媒的发展与西方大众传媒的发展历程、背景、逻辑、体制、文化迥然有别。尽管中国也不乏如《大公报》对"四不主义"的坚守，但那不过只是反衬出超脱、独立于政治的报刊在近代中国乃是稀罕之物。因此大概可以说，一部中国近代的新闻媒体发展史也是一部中国近代政治史。

　　作为共产主义的政党，中共对文化宣传极为重视。无论是革命宣传，还是社会改造，新闻报刊一直都是中共进行政治、文化宣传的重要工具。早在中共成立之初，中共中央执行委员会所设三个委员中就有宣传委员，显示了中共对宣传工作的高度重视。延安时期，毛泽东系统总结了新闻宣传理论，并通过整风运动，特别是围绕《解放日报》的改版最终使党报完成了从"不完全党报"到"完全党报"的转变，确立了以"四性一统"为理论框架的无产阶级党报理论。延安时期虽然短暂，这套被学术界称为"延安范式"的办报模式却为此后全国新闻宣传体制奠定了基础。在西柏坡，中共中央根据延安经验谋定新中国成立后新闻事业的各项基本原则，明确要由党而国，建立起一套以党领导的中央行政计划主导的国营媒体网络。以历史的眼光观察，1949～1953年的报业变革无疑是中国当代传媒之所以如是的一大关节所在。理解1949年新中国新闻传媒制度的确立及其演进乃是探求当代中国传媒业发展脉络的必然路径。

　　中华人民共和国新闻传媒制度的确立意味着以"延安范式"整合旧有的新闻范式。传统报业最为繁盛的上海无疑成为这场报业变革的关键和焦点。上海是民国时期文化出版与文化消费的中心，新闻报刊、图书出版繁盛一时。上海解放后，文化战线的破旧、立新成为新政权的必然选择。如

---

① 新华通讯社编《毛泽东论新闻宣传》，新华出版社，2000，第135页。
② 毛泽东：《文汇报在一个时间内的资产阶级方向》，《人民日报》1957年6月14日。

何在保持稳定的前提下，整顿旧的报业体系、建立新的报业体系、构建以党报为核心的国营媒体网络为新生政权服务成为中共在新闻战线的头等大事。由此，上海新闻出版业经历了疾风骤雨的变革。在短短的三四年间（1949～1953），随着对旧上海资产阶级新闻范式的全面否定，上海私营报业彻底瓦解，伴随公营报业的全面建立，以工人阶级思想为指导的新闻体制得以最终建立。如果以 1949 年、1953 年两年为大致节点，观察由此划分出来的三个不同时段的媒介环境，当很容易发现 1949～1953 年存在明显的过渡形态。这个阶段前后的两个时期，上海报业呈现出截然不同的历史面向。中华人民共和国成立初期上海报业的历史变革既是一场政治运动，也是一场文化改造运动，它既涉及媒介市场与媒介体制的变革，也关乎国家与社会新的权力关系运作，当然更奠定了中华人民共和国成立后新闻事业的生产模式与发展道路。这场上海报业的历史变革来势之迅猛，影响之深远无疑给人留下了深刻印象。

1949 年 5 月 27 日，上海解放。就在当天，《解放日报》创刊出版，这是中共党报在上海这个国际大都市首次公开亮相。在党报闪耀登台的背后，中共还需要对上海为数众多的旧报刊做出安排。如何整合旧有报业体系建立以党报为核心的新报业体系，势必是上海解放后中共在新闻战线上的一场新战役。本书即以 1949～1953 年的上海报业变革为研究对象，拟通过对相关档案文献的解读，勾勒以《解放日报》为核心的国营媒体网络体系的确立过程，描绘上海私营报业体系经过整合再造被纳入新的报业体系的历史脉络，进而观察政治权力的毛细血管在媒介领域的运作路径。

第一章 进城：上海解放后的报业接管

第一节 解放上海的新闻接管准备

建党伊始，中共就特别重视党的政治宣传工作。建党之初，中共中央执行委员会只设立了三位委员，宣传委员就是其中之一（另两个委员是总书记和组织委员）。1927 年，中共中央在《关于宣传鼓动工作》的通知中明确提出："政治宣传和鼓动，乃是党调动群众领导群众兼以训练党员之必要的条件。"① 中共的宣传理念明显受到列宁党报理论的影响。列宁曾阐述："报纸不仅是集体的宣传员和集体的鼓动员，而且是集体的组织者。"② 1930 年，《红旗》刊发的《党员对党报的责任》开篇就引用了列宁的这个观点。③ 根据马列关于党报的论述，中共认为新闻报刊从来都是掌握在统治阶级政党手中用以进行阶级斗争的有力工具。④

在早期革命斗争实践中，中共虽不断有党报的创办，但党报与党的关系还相对松散，党报的新闻报道也相对随意。中共对政党与报刊关系的论述大多沿袭列宁的观点，缺乏创造性，也并未形成成熟的体系。直到 1942 年围绕《解放日报》改版，中共最终形成了独特的新闻理论范式——中共党报理论。针对党报"党性"不强的问题，1942 年 3 月 16 日，中共中央宣传部发出《为改造党报的通知》，要求各地根据整风精神对报纸党八股进行检查。在此次党报改造运动中，《解放日报》走在前列，重新明确党

---

① 中国社会科学院新闻研究所编《中国共产党新闻工作文件汇编》上卷，新华出版社，1980，第 35 页。

② 《从何着手？》（1901 年 5 月），《列宁全集》第 5 卷，人民出版社，1986，第 8 页。

③ 《党员对党报的责任》（1930 年 5 月 10 日），《中国共产党新闻工作文件汇编》下卷，第 131 页。

④ 《我们的任务》，《红旗日报》1930 年 8 月 10 日，创刊号发刊词。

报在中共政治生活的位置。1942 年 9 月 22 日，《解放日报》发表社论《党与党报》，重新阐释了党报与党的关系，明确党报是党的喉舌，党报要严格遵照"党的意志办事"。

> 一切仿照报馆同人或工作人员个人办事，不必顾及党的意志，一切仿照自己的高兴不高兴办事，不必顾及党的影响。办报办成这样，那就一定党性不强……报纸是党的喉舌，这是一个巨大集体的喉舌。在党报工作的同志，只是整个党的组织的一部分。一切要仿照党的意志办事，一言一动，一字一句，都要顾到党的影响。①

此外，胡乔木、陆定一等人在《解放日报》上发表了一系列文章，系统阐述了无产阶级新闻学的基本理论。有学者指出，通过延安整风，《解放日报》完成了从"不完全的党报"向"完全党报"的转变，中共的党报理论也得以基本确立。《解放日报》改版的结果是，"创办了中国新闻史和党报史上一种独特的报刊类型的操作范式——以组织喉舌为性质，以党的一元化领导为体制，以四性一统（党性、群众性、战斗性、指导性，统一在党性之下）为理路框架的延安范式"。② 经过延安整风，"延安范式"成为中共新闻理论的基本操作范式，也成为中华人民共和国成立后中共在全国推行的新闻体制蓝本。

西柏坡时期是中共谋划全局、筹备建政的重要时期。中共此时即将成为全国性的执政党，"进京赶考"如何能考出好成绩是毛泽东等人思考的重要内容。在全国性的各项工作中，新闻宣传工作是新政权着重研究的领域之一。正是在西柏坡时期，中共基本谋定了建国后新闻事业的各项基本原则，即要建立一套共产党领导的中央行政计划主导的国营媒体网络。③然而鉴于统一战线和将要建立联合政府的现实，中共在建国初期不可能简单地对新闻单位实行延安时期的一元化管理。因此，不得不在相当长一段时间内，中共还允许部分私营媒体的存在。为确保党报的领导地位，中共在建国初的报业政策基本采取了两轨并举的模式。一方面积极

---

① 《党与党报》，《中国共产党新闻工作文件汇编》下卷，第 54～55 页。
② 黄旦：《从"不完全党报"到"完全党报"——延安〈解放日报〉改版再审视》，李金铨主编《文人论政：知识分子与报刊》，第 273～279 页。
③ 张济顺：《远去的都市：1950 年代的上海》，社会科学文献出版社，2015，第 138 页。

建立完善的党报系统，不断夯实强化党报的领导地位。另一方面则试图通过对私营报业的规范、改造，将其纳入党的领导之下，以配合党报发挥宣传作用。

1948年下半年，中共在不断夺取新城市的同时，开始逐步积累"城市办报"的经验，并加强对宣传舆论阵地的收编占领。1948年6～8月，中共中央多次就党报问题发出指示，要求各级党委负责人切实担负领导党报的重任，确保党报"主要是工人和农民服务"的方向，党报"必须无条件地宣传中央的路线和政策"，并要求各地逐步累积"在城市办报的经验"。① 淮海战役发动后，中共很快意识到国内的军事形势"进入一个新的转折点"。② 面对国内形势的"重大变化"，一系列大中城市可望迅速解放，如何处置这些大城市中的报刊通讯社等宣传舆论机构就成为一个"严重而复杂的问题"。③ 基于战略性的考虑，中共中央在1948年11月8日发出《关于新解放城市中中外报刊通讯社的处理办法》。此办法明确定性"报社、刊物与通讯社，是一定的阶级、党派与社会团体进行阶级斗争的一种工具"，"不是生产事业"，因此不能采取对待私营工商业那样的保护和扶持政策。"除对极少数真正鼓励群众革命热情的进步报纸刊物，应扶助其复刊发行以外，对其他私营的报纸刊物与通讯社，均不应采取鼓励政策。"但同时要区别对待旧有私营报刊中"有反动政治背景"的报刊和"少数中间性和进步性"的报刊，既不可"毫无限制地放任"，又不能"不分青红皂白，轻率地一律取消"。④ 简单而言，中共针对新解放城市的中外报刊等新闻机构，具体的操作办法是对反动的报刊进行接收，中立及

---

① 《中共中央关于宣传工作中请示与报告制度的规定》（1948年6月5日）；《中央宣传部关于城市党报方针的指示》（1948年8月15日），中央档案馆编《中共中央文件选集》第17册，中共中央党校出版社，1992，第202～203、311～312页。

② 毛泽东：《中国军事形势的重大变化》（1948年11月14日），中共中央文献研究室、中央档案馆编《建党以来重要文献选编（1921—1949）》第25册，中央文献出版社，2011，第642页。

③ 《中共中央关于新解放城市中中外报刊通讯社处理办法的决定》（1948年11月8日），《中共中央文件选集》第17册，第465～467页；《建党以来重要文献选编（1921—1949）》第25册，第630～634页。

④ 《中共中央关于新解放城市中中外报刊通讯社处理办法的决定》（1948年11月8日），《中共中央文件选集》第17册，第465～467页；《建党以来重要文献选编（1921－1949）》第25册，第630～634页。

进步的先予登记，接受审查，再行出版，通过"剥夺反人民的言论出版自由"来确保"人民的言论自由"。

上述办法只是中共在革命斗争实践中带有指导意义的原则性方案，至于具体如何实施则要复杂得多。特别是像北平、天津、南京、上海这样的大城市，社会结构与解放区大不相同，新闻报刊的出版需要"特别慎重，不能鲁莽从事"。在上海解放之前，中共领导层即对上海的新闻事业有所筹划，周恩来与夏衍、胡愈之、萨空了等人谈道：

> 我们过去在山沟里办报，读者对象主要是工农兵和干部。入城以后，情况就不同了，特别是像北平、上海、武汉、广州这些大城市。为此，要请你们这几位办报有经验的人给我们出主意，提意见。按解放前那样办当然不行，办成解放区那样，读者也不会习惯，达不到教育、宣传的目的。此外，还有一个民办报纸的问题，像《大公报》《申报》《新闻报》《新民报》以及党领导的外围报纸，这是一个相当复杂、政策性很强的问题，我们初步的意见是北平、上海这样的地方，还可以保留几家民营报纸，具体办法，想听听你们的意见。国民党的党报，当然要接管改造，但是从业人员，还是要分别不同情况，妥善安排，这个问题要特别慎重，不能鲁莽从事。①

周恩来的担心不是没有道理，因为此前在解放天津的过程中，天津军管会对报刊的处理办法就受到了批评。天津解放后，天津军管会在未向中共中央报告的情况下将所有报纸一律停刊，结果造成了很不好的影响。中共中央对此予以批评："先停刊后登记是使自己陷于被动的办法，不如一面听其续出，一面令其登记，我们可居于主动地位，从容审慎处理。"②南京解放后，中共中央更是明确指示："大城市中除党报外视情况需要再办一两家或若干家非党进步的报纸，以联系更广泛的社会阶层，根据平津经验是有利的，（这些非党报纸既有党员在内工作当然更好），但报纸种数

① 夏衍：《懒寻旧梦录（增补本）》，三联书店，2000，第395页。
② 《中共中央关于对天津旧有报纸处理办法给天津市委的指示》（1949年1月19日），《中国共产党新闻工作文件汇编》上卷，第268～269页。

亦不宜过多，以免纸张和人力、和销路、和各报发生困难，通讯社原则上应归国营，除新华社外无需鼓励成立其他的通讯社。"① 毫无疑问，中共在解放北平、天津、南京等大城市过程中积累的经验为上海旧报业的处理提供了重要的参考。

作为旧中国新闻事业最发达的城市，上海在全国的报业格局中具有举足轻重的地位。在新民主主义的旗帜下，如何顺利对上海的新闻事业进行接管，如何在消费主义盛行的上海构建起以《解放日报》为核心的党报体系，又如何处理私营报业与党报间的关系，这一系列的问题是中共新闻战线在 1949 年下半年面临的最大考验。

毛泽东曾指出，"我们进上海是中国革命过一难关，它带全党全世界性质"，② 由此不难看出中共对"进上海"何其重视。平津战役、淮海战役期间，中共中央即指示华东局为江南解放后接管大中城市做好准备。为顺利接管上海，大量的准备工作早在上海战役之前就已有序展开。③ 这些准备中较重要的即是南下干部的训练。1948 年冬，中共中央致电上海局选派 30～50 名干部前往东北解放区学习城市管理经验，作为接管上海、南京等城市的干部培训。中共还专门安排华东地区党的新闻工作者集中到济南进行训练和学习，为解放江南储备干部。1949 年 2 月 3 日，中共中央发出关于军事形势和准备渡江南下干部的指示，要求华东、华中调动集中训练 1.5 万名干部，并于 2 月底在徐州集中待命，随军南下。④

渡江战役前，中共中央决议由邓小平、饶漱石、陈毅负责华东局工作，三人随即对解放华东、接管上海做了具体的人事指示。1949 年 3 月 14 日，邓小平、饶漱石、陈毅致信时任中共中央书记处书记任弼时，提出调派指定干部和组织南下干部的问题。信中特别要求中央安排章汉夫、夏衍、钱俊瑞、范长江等人前往上海工作。信中说："关于上海工作，除

① 《中共中央关于大城市报纸问题复南京市委电》（1949 年 5 月 9 日），《中国共产党新闻工作文件汇编》上卷，第 280 页。
② 《陈毅在丹阳干部会议上的讲话》（1949 年 5 月 10 日），中共上海市委党史研究室、上海市档案馆合编《接管上海》上卷，中国广播电视出版社，1993，第 59 页。
③ 庞松：《略论解放战争时期中共对上海的接管》，《近代史研究》1997 年第 2 期，第 284～312 页。
④ 《中央关于军事形势和准备渡江南进干部的指示》，《中共中央文件选集》第 18 册，第 105～107 页。

请调干部外，其中如章汉夫、夏衍等，务请你注意到工作必需准其调往。章汉夫在应付外交和作为市委宣传方面是适宜人才。夏衍在主持文化工作方面亦十分切合需要。另外钱俊瑞、范长江亦各望按期先到华野。关于中央派赴江南干部，可由刘晓、刘少文负责组织南下。"①

在中共的作战方案中，宁沪杭本是一体，中共原计划解放南京后迅速进兵解放沪杭。然而南京解放后，解放军因对部分战士约束不力以致发生了几起较严重的外交事件，其中包括未经请示擅自进入美国驻国民政府大使司徒雷登住宅的事件。上述事件影响较为恶劣，再加上考虑到上海的煤、粮储备可能有限，部队经长期作战亦亟须整训，总前委4月30日根据南京经验，认为在"我军未做适当准备，仓卒进入大城市，必然陷于非常被动地位"，建议部队推迟进驻上海，考虑尽可能推迟半月至一月入上海为好。②

因推迟进入上海，中共遂集结多方力量于丹阳，为解放上海做最后筹划。③ 按照中央指示，华东局方面制定了"按照系统、整套接收，调查研究，逐步改造"的具体方针，按照系统接管的原则安排、组织、调配干部和人员，分成政务、军事、财经、文教四大部分进行接收。在丹阳期间，接管干部对接管城市的政策和入城纪律进行深入学习，并有针对性地对接管上海的工作做了全方位准备。学习结束后，筹建的军事管制委员会下属各部处又以一个星期的时间，分别转入对各部具体政策与业务学习，阅读上海地下组织调查编辑的《上海概况》，并研究拟定各部处的接管方案，并最终汇总形成《上海市军管会各接管委员会接收计划》（又称"丹阳计划"）。④

这份接管的总计划中包括了新闻出版业的详细接管计划。新闻出版接管计划的核心一方面要确保接收工作的顺利开展，同时还要保证入城后

---

① 中共中央文献研究室编《邓小平年谱（1904～1974）》（中），中央文献出版社，2009，第807～808页。

② 《邓小平年谱（1904～1974）》（中），第821页。

③ 4月23日，第三野战军解放丹阳。次日，总前委、华东局和华东军区机关随即移驻丹阳，从华北、华中抽调来接管上海的5000余名南下干部相继抵达丹阳，上海地下党负责人刘晓也带领地下党到丹阳商讨接管事宜。从4月23日至5月27日上海解放的一个月左右时间，属于集中丹阳准备阶段。参见《接管上海综述》，《接管上海》下卷，第6页。

④ 张文清：《接管上海的特点与历史经验》，《上海党史与党建》1997年第1期。

"首先办一个党报、一个广播电台、一个书店"。① 据"丹阳计划"所述，当时上海共有报纸44家，其中大报22家，小报22家，外埠报纸办事处10处，通讯社54家，共计108家。按照不同股资及情况，接管方案将其分为六类。

第一类：属国民党及其它反动党派、党政机关所有者，计大报十种。即中央日报、和平日报（黄埔系）、东南日报（CC原浙江省党部办）、正言报（三青团）、英文自由论坛报（伪中央宣部英文报）、前线日报（原三战区顾祝同）、前线晚报、民国日报（国民党报，敌产）、中华时报（青年党）、中央日报（阎锡山）。通讯社二个，即中央社上海分社、军闻社上海分社。外埠报纸办事处六个（南京中央日报、贵阳中央日报、湖南中央日报、南京东南日报、贵州日报、人报）。

第二类：私人或私人名义经营，但反动显著并确实者，计有报纸十三种，内大报十一种，即申报、新闻报（资产主要原为私人资本家史咏赓股份）、大公报（政学系）、益世报（名义为天主教报纸）、大晚报（孔祥熙）、新夜报（潘公展）、大众夜报（宣铁吾）、时事新报（孔祥熙）、商报（潘公展，有杜月笙股份）、英文大陆报（孔祥熙）、华美晚报（国民党中宣部）。小报三种，即辛报（孔祥熙）、铁报（宣铁吾），立报（□□□系统，自称为联工会机关报）。通讯社五种，即华东通讯社（军统）、新沪通讯社（军统控制）、中国经济通讯社（军统外围组织）、改造通讯社（汤恩伯）、中时电讯社（孔祥熙）。

第三类：中间性质者一种，即新民晚报。

第四类：情况不明或不甚明了者，计大报一种金融日报，小报十八种飞报等。通讯社四十七种。

第五类：已被封闭之进步报纸二种（联合晚报、文汇报）。

第六类：外国人办的报纸通讯社（杂志亦算入□□□），计报纸杂志十三种，内英文报二种（字林西报、大美晚报），周刊一种（密

---

① 《上海市军管会新闻出版处接管工作综合报告》，档案号：Q431－1－1－60，上海市档案馆藏。

勒氏评论报）。法文二种（中法日报等），苏商报四种（英文每日新闻、中文时代日报、中文时代周刊、俄文新生活报），白俄报纸三种（俄文日报、俄声日报、俄语日报），其他两种（远东犹太呼声、德文回论报）。通讯社八家，即美国新闻处、英国新闻处、塔斯、美联、合众、路透各分社、国际通讯社、美商通讯社。[①]

根据之前颁布的《关于新解放城市中中外报刊通讯社的处理办法》，针对报刊的不同性质，接管方案制定了不同的接管政策。凡属于第一类者，一律加以接收。属于第二类者，原则上一律加以全部或部分接收，但有个别报纸给予区别对待。[②] 中间性质的《新民晚报》允其登记继续出版。情况尚不明了的报纸及通讯社（以小报为主）则拟进一步调查研究后再行处理。被封闭的进步报纸准予登记复刊。属于第六类者，暂不处理，除苏联报纸、通讯社以协商办法处理外，其余均把它们孤立起来，慢慢限制，最后停止其工作。与此同时，新闻出版处还附上了接管计划明细表，对其中性质明确的 23 家报纸提出了具体的处理意见和接管计划。[③]

就接管计划来看，中共在进城之前就已通过地下组织对上海大多数大中型报纸的性质有了较清楚的判断，唯对小型报纸和极个别大报的股资性质不甚明了。经过学习和熟悉情况，新闻出版处对上海报业的接管已然成竹在胸、蓄势待发。

第二节　文管会对上海报业的接管

1949 年 5 月 27 日，陈毅指挥第三野战军进驻上海。同日，上海市

---

① 《新闻室接管工作计划草案》，档案号：Q431 - 1 - 1 - 113，上海市档案馆藏。
② 所谓的区别对待具体是指"《新闻报》《申报》，先实行军事管理，再协商办法。《大公报》，因其内部已有反正条件，故应等待其反正。英文《大陆报》，传该报宣称已卖给美籍律师阿乐满，故暂缓处理。《益世报》《商报》《立报》，因分别考虑到某些天主教徒、上海某些民族资本家及反动工会中某些工人可能有的影响，故可稍后一步，候上述报纸之罪状宣布后再行处理。"参见《新闻室接管工作计划草案》，档案号：Q431 - 1 - 1 - 113，上海市档案馆藏。
③ 《新闻室接管工作计划草案》，档案号：Q431 - 1 - 1 - 113，上海市档案馆藏。参照上下文意，原件采取的"方针及政策"中第 4、5、6 条本该对应第"四""五""六"类，原件中误作"五""六""四"类。

军事管制委员会正式成立。军事管制委员会下设有文化教育管理委员会
（简称"文管会"），陈毅为主任，夏衍、钱俊瑞、范长江、戴白韬担任
副主任。① 文管会下设高等教育、市政教育、文艺和新闻出版四个处。
这些组织事实上在丹阳期间即已筹组完成，并按预订计划展开工作，只
是到上海解放后才正式亮相。新闻出版事业的接管工作主要由文管会新
闻出版处负责，该处下设新闻、出版、广播、研究四室，前三室分别对
应报纸通讯社、图书出版、广播的接管。新闻出版处于 5 月 26 日进入
上海，27 日正式开展工作。

　　新闻出版处新闻室主要负责上海报纸、通讯社的接管，从接管思路
来看，报纸接管工作有两个特点。其一，新闻室对报业接管采取了确保
出版、兼顾接收的原则。在拟定的接管计划中，中共明确要在上海解放
后立即出版《解放日报》，因此确保党报优先出版成为一项重要的政治
任务。为确保顺利出版，《解放日报》在丹阳时即组建了编辑团队，并
具体规划了办报方针、内容、版式，准备好了稿件。"丹阳计划"明确
要求大部分的干部要为出版做好准备，"如组织通讯网、准备与配备出
报的材料等。至少摘好前十五天的报纸材料"，在率先保证《解放日报》
出版同时兼顾旧报业的接收工作。② 其二，因报纸、通讯社数量众多，
新闻出版处在实际接管工作中极注意区分重点，分清轻重缓急，抓大放
小。根据工作重点，新闻室将要接收的报纸分成几类，首先集中力量接
管"准备出版的对象（确定申报、新闻报两处）"，以确保在解放上海
后党报能迅速出版。其次是对规模较大的报纸和通讯社进行接收，主要
涉及国民党及其他反动党派、党政机关所有者的大报。再次是一般的报
社，而"对很小或不明情况者，除令其遵照军管会布告登记审查外，暂
不过问"。为达上述要求，新闻室对接管干部进行了适当分工与配备，
采取了出版先行、接管并重的方针，在为党报出版做准备的同时，抽调

---

① 夏衍是文管会实际负责人。这一时期，范长江、钱俊瑞还在北京未到上海，陈毅只是挂
　　名。1949 年 5 月 24 日，陈毅曾对夏衍说："文管会我当主任，实际工作由你负责，我挂
　　个名，是为了你工作上方便，我这个名字还可以压压那些不听话的人。你人头熟，情况
　　熟，你认识许多大文化人，所以可以放手工作，不要害怕。"夏衍：《懒寻旧梦录（增补
　　本）》，第 400 页。
② 《新闻室接管工作计划草案》，档案号：Q431－1－1－113，上海市档案馆藏。

一批干部着手接收工作。①

在接管过程中，新闻室较好地贯彻了"丹阳计划"中的接管原则。在确保《解放日报》顺利出版后，新闻室迅速对国民党及其他反动党派、党政机关所有者的大报及调查明确的私营报纸展开接管工作。按照各报的不同性质，新闻室分别采取了接管、军管、管制和支持扶植的不同措施。对于《中央日报》《和平日报》《前线日报》等国民党、政、军、特、宪独资创办、直接控制的报纸，新闻室采取直接接管的措施，停止出版，没收全部资产；对于类似《申报》《新闻报》由官僚资本和民族资本合办、编辑部被反动派控制的新闻单位，先实行军管，再分别情况进行处理；对民族资本创办但无政治背景、政治中立的报纸，则采取管制政策，允许其向军管会申请登记。对于进步的报纸，则采取大力扶植的办法。② 至于情况不甚清楚的报纸，则只要求登记，暂未过问。

实际上，各报的具体情况各不相同，因此实际的接管工作往往因报而异，远比接管方案复杂得多。对于报业接管的过程，文管会实际负责人夏衍曾有过回忆。

> 按入城政策，凡私立大、中、小学和私营文艺单位，一律不接管，也不实行军管。新闻方面情况特别复杂，所以接管工作也特别细致慎重，例如《新民晚报》过去和我们有联系，所以解放后照常出版，一天也没有停刊；《文汇报》虽在解放前被国民党查禁了，但当严宝礼、徐铸成希望协助复刊时，文管会也给了他们以纸张、印刷方面的资助。上海有好几家英文报，《密勒氏评论报》的主持人鲍威尔和我们地下党有联系，因此也照常出版；英文《大陆报》本来是孔祥熙办的，解放前夕他们作了些"应变"措施，登出启事说已将全部财产盘给美国人阿乐满经营，挂上了"美商"招牌，但经过认真的调查，得到了确实证据，证实了所谓"出盘"完全是骗局，才报请军管会批准，于6月初予以没收。③

① 《新闻室接管工作计划草案》，档案号：Q431 - 1 - 1 - 113，上海市档案馆藏。
② 王中：《上海解放初期接管新闻机构的情况》，《接管上海》下卷，第217~226页。
③ 夏衍：《懒寻旧梦录（增补本）》，第407页。

　　对于具体的接管单位，新闻室采取的接管步骤主要有四步。第一步，与地下党共同开会，审查在丹阳所拟定的计划，充实具体材料。第二步，在正式接管以前，先派联络员前往该区进行实地调查，有了充分准备后，再进行接管。第三步，在去接管单位之前，先与对方约定开会时间，有地下党关系的，布置工作，协助接受。第四步，军事代表到达接管单位，即令其负责人员报告情况，如与原来了解无不符之处，即令其召集职工开会宣布接管命令与政策。①

　　因目标清楚，事先对要接管的各单位也有比较充分的了解，整个报业接管工作推进极为迅速。上海解放一周之内，新闻室对原拟的第一类接收单位进行了接收。6月5日，新闻室报告已完成接收或军管单位15家，原定第一批接管对象除几家办事处及情况变动外均已大体完成。② 截至6月26日，新闻出版处共计完成接收报纸13家（《中央日报》《东南日报》《中华时报》《英文自由论坛》《时事新报》《和平日报》《前线日报》《大众夜报》《华美晚报》《大晚报》《立报》《新中日报》《新夜报》），军事管制4家（《新闻报》《申报》《大陆报》《益世报》），另有《经济日报》《中文自由论坛晚报》《铁报》《活报》《群众报》《民众报晚刊》被命令停刊、办理结束。③ 绝大多数被认定为反动性质的报刊已被接管，只有部分不清楚情况的小报和外报未予处理，"消灭反动文化阵地"的工作基本完成。

　　由于新闻室事先对各大报的情况掌握较为充分，是以20余家大报在解放后一个月内大多得以分别处理。反倒是大多数小报，因新闻室对其情况掌握不明，一时并没有明确的意见。甚至在相当一段时间内，文管会对小报有没有继续存在的必要，如何接管、办理小报都存在争议。因而从总体上看，小报的接管工作反倒成为上海报业接管中的滞后环节。

　　小报在旧上海的报业中占据较重要的位置，这些小型报纸数量众多，

---

① 《上海市军管会新闻出版处一月综合报告（五月二十七日至六月二十六日）》，档案号：Q431－1－1－81，上海市档案馆藏。
② 《新闻室一周综合报告（六月五日）》，档案号：Q431－1－1－2，上海市档案馆藏。
③ 《上海市军管会新闻出版处一月综合报告（五月二十七日至六月二十六日）》，档案号：Q431－1－1－81，上海市档案馆藏。

成分复杂。上海解放前，中共尝试通过各种渠道对小报进行摸底，以对小报的情况有整体了解和基本定位。但是具体到各报的情况，大部分小报的情况都未能掌握清楚，故在"丹阳计划"中除《辛报》《铁报》《立报》三张被认定系私营但性质反动外，其余十几家小报均属"情况不明或不甚明了者"，有待"进一步调查研究后再行处理"。①

就地下党对上海报业的摸底情况来看，上海地下党基本上不认可旧式小报，但是又普遍认为在短时期内小报还有存在的价值。例如有报告就指出小报中的作者很大一部分是"才子加流氓"，从本质来说，小报"实在是应该淘汰的"。② 不过，报告也敏锐地意识到，利用小市民"习惯上对小报的嗜好"，如果把小报"作为对落后的小市民的一种改换气质的辅助教育"，未尝不是"很好而且现成的工具"。③ 报告者显然建议在对小报内容加以改造的前提下，对小报予以有限保留。另一份材料则报告了小报的版式、作者、作者生活、政治背景等方面的具体情况。例如对小报的政治背景，该报告提及"《诚报》为特务李浮生所主持，小报一切政治关系多半由李浮生所拉拢，平时言论荒唐反动；《辛报》与 CC 派头子潘公展有血缘；《铁报》是前伪市党部委员毛子佩所办，与吴绍澍有密切关系，平时反动文字都由《和平日报》主笔杨彦岐所写；《活报》为前伪市党部委员王微君所创办，曾以刊登团特消息灵敏为自夸。这四个刊物，前两个已停，后两个尚在出版中"。对小报作者，该报告称："在小报的作者中，邵西平与曾水手是写色情文的魁首。近年来，所谓长篇连载，都成为色情的贩卖场所，作者有王小逸、冯衡、田舍郎、王大苏。最流行的身边小品，大都记载个人吃看嫖赌荒唐事迹，作者有唐大郎、柳絮、沈韦窗、凤三、勤孟。"报告最后建议："为了争取落后，小报不是不能出。大多数人必须排除，内容亦必须加以检讨。"④ 这份报告直接影响了文管会对小报的判断，文管会此后对上海小报采取措施，其基本思路与这份报告的建议基本吻合。在对小报内容加以改造的基础上，允许少量出版以"争取落后"，这成为此后中共对上海小报整顿的基本思路。

---

① 《新闻室接管工作计划草案》，档案号：Q431－1－1－113，上海市档案馆藏。
② 《关于小报》，档案号：Q431－1－74，上海市档案馆藏。
③ 《关于小报》，档案号：Q431－1－74，上海市档案馆藏。
④ 《上海解放前夕小报概览》，档案号：Q431－1－74，上海市档案馆藏。

随着上海解放的脚步临近，《诚报》《辛报》《风报》《沪报》《大风报》等小型报纸迫于局势陆续停刊。政权易手后，旧上海的小报中剩下《罗宾汉》《铁报》《活报》《飞报》等少数几家仍在继续出版。待上海军管会颁行报刊登记规则后，部分小报自觉登记无望直接放弃申请，最后仅剩下《活报》《飞报》《罗宾汉》三家小报申请登记，这无疑大大降低了接管小报的难度。

在接管计划中，小报虽然被放在了较次要的位置，认为有待调查研究后再行处置，然而从实际的接管过程看，接管人员对旧小报的接管、整顿并未放松。原来在"丹阳计划"中明确要"稍后一步"处理的《立报》，也仅仅稍晚了几天"处理"。在判明《立报》属国民党宣传机构后，新闻室6月3日迅速予以接管。① 此后，《活报》《铁报》也因为负责人的政治背景有问题被勒令停刊。② 至6月23日，向军管会递交申请登记的上海小报中，就只剩下《飞报》《罗宾汉》两家还在继续出版。根据上海地下党掌握的情况，《飞报》《罗宾汉》的办理人员都存在反动关系，因此两者并不在军管会核准登记的范围之内。然而比较棘手的问题是，如果《罗宾汉》《飞报》这两家小报均被接管，那么大量习惯阅读小报的读者将陷入无报可读的局面，这显然与中共借用小报争取"落后"的想法不相符合。小报既然还有存在的必要，而申请登记的两家小报在政治上又不符合要求。为此，文管会只能采取"关停另办"的办法加以解决。为防止小报骤然全停产生负面影响，夏衍、李之华等人酝酿了"出一家停一家"的方案以为过渡。

有材料显示，作为文管会主任的夏衍6月上旬就曾邀请进步的几位报人做筹办小报的准备，他还对小报办报的人选有过指示。③ 6月17日，

---

① 《接管机构总结报告表》，档案号：Q431-1-105-3，上海市档案馆藏。
② 《上海市军管会新闻出版处一月综合报告（五月二十七日至六月二十六日）》，档案号：Q431-1-1-81，上海市档案馆藏。
③ 据冯亦代、龚之方回忆，夏衍曾在6月分别与两人谈话，要求其参与创办小报。冯、龚两人回忆的细节虽不尽可信，事件大致的经过却可资佐证。冯亦代回忆称："夏伯主持了上海文管会的工作，有天他叫我去，说为了帮助旧上海小报文人的改造，决定办两张小型报纸。一张由唐大郎、龚之方负责，名《亦报》；一张由我和陈涤夷负责，名《大报》。当时我一口答应，回家和安娜商量，尽我们所有，陈涤夷也出了小部分，报纸便办了起来，取名为《大报》。"参见冯亦代《绿的痴迷》（上），大众文艺出版社，2006，

上海地下党员李之华向上海市新闻出版处递交了一份题为"关于小报的建议"的报告，这份报告与之后小报的命运关系重大。李之华在报告中提及："根据夏主任的指示，以后办小报的人选大概不出以下三方面：一、唐大郎、龚之方的《海风》；二、冯亦代、陈蝶衣的《星报》；三、陈灵犀。"① 报告中所言的夏主任即是文管会的负责人夏衍，报告中所说的"夏主任的指示"当然不可能是夏衍凭空的臆想，而是夏衍与报告中提及的诸人接触后才形成的想法，这表明在6月中旬夏衍对小报办理的人选已有了较明确的意向。此外，李之华报告中还谈及上述几人对创办小报的态度与构想，甚而还附上了报人陈蝶衣关于《星报》创办的大致计划。这些举措事实上都证实文管会在大刀阔斧接管小报的同时，早已萌生"另行再办"的打算，夏衍也与办报对象有过较密切接触。只是因为几位小报的创办者尚需时间考虑，故而态度尚不明晰，所以文管会对新办小报的最终人选、数量还未最终明确。

根据李之华上报的建议，文管会夏衍等人对小报采取了"全停另办"的办法，并最终酝酿了"出一家停一家"的过渡方案。李之华在报告中说：

> 小报现在留存《飞报》《罗宾汉》两家，若照出一家停一家的初议，② 则以后小报自以为有两张较好，并且，如果允许有两家，还有如下的好处：一、不显得突出。若是只有一家，极容易使人错觉和我

第53页。龚之方则回忆说，夏衍曾找到他要求他与唐大郎组织一个"能力较强、素质较好的小报班子"《亦报》的取名与夏衍在重庆的故居"亦庐"有关。参见《文坛不老龚之方》，方俊：《百年上海滩》精华本，上海滩杂志社，2005，第570页。龚之方所言略有不实，唐大郎在《亦报》一周年自述时曾谈及《亦报》取名的来历："那一天，我同之方靠在沙发上，转报名的念头，想了许多，都不大满意，忽然冯亦代兄来看我们，等他走了，我对之方说：就把亦代的亦字做报眉好不好呢？他觉得并不过分严肃，也并不过分轻浮，有点同意了，正在这时候桑弧跑来，之方问他叫亦报好不好？他说这个字倒蛮清秀的，于是决定下来，去请散木写字。"参见高唐《亦字》，《亦报》，1950年7月25日第3版。
① 李之华：《关于小报的建议》，档案号：Q431-1-199-12，上海市档案馆藏。
② 有学者据此认为李之华的意思是留存《飞报》《罗宾报》两家，再另出两家新小报，此种解读显然有误。结合前后史料，并此处所谓"初议"一语，可以推定，夏衍等人早在6月17日前已基本议定全部关停、另行再办的思路。另1952年，陈虞孙曾明确讲过："解放后我们把过去的小报都停掉了，又核准了两张新的小报出版。"参见《陈虞孙同志的讲话（纪录稿）》，档案号：A22-1-48-11，上海市档案馆藏。

们的党有特殊关系。二、比较有竞争性，可以督促彼此的进步和健全。三、万一出了毛病，不致停刊后市上没有小报。四、以现在的小报方面职业作家说，若只有一家，除若□□该淘汰的外，吸收的人数也不够容纳。①

李之华在报告中建议"以后小报自以为有两张较好"，这说明夏衍对将要办理的小报的数量还没有明确态度。对于"出一家停一家"的具体办法，李在报告中表示宜有先有后，停刊、新办的时间不宜相隔过远，这样便于抵缺。李之华还建议第一家新办的小报应在7月1日出版，第二家则宜在7月7日或8月1日出版。由此也可以推断，《罗宾汉》和《飞报》之所以还没有停止出版，是文管会为了在新小报出版前，让上海习惯看小报的读者暂时还有报可看。此后上海小报的实际出版也基本上按李之华的方案实施。大抵是由于李之华的报告中还附带了陈蝶衣关于《星报》的出版计划，《星报》的筹备工作显得更为充分，故夏衍在6月20日批复："现拟先批陈蝶衣、冯亦代办的一张，此张出后，《飞报》即令停刊，另一张另议。"② 夏衍批文中所说"陈蝶衣、冯亦代办的一张"指的就是《星报》。至于另一家小报的具体出版情况，则明显还未敲定，有待另议。

夏衍批复的次日（6月21日），冯亦代即向上海市军管会提交了申请登记表。只是不知出于何种原因，在李之华的报告中，冯亦代、陈蝶衣准备办的是《星报》，但是在冯亦代提交的登记表上报名却改作《大报》。是月28日，冯亦代申请的《大报》获得新字第10号登记证，获准出版。随后，《飞报》于6月30日宣布停刊，《大报》于7月7日正式出刊。

其实早在6月20日，另一份小报《亦报》也向上海市军管会递交了申请登记，但由于管理部门已决意先出《大报》，故而迟迟未批复《亦报》的申请。《大报》在6月28日获批出版，7月7日正式出版，《亦报》也因而拖延至7月8日才获得登记证。7月9日，旧小报《罗宾汉》停刊。7月25日，《亦报》正式出版。③ 可以看到，文管会对《罗宾汉》

---

① 李之华：《关于小报的建议》，档案号：Q431-1-199-12，上海市档案馆藏。
② 夏衍直接在李之华报告上批示的，参见李之华《关于小报的建议》，档案号：Q431-1-199-12，上海市档案馆藏。
③ 透过两报获准登记的时间及《飞报》《罗宾汉》的停刊时间，不难看到文管会严格执行了拟定的"出一家停一家"策略。

《飞报》采取了拖延的办法，既不给予两报合法地位，也不忙于封闭，以便完成新、旧小报的顺利过渡。通过"出一家停一家"的既定策略，旧上海最后两家小报《罗宾汉》和《飞报》相续关闭，取而代之的是在文管会授意下新办的《大报》《亦报》，新政权下新的小报局面就此奠定。1949年7月9日小报《罗宾汉》停刊后，"上海报纸的清理大致告一段落"，整个上海报业的接管工作宣告基本结束。① 此时距离上海解放不过40余天。

第三节　重新登记后的报业新格局

根据《中共中央关于新解放城市中中外报刊通讯社的处理办法》的精神，清理接收国民党派系的报纸只是解放上海后中共接管工作的一部分。除这部分报纸外，还有相当的报纸系私人经营或以私人名义、社会团体名义经营。这些报纸情况极为复杂，除部分有明显而确实的反动政治背景应予以直接接收外，其他的报纸在原则上则属于允许出版的范畴。破旧之后，尚须立新，中共主要通过申请登记制度来重塑新的报业秩序。

上海军管会成立当天就颁布了《中国人民解放军上海市军事管制委员会关于上海市报纸杂志通讯社登记暂行办法》。该办法要求所有"已出版、将出版或将复刊之报纸和杂志，及已营业、将营业或将复业之通讯社"务必依据该办法向军管会申请登记，由军管会发给临时登记证，未获得临时登记证的则不允许出版或营业。② 1949年10月前，约有40家报纸递交申请登记，最终只有14家报纸获得军管会的登记证，其中半数皆系中共直接领导或授意新创办的报纸。真正"旧"转"新"的报纸事实上只有《文汇报》《新民报》《大公报》及俄文《新生活报》4家。其他未获批准的报纸即成为非法出版，其命运或被陆续接管，或最终自动停刊。较为特殊的是为满足"落后群众"暂时的文化需要，中共允许部分偏向进步的人士以私营的名义新办了《亦报》《大报》两家小报。这两家小报虽然是在中共的授意下创办，但显示新政权其实默许了新的私营报业继续出版，重

---

① 《解放后的上海报纸》（1950年3月20日），档案号：Q431-1-21-12，上海市档案馆藏。

② 中共中央华东局政策研究室编《上海市军管时期法令汇集》（一），1949，第111～113页。

新创办的报刊并非全系党营或公营。①

登记办法颁行后，申请登记者众，但显然并非政治清白就可以获准出版。谁出版、谁不出版，最终的决定权掌握在新政权手中。上海解放之初，出于政治上的考虑并为在接管登记过程中获得积极主动的地位，军管会并没有出台有关登记的具体标准。然而出于稳定政治秩序的需要，私营报刊的出版准入事实上较为严格。从1950年底华东军政委员会新闻出版局《关于处理私营报刊登记问题的暂行原则和标准》来看，想要获准出版，私营报业至少要满足的条件包括政治上遵循《共同纲领》，无反人民恶行，经济上有相当的实力不需要国家进行扶助，此外当地还确有出版的需要。②《新民报》《文汇报》《大公报》几家民营大报和《亦报》等小报最终获得生存的权利，都是经过中共慎重筛选、深思熟虑后的结果。

《新民报》是民国时期一家老牌的民营报纸，创刊于1929年9月。《新民报》辉煌时期在全国拥有五个社，八张日、晚刊，号称"五社八版"。五社之中，上海新民报社成立最晚，1946年5月方才成立，出版发行新民晚刊，由邓季惺任经理，赵超构为总主笔。《新民报》在国共内战期间表现进步，报社内且有不少立场进步分子，这给中共留下颇佳的印象。1949年2月北平和平解放后，除中共《人民日报》北平版外，《新民报》成为唯一保留的旧报。4月南京解放后，根据中共中央精神，大城市应需再办一两家或若干家非党进步报纸，南京军管会最后批准了《新民报》和《南京人报》两家私营报纸。因北平、南京两地《新民报》此前已得到中共认可，上海《新民报》获准出版也在意料之中。③在5月拟订的"丹阳计划"中，上海《新民报》被认定为唯一中间性质的报纸。此外作为新上海唯一的一份

---

① 对中共主导创办的私营报业，在新的报业格局中有较重要的意义。天津市委1949年1月14日给中共中央电报请示："我们在天津除办一天津日报作为市委机关报外，拟办一以民间面目出现的报纸。任务：（一）以民间面目拥护党的主张与宣传党的主张。（二）善意地提出建议与某种程度的批评。（三）与其他报纸、杂志作思想斗争。"参见孙旭培《解放初期对旧新闻事业的接收和改造》，《新闻研究资料》总第43辑，第57页。

② 《华东军政委员会新闻出版局关于处理私营报刊登记问题暂行原则和标准的通知》，档案号：B35-2-24-10，上海市档案馆藏。

③ 《新民报》北平版为日刊，上海版为晚刊。上海《新民报》在解放初准确的报名为《新民报（晚刊）》，1958年改为《新民晚报》。因其时各类档案、文献皆惯称《新民报》，本文亦直接写作《新民报》。

晚刊，这也为《新民报》的成功登记争取到有利条件。① 5 月 31 日，《新民报》陈铭德和赵超构致函上海市军管会申请登记，同时按登记要求附具申请书、股东情况表和过去出版的报纸合订本三件。6 月 8 日，夏衍在"审查意见"中批示："查该报系中间性报纸，拟准予登记。"6 月 10 日，赵超构致函军管会，表示已收到第五号登记证。② 《新民报》成为上海私营报业中最早获得登记证的报纸。文管会新闻出版处在一份调查表中备注：《新民报》是中间性报纸，反动时代曾与《文汇报》《联合晚报》同时被迫停刊，旋经屈服而复刊，该报内部有进步分子，解放后该报立论记载谨慎稳重，尚能遵循我方指示。③

《文汇报》创办于 1938 年，因倡导抗日救亡而于 1939 年被迫停刊，1945 年抗战胜利后在上海复刊。《文汇报》与中共关系紧密，宦乡、陈虞孙、孟秋江等一批中共地下党员都曾在《文汇报》工作，因此在言论上表现得很进步。宦乡后来称《文汇报》是"国统区的一面进步旗帜"，是以间接方式"忠实、有效地体现党的领导的武器之一"。④ 《文汇报》总主笔徐铸成在夏衍、潘汉年、李济深等人的帮助下创办香港《文汇报》时期，更因其进步言论甚至被认为是从"独立"向"左转"了。⑤ 因《文汇报》的"左转"，1947 年 5 月被国民党勒令永久停刊。⑥

---

① 1950 年，上海市新闻出版处的一份报告表达了为何解放初同意继续《新民报》出版的原因："同时上海的市民几十年来都有看晚报的习惯，以上海这样大的一个都市，我们应该保存一张晚报，以之教育市民，并提前报导国内外及本市的重要新闻，所以我们在解放之初即批准了该报晚刊继续出版。"《上海市人民政府新闻出版处关于上海私营新民报、亦报、大报作用问题的呈》，档案号：B35 - 2 - 20 - 9，上海市档案馆藏。
② 《新民晚报登记申请材料》，档案号：Q431 - 1 - 26，上海市档案馆藏。
③ 《已核准登记出版报纸情况表（1949 年 9 月 30 日止）》，档案号：Q431 - 1 - 21 - 4，上海市档案馆藏。
④ 宦乡：《国统区的一面进步旗帜》，文汇报报史研究室编《从风雨中走来》，文汇出版社，1993，第 75 页。
⑤ 1946 年 2 月，胡政之由美返渝，即飞上海与徐铸成谈话，说："重庆方面有你的朋友，也有芸生的朋友；芸生的朋友都说你有政治野心，一面拉着《文汇报》不放手，一面极力推着《大公报》向左转。他们说这是你有政治企图的证明。"参见徐铸成《徐铸成回忆录》，三联书店，1998，第 126～127 页。
⑥ 据徐铸成回忆，《文汇报》等三家报纸被封停之后，《大公报》曾发表短评，大意是"三家报纸已被封闭了。今后希望政府切实保障正当舆论"，影射《文汇报》等报言论不当。事后，美国人在英文《密勒氏评论》上刊文指出："中国今天只有两张真正的民间报，一张是中间偏左的《文汇报》，一张是中间偏右的《大公报》。应彼此扶持、支援，而不应冷眼旁观，更不应投井下石。"参见徐铸成《徐铸成回忆录》，第 145～146 页。

图1-1   1949年政协会议期间中华全国新闻工作者协会筹备会代表合影
说明：前排右起：王芸生、金钟华、胡乔木、杨刚、邓拓，
中排右起：赵超构、邵宗汉、恽逸群、徐迈进、徐铸成，
后排右起：储安平、陈克寒、刘尊棋、张盘石。

徐铸成是《文汇报》的关键人物，其曾自称"《文汇报》是用我的墨汁喂大的"。[①] 1949年前后，中共为筹备新政协曾邀请安排数百民主人士、知识精英和文化名流北上。《文汇报》徐铸成、《大公报》王芸生、《新民报》赵超构作为报界名流均在受邀之列。1949年2月底，在潘汉年等人安排下，徐铸成和柳亚子等一行20余人乘船秘密离开香港，北上烟台，3月中旬抵达北京。初到京时徐铸成怀抱"一肚皮的'雄才大略'"，甚而设想"在北京再搞一个《文汇报》，以后至少全国有三个《文汇报》"，看得出来他对复刊《文汇报》颇为自信。直到他与老同事、时任政协筹备会副秘书长的宦乡见面之后，徐铸成才"知道这个计划不可能实现"，由此打消了念头。[②] 尽管办三份《文汇报》不甚现实，不过复刊上海《文汇报》显然还是颇有着落。徐铸成利用此次北上在京停留近两月之机，数次就《文汇报》回上海复刊一事与中共领导商议，得到中央统战部部长李维

---

① 徐铸成：《一次"鸿门宴"》，徐铸成：《旧闻杂记》，三联书店，2009，第253页。
② 孙葵君：《记忆深刻的两次运动》，《从风雨中走来》，第118页。

汉和负责新闻出版接管工作的范长江的明确首肯。① 当然《文汇报》之所以可能复刊，更重要的原因是《文汇报》在国民党统治时期与共产党的关系紧密，中共上层也有在新的报业格局借重《文汇报》以配合宣传之意。5月，徐铸成随军南下。在"丹阳计划"中，《文汇报》也被视为进步报纸，准允其登记复刊。6月17日，上海军管会核发给《文汇报》新字第9号登记证；6月21日，《文汇报》宣布正式复刊。

相较于《文汇报》和《新民报》，《大公报》的情况更为复杂。在"丹阳计划"中，《大公报》被列入私人或私人名义经营但反动显著并确实一类。按规定，这类报纸原则上应该全部或部分接收。参照天津《大公报》的做法，上海《大公报》本应按国民党官僚资本背景而被取缔或改名。② 不过"丹阳计划"按区别对待的原则又给《大公报》留下了机会，"丹阳计划"明确指出："《大公报》因其内部已有反正条件，故应等待其反正。"③ "反正"一语值得注意，据此推测，《大公报》此时已获得中共高层认可，并认定《大公报》内部具备反正条件且会反正。据杨奎松研究，中共之所以给上海《大公报》机会，一来是考虑如果把上海《大公报》也像对天津《大公报》一样取缔或改名的话，就只剩下《文汇报》一家真正私营的"民主报纸"了，这既不符合中共中央关于大城市中除党报外"需要再办一两家或若干家非党进步报纸，以联系更广泛的社会各阶层"④ 的新闻报刊管理原则，也不利于新政权的统战和宣传工作。二来王芸生在受邀北上参加新政协会议的过程中，态度发生大幅转变，并于4月10日在《进步日报》发表了《我到解放区来》一文，宣示"投降"。这

① 徐铸成：《新的转折——文汇报第二次复刊的一段回忆》，《从风雨中走来》，第106页；文汇报报史研究室编《文汇报史略（1949.6～1966.5）》，文汇出版社，1997，第5页；张济顺：《从民办到党管：上海私营报业体制变革中的思想改造运动——以文汇报为中心案例的考察》，《中国当代史研究》第1辑，九州出版社，2009，第52页。

② 天津解放后，《大公报》天津版被中共改组为《进步日报》，1949年2月27日重新出版。在创刊号上，张琴南、杨刚等人署名的《〈进步日报〉职工同人宣言》对原《大公报》定性说，"《大公报》实在是彻头彻尾的一张反动报纸"，"坚决地站在反人民立场上，做国民党反动派的帮凶，因而我们不能不决然另办新的报纸，以'永远脱离《大公报》这个丑恶的名义'。《〈进步日报〉职工同仁宣言——代发刊词》，《进步日报》1949年2月27日。

③ 《新闻室接管工作计划草案》，档案号：Q431-1-1-113，上海市档案馆藏。

④ 《中共中央关于大城市报纸问题复南京市委电》（1949年5月9日），《中国共产党新闻工作文件汇编》上卷，第280页。

两大因素正好适应和推动了中共对《大公报》政策的调整。①

因王芸生的"投降"，1949年4月底周恩来已面告王芸生："《大公报》不必改名了，你随军南下，继续主持上海《大公报》。《大公报》还是民间报纸，你们自己经营，我们不来干预。"② 由是，在"丹阳计划"中上海《大公报》成为军管会区别对待的对象。1949年5月27日，王芸生、杨刚等随部队进入上海。杨刚以军代表身份入主《大公报》，并任副总编辑，王芸生仍任总编辑。6月16日，《大公报》获得上海军管会颁发的新字第8号登记证。次日，王芸生在《大公报》头版显著位置发表《大公报新生宣言》，宣布《大公报》重获"新生"。

不难看到，《新民报》《文汇报》《大公报》都在一定程度上向中共靠拢，最终的结果是三家私营报纸获得上海军管会的批准，得以继续存在。这三家报纸成为上海仅有的由"旧"转"新"的三家大报。对于其他私营报纸，中共虽然未明确予以接收，却也未给予登记，显然是不愿意其继续存在。这种处理的方式既避免了矛盾，又使自己居于主动，更重要的是它反映出在"新民主主义"的旗帜下，中共虽然部分地允许私营报业的存在，但限制私营报业发展的意图也十分明显。

经过登记，1950年代初的上海报业被新政权分成两类：已获准登记出版的报纸和未登记仍在出版的报纸。前者或是新政权一手创办，或是已基本得到新政权认可，而后者则显然属于"非法出版"。出于舆论的考虑，中共尚"容忍"后者的继续存在，并未采取雷霆手段，而代之以逐步"限制"发展的策略。

自5月31日至6月30日，填送申请登记表的新闻单位共计224家，其中报纸43家。经过审核，第一批发给登记证44家，其中报纸14家。③

① 杨奎松：《建国前后王芸生的"投降"与〈大公报〉的改造》，《中国当代史研究》第2辑，九州出版社，2011，第59～64页；杨奎松：《忍不住的"关怀"：1949年前后的书生与政治》，广西师范大学出版社，2013，第105～111页。
② 李纯青：《笔耕五十年》，三联书店，1994，第535页。
③ 王中：《上海解放初期接管新闻机构的情况》，《接管上海》下卷，第221页。有学者误认为前往登记的全系民营报纸，如张济顺据此表述"43家中国人的民营报纸按军管会要求前往登记，获准登记的只有14家"。曾宪明表述为："到1949年6月30日，填送登记表的报纸共43家，经审批并发给登记证的《大公报》《文汇报》《新民报（晚刊）》等14家私营报纸获准继续出版。"事实上，其中包括了大量中共党、团组织及机构的报纸。

据档案材料推测，"第一批"登记证应是在 1949 年 9 月底前颁发，其中"新字第 14 号"登记证于 9 月 21 日核发，发给了一家小型报纸《剧影日报》①，第 15 号登记证 1950 年 6 月 9 日才颁发给英文的《上海新闻》。新闻出版处新闻室的一份报告显示，截至 9 月 30 日，经新政权核准登记并出版的报纸共有 13 家（《剧影日报》10 月 1 日才正式出版，故档案中未列入，详见表 1 - 1）。②

　　1949 年 9 月前获准登记并出版的 13 家报纸按"刊别"可以分成"新创刊"、"复刊"和"续刊"三种。"新创刊"的报纸共有 8 家，其中 6 家是党或团体关系的报纸，充分体现了新政权的办报意图。另有《大报》《亦报》2 家小报是为满足"落后群众"的文化需要而办。"复刊"的只有《新少年报》1 家，主要是针对少年儿童创办的周报。这本刊物原本是上海地下党组织学委创办的革命少年儿童报纸，创刊于 1946 年 2 月 16 日，1948 年被迫停刊。"续刊"的报纸除解放前有较大影响的《新民报》、《大公报》和《文汇报》三家私营报纸外，另有一家俄文报纸。

表 1 - 1　已核准登记出版报纸情况（1949 年 9 月 30 日止）

名称	刊期	刊别	创刊日期	登记证号码	核发日期
解放日报	日刊	创刊	1948.5.28	新字第 1 号	1949.5.28
劳动报	三日刊	创刊	1949.7.1	新字第 2 号	1949.6.21
青年报	五日刊	创刊	1949.6.10	新字第 3 号	1949.6.9
新少年报	周刊	复刊	1946.2	新字第 4 号	1949.6.16
新民报（晚刊）	日刊	续刊	1929	新字第 5 号	1949.6.9
新生活报（俄文）	日刊	续刊	1941.6.21	新字第 6 号	1949.6.9
新闻日报	日刊	创刊	1949.6.29	新字第 7 号	1949.6.23
大公报	日刊	续刊	1936.4.1	新字第 8 号	1949.6.16
文汇报	日刊	续刊	1938.1.25	新字第 9 号	1949.6.17

最终获批的 14 家中，私营报纸不足半数。参见张济顺《远去的都市：1950 年代的上海》，第 141 页；曾宪明《解放初期大陆私营报业消亡过程的历史考察》，《新闻与传播研究》2002 年第 2 期，第 73 页。

① 《剧影日报》1949 年 9 月 21 日获发"新字第 14 号"登记证，10 月 1 日正式出版，社长刘厚生，总编辑姚苏凤。该报主要报道娱乐界和剧影界的活动，由国光印书局承印，但由于销路不广，1950 年元旦宣布休刊，以后也没有复刊。

② 《已核准登记出版报纸情况表（1949 年 9 月 30 日止）》，档案号：Q431 - 1 - 21 - 4 ~ 7，上海市档案馆藏。

名称	刊期	刊别	创刊日期	登记证号码	核发日期
大报	日刊	创刊	1949.7.7	新字第 10 号	1949.6.28
人民文化报	三日刊	创刊	1949.8.1	新字第 11 号	1949.7.4
亦报	日刊	创刊	1949.7.25	新字第 12 号	1949.7.8
上海警总	三日刊	创刊	1949.7.18	新字第 13 号	1949.7.13

注：9 月 21 日，实际还发给小型报《剧影日报》一张新字第 14 号登记证，该报于 10 月 1 日出版，是以该份材料中未统计列入。

资料来源：《已核准登记出版报纸情况表（1949 年 9 月 30 日止）》，档案号：Q431 - 1 - 21 - 4～7，上海市档案馆藏。

外文报刊方面，据文管会新闻出版处的调查，1949 年 9 月还有 7 家外文报刊继续出版。这 7 家报刊分别是英文《字林西报》（North-China Daily News）、《大美晚报》（The Shanghai Evening Post & Mercury）①、《密勒氏评论报》（The China Weekly Review），俄文《新生活报》、《苏联公民日报》、《时代杂志》（月刊），法文《法文周报》。对于外国人所办报刊及通讯社，新闻出版处采取的策略是，"除苏联报纸通讯社以协商办法处理外，余均把它孤立起来，慢慢限制，最后停止其工作"。② 考虑到国际影响，新政权对于外报并未采取强制停刊的方式。③ 这 7 家报刊中 5 家在当时属于"非法"出版，仅有俄文《新生活报》、《时代杂志》（月刊）两家获得了

---

① 《大美晚报》1949 年 6 月 14 日因劳资纠纷发生工潮休刊，但因未正式宣布停刊，故此统计亦计入。

② 《新闻室接管工作计划草案》，档案号：Q431 - 1 - 1 - 113，上海市档案馆藏。

③ 中共对新解放城市中的外报和通讯社的态度存在较复杂的变化过程，另文详述。大抵言之，中共在解放津、京时，对外国通讯社、报纸和记者采取了较严格的政策，在解放南京时态度又有所转变，中华人民共和国成立前又趋严格。与此相关的核心文件可参见《中共中央关于新解放城市中中外报刊通讯社处理办法的决定》（1948 年 11 月 8 日），《建党以来重要文献选编（1921～1949）》第 25 册，第 630～634 页；《中共中央关于外交工作的指示》（1949 年 1 月 19 日），《中共中央文件选集》第 18 册，第 44～49 页；《中共中央关于停止外国通讯社、记者、报纸杂志的活动和出版平津两市委的指示》（1949 年 2 月 20 日），《中国共产党新闻工作文件汇编》上卷，第 276～277 页；《中共中央关于南京解放后的外交问题的指示》（1949 年 4 月 25 日），《建党以来重要文献选编（1921～1949）》第 26 册，第 329 页；《中共中央关于通令与我尚无外交关系国家的记者停止以记者身份活动给华东局的批复》（1949 年 10 月 3 日），中央档案馆、中共中央文献研究室编《中共中央文件选集（1949 年 10 月～1966 年 5 月）》第 1 册，人民出版社，2013，第 1 页。

军管会登记证。① 发给登记证的俄文报刊，实际上都是中国人办理，严格讲并不能算外报。《新生活报》由塔斯社支持创办，登记的负责人是陈冰夷，主要供苏侨阅读。《时代杂志》系月刊，登记负责人为中共党员姜椿芳（翻译家，时任文管会剧艺室主任），内容主要是介绍苏联文艺及生活。另一份俄文报纸《苏联公民日报》由白俄瓦西立·戚立根创办，被认定有较浓厚的"投机"立场，"暂不办理登记"。②

至 1950 年 3 月，上海共有大小中文报纸 15 家（包括在出版的及曾出版已停刊的）。其中，党或团体关系的报纸共 7 家，包括《解放日报》《劳动报》《青年报》《新少年报》《上海警总》《人民文化报》《新闻日报》；私营报纸 3 家，即《大公报》《新民报》《文汇报》；小型报纸 3 家，包括《大报》《亦报》《剧影日报》。另有未发登记证还继续出版的报纸《商报》《烟业日报》2 家。③ 外文报纸方面，大多数外报自动停刊，仍在继续出版的报纸仅有英文《字林西报》《密勒氏评论报》及俄文的《新生活报》。④ 随着此后对西方资本主义文化的清理，英美报纸在随后的两三年间相继停刊。

与解放前的旧报业相较，新政权报业格局首要的特点即在于党报系统的建立。最早获准出版的 13 份报刊中，党团系统及相关机构出版的报刊有 7 家，在数量上占据了明显优势。⑤ 上海解放后，第一张登记证书就颁发给了《解放日报》。《解放日报》作为华东局及上海市委的机关报，理

---

① 《上海外人所办报纸杂志情况（1949 年 9 月 30 日）》，档案号：Q431 - 1 - 21 - 10，上海市档案馆藏。表 1 - 1 仅列出已登记报纸名单，故未将俄文《时代杂志》月刊列入。

② 《未发登记证而继续出版的报纸（1949 年 9 月 30 日）》，档案号：Q431 - 1 - 21 - 11，上海市档案馆藏。

③ 《解放后的上海报纸》（1950 年 3 月 20 日），档案号：Q431 - 1 - 21 - 12，上海市档案馆藏。

④ 《解放后的上海报纸》中提及当时还有四份外报即《字林西报》、《大美晚报》、俄文《新生活报》和俄文《苏联公民日报》，然同时该文亦明确注释《大美晚报》已在 1949 年 6 月停刊，《苏联公民日报》已于 3 月 1 日停刊。参见《解放后的上海报纸》（1950 年 3 月 20 日），档案号：Q431 - 1 - 21 - 12，上海市档案馆藏；《上海市人民政府新闻出版处 1950 年工作综合报告》，档案号 B35 - 1 - 6 - 19，上海市档案馆藏。这两份报告都认为只有《字林西报》《新生活报》仍在出版，事实上《密勒氏评论报》亦还在出版。《字林西报》并未持续太久，1951 年 3 月该报即因报道不实受到上海市军管会警告，随后自行停刊。《密勒氏评论报》则维持到 1953 年 6 月，该报最后因报道美国侵略朝鲜、进行细菌战等被美国政府禁止入境，丧失订户，被迫自动停刊。

⑤ 《解放后的上海报纸》，档案号：Q431 - 1 - 21 - 12，上海市档案馆藏。

所应当地成为新上海出版的第一份报纸。除《解放日报》外，《劳动报》《青年报》《新少年报》分别拿到了第 2 号、3 号、4 号登记证。《劳动报》由柯蓝任总编辑，属总工会领导下的工人报纸，但出版不久即改由《解放日报》统一领导。《青年报》系青年团华东工作委员会机关报，1949 年 9 月改归《解放日报》统一领导。《新少年报》则系青年团上海工作委员会指导下专门针对少年儿童出版的一份周报。另外，《人民文化报》和《上海警总》也都系新政权下相关机构所办的公营报纸，《新闻日报》则被改组成为党的"外围报纸"。① 单纯从数量来看，上海解放初期中共党团系统及团体机构所办报纸已占据半壁江山。

1949 年 8 月初，陈毅在上海市《政府工作报告》中表示，军管会已"停止了国民党反动派办的报纸和过去作为反动喉舌的报纸，刊行了人民的报纸，实行了两家报纸的改组，扶助了过去在国民党时代受压迫而停刊的进步报纸的复刊"。② 1950 年 4 月，上海市政府在工作总结中宣称："反动和投机性的报纸，杂志，小册子已基本绝迹，刊行着进步的以至中间性的新闻出版物，一般都在我们有组织的领导之下，几个月来尽了相当的宣传任务。"③ 这样的总结性论调标志着在经历了暴风骤雨般接管、重新登记后，解放前旧的报业体系已经瓦解，一个以《解放日报》为核心和统率的报业新格局迅速崛起。

---

① 《已核准登记出版报纸情况表（1949 年 9 月 30 日止）》，档案号：Q431 - 1 - 21 - 5，上海市档案馆藏。

② 《陈毅关于上海市军管会和人民政府六七两月工作的报告（1949 年 8 月 3 日）》，上海市档案馆编《上海解放》，档案出版社，1989，第 153 页。

③ 《上海市人民政府工作总结（1949 年 5 月 27 日至 1950 年 4 月）》，《接管上海》上卷，第 111～112 页。

第二章　扎根:《解放日报》党报核心的确立

作为上海解放后的第一家党报,《解放日报》肩负重任。《解放日报》不但是中共在新闻界的一面旗帜,是宣传党和政府政策的"喉舌",更重要的是,党还对《解放日报》寄予厚望,寄望其领导新上海的新闻事业,巩固党在上海的文化领导权。可以说,《解放日报》自创刊之初,其定位、角色、任务就相当明确。然而,面对复杂诡秘的上海文化市场,读惯了花边小报的普通市民是否会接受这份一本正经的严肃党报,中共在农村积累的办报经验在上海这个大都市是否还继续适用?这一切都是未知数。

上海解放后,随着军管会对报纸、通讯社的重新登记,旧的报业体系崩塌瓦解,新的报业格局悄然形成。在新的报业格局中,政治虽然赋予了《解放日报》权威地位,但权威地位的真正确立,显然还有待其在报业实践中与其他报纸的博弈和较量。

第一节　《解放日报》的创办出版

上海是旧中国新闻业的中心,中共对党报在上海的发展高度重视。1949年4月23日,华东局致电中央,请示上海、南京党报的命名问题,提出可否命名为《解放日报》或《人民日报》上海版、南京版,或用其他名称,并恳请毛泽东为两报题写报头。① 中共中央研究决定将延安时期中共中央机关报《解放日报》的报名给予上海。24日,中央复电华东局,指示:"上海党报决定命名为《解放日报》,南京党报决定命名为《新华日

---

① 南京市地方志编纂委员会编《南京报业志》,学林出版社,2001,第493页。

报》。毛主席已允写报头，即可带来，在带到前可沿用旧报头。"① 中共中央将《解放日报》报名授予上海，这本身即体现了中央对上海报业的重视，表明中央对《解放日报》在上海报业统合中的新角色寄予了很高的期望。②

根据中央决议，华东局在对上海《申报》军管的基础上出版新的《解放日报》。③ 为确保《解放日报》的顺利出版，在丹阳集结期间，华东局即指示筹备《解放日报》编辑部，并让编辑人员预先编好半个月的报纸，只留下新闻版面的位置，以便到时候补上去。《解放日报》编辑部随后在丹阳市郊荆村桥成立，立即开始研究办报方针、内容、版式，做好发刊的准备。

上海解放当天，军管会即派恽逸群为军管特派员，宣布对《申报》实行军管。为确保《解放日报》顺利出版，军管会全盘接收了申报报馆和原有设备，并基本维持了《申报》的管理制度以平稳过渡。军管会仅要求《申报》编辑部（包括资料室、采访室）全部人员听候分别处理，所有其他经理部门和工场工友一律安心工作，各守岗位。制度方面则以"不要打乱原来的企业机构"为原则，在新的制度没有建立以前，仍维持旧有制度以确保平稳运作。④《申报》的股份较为复杂，接管时虽然没收了官僚资本，但史量才的股份属于私股，仍按原则予以保护。在原有股份清理完成之前，《解放日报》在政治上虽然是华东局和上海市委的机关报，但在经济上实际属公私合营性质。⑤

---

① 《解放日报大事记》（征求意见稿），解放日报报史办公室编《解放日报、新闻日报报史资料》（2），解放日报报史办公室，1993，第175页；石西民：《关于解放日报、新华日报放在上海、南京出版的决定问题》，《解放日报、新闻日报报史资料》（2），第109页。

② 中共中央文献研究室编《刘少奇年谱：1898～1969》下卷，中央文献出版社，1996，第137页。

③ 1948年11月8日，中共中央发出的《关于新解放城市中中外报刊通讯社的处理办法》即明确上海《申报》《新闻报》属于"明显而确实的反动政治背景，又曾进行系统的反动宣传，反对共产党，人民解放军与人民政府，拥护国民党反动统治"，应予没收。参见《中国共产党新闻工作文件汇编》上卷，第190页。

④ 除将原来经理部人事科和文书科划归秘书室系统领导，将两单位人员予以调整（少数留用，大部停职留薪）外，其他单位均未更动。《解放日报社关于接收申报的情况报告》，档案号：A73-1-22-11，上海市档案馆藏。

⑤ 1954年6月，华东财政经济委员会根据中央政务院指示精神指出："解放日报系中共中央华东局暨上海市委的机关报，党报不应有私股，故清理申报馆时，首先将私股从解放日报转移到申报馆临时管理委员会，以便解放日报与申报不发生直接关系。"《解放日报》将史泳赓私股转移至申报馆临时管理委员会后才完全国营。《对申报实行军管的前前后后》，《解放日报、新闻日报报史资料》（2），第110～117页。

　　为确保《解放日报》的出版，充分发挥其在上海报业新格局中的领导作用，中共华东局和上海市委为《解放日报》配备了强大的领导阵容。中共将济南《新民主报》和新华社济南分社的人马作为新《解放日报》的骨干班底，又从华北调来范长江、魏克明，再加上上海地下党的陈虞孙、夏其言等，形成了阵容强大的"三路大军"。[①] 根据中央安排，范长江、恽逸群、魏克明、陈虞孙等人组成了《解放日报》新的社务委员会和编辑委员会，这两个委员会构成了《解放日报》的领导核心。[②]

　　中共华东局不仅为《解放日报》配备了强大的领导干部，在报社员工的配置上也花了很大心思。1949 年 8 月底，整个解放日报社编辑、经理、印刷人员共有 638 人，单在人数上就远非其他各报可比。除留用接管《申报》的职工外，《解放日报》充实了大量老区来的新闻工作者、地下党员、进步群众和知识青年。[③] 因人员来源较为复杂，思想上难以完全统一，为加强党对《解放日报》的领导，中共还在《解放日报》配置了大量党员。整个报社中，党员共有 86 人，占总人数的 13%。[④]《解放日报》老干部丁柯就曾感叹："解放初期《解放日报》人才极一时之盛，占了党的新闻界半壁江山。"[⑤] 在解放初期党员干部奇缺的情况下，《解放日报》党员云集的现象

[①]　一路是以范长江、魏克明为首的从北平南下的新闻队伍；一路是以恽逸群、张映吾为首的济南新民主报、新华社华东总分社和华东新闻学院干部编成的新闻部队；一路是陈虞孙、夏其言等上海地下党同志。参见王维《关于编写解放日报史的几点意见》，《解放日报、新闻日报报史资料》(1)，解放日报报史办公室，1991，第 29 页。

[②]　7 月 25 日，中共中央电复华东局、上海市委，同意对《解放日报》领导机构与人事的安排。华东局电告中央关于《解放日报》领导机构与主要干部的配备为："社长范长江，副社长恽逸群，总编辑范兼、副总编辑恽逸群、魏克明，经理陈祥生，副经理王尧钦（原申报协理代表史泳赓股本）、夏其言，社委会由范、恽、魏及陈虞孙、陈祥生五同志组成，夏其言任秘书，编委会为范、恽、魏、陈虞孙、林淡秋、鲁蛮、胡仲持、刘时平八同志组成。陈虞孙任秘书长。"参见《解放日报大事记》（征求意见稿），《解放日报、新闻日报报史资料》(2)，第 183 页。

[③]　具体而言，《解放日报》报社工作人员大抵有七类来源：(1) 老解放区来的新闻工作者。(2) 解放前几个月从上海撤退到解放区去的党员和赤色群众，曾学习几个月。(3) 上海的地下党员。(4) 上海地下党所领导的进步群众。(5) 在解放区所吸收的七年知识分子。(6) 老申报的职工。(7) 上海解放后吸收的知识青年。《解放日报社 1949 年工作总结报告暨 1950 年工作计划大纲（草案）》，档案号：A73-1-3，上海市档案馆藏。另见解放日报报史办公室编《解放日报报史资料》，1996，第 3~21 页。

[④]　《解放日报组织史资料》，《解放日报、新闻日报报史资料》(1)，第 215 页。

[⑤]　丁柯：《怀念范长江和〈解放日报〉初创的日子》，《新闻记者》2009 年第 11 期，第 16 页。

绝非偶然。① 党员数量上的优势及其在重点岗位的配置是确保报纸有效贯彻党的宗旨意图的重要保障。

经过在丹阳的精心准备，1949 年 5 月 28 日，作为华东局和上海市委机关报的《解放日报》正式出版，创刊号印量即达 10 万。在发刊词中，《解放日报》传达了新上海"肃清国民党残余势力、保护人民的民主自由、由完成接管到恢复生产"的三大任务，号召全市人民立即动手开始"建设新上海"。② 此外，创刊号还刊登了"中国人民解放军布告""上海军事管制委员会布告"等一系列大政方针，以权威的口吻宣布上海进入了新的时代。《解放日报》创刊之始就树立了新上海报业领袖的姿态，宣告了它在上海报业格局中的核心地位。

作为党报，《解放日报》创刊以后一直紧跟党的步伐，贯彻党的宣传方针。根据国际国内政治、经济形势，《解放日报》在创办初期结合华东区宣传的中心工作，着重就中共在上海的中心任务开展宣传报道。《解放日报》每年、每季，甚至每月都拟订有详细的工作计划。这些工作计划，清晰展示了《解放日报》的中心工作。例如 1951 年编辑部的工作方针开宗明义地提出："今年编辑工作的基本任务，是宣传人民的胜利，反对以美帝国主义为首的侵略行为与阴谋，提高广大人民的爱国主义精神与胜利信心，加强国际主义教育；在这一思想阵地的巩固与发展的基础上，来加强国防建设，巩固人民民主专政，克服困难，发展生产。"③ 作为党报，《解放日报》努力紧跟党的步伐，冲在新中国宣传报道第一线。张映吾后来回忆说，从《解放日报》创刊之日起，它就"密切配合党的中心工作，作为党联系群众的桥梁，宣传党的政策，动员广大市民为实现党提出的任务而斗争"，可谓"与斗争同步"。④

① 1950 年 3 月底，《解放日报》全社职工 777 人，党员增至 92 名。其中老区前来的正式党员 47 名，男 30 名（恽逸群、魏克明、张映吾、柯蓝等人）、女 17 名（姚天珍、朱明、杨小琳、蔡健等人）；地下党员 34 人，男 26 人、女 8 人。老区前来候补党员 4 人（3 男 1 女），地下候补党员 7 名（6 男 1 女）。《解放日报社党员名单》，档案号：A73 - 1 - 8，上海市档案馆藏。

② 《庆祝大上海的解放》，《解放日报》1952 年 5 月 28 日，创刊号。

③ 《解放日报编辑部一九五一年工作方针》，档案号：A73 - 1 - 55 - 1，上海市档案馆藏。

④ 张映吾：《解放日报创刊初期的宣传报道》，解放日报离休干部支部委员会编《解放日报老同志回忆录》，解放日报社，1998，第 81 页；张映吾：《与斗争同步——忆解放日报创刊初期的宣传报道》，《解放日报、新闻日报报史资料》（1），第 48 页。

第二节　《解放日报》的制度探索

　　紧跟宣传步伐是党报的使命,但由于早期《解放日报》刚从农村办报转入城市办报,办报思想还较为僵化、教条,因而在执行宣传政策时并不能完全适应城市办报的要求。夏衍从香港回到上海后就任要职后,就明显感觉上海报纸办得有很大问题。"当天的早报要到中午,甚至下午才能看到。新闻呢,只有新华社一家,外国通讯社一律不用",另外"出版迟,新闻单调,社论短评很少","报上看不到一条广告"。① 夏衍更不能理解的是,为什么堂堂《解放日报》只能日出一张,"为什么作为喉舌的党报,可以几天乃至一个星期没有一篇社论?"他把这些"大惑不解"的问题向《解放日报》的正、副社长范长江和恽逸群求教,范长江怪他多事,说北京报纸也只出一张,上海当然不能例外,至于不让外国通讯社发稿,则是军管会下的命令。恽逸群则迟疑地回答:"消息少,有什么办法。"夏衍又问,面对美国新闻处的造谣,比如说什么上海屠杀了大批留用人员,每天有成千上万人饿死等,为什么党报不能用事实进行揭露以激起群众义愤?范长江则摇头回答:"这样的问题地方报纸不能作主。"②

　　《解放日报》并不是没有注意到夏衍提及的这些问题。1950年8月,上海市委在召开的座谈会上明确指出,"党报没有发挥应有的作用","还存在很多缺点,还没有起应有的作用,各方面对解放日报的意见很多"。③ 这一意见包含的批评分量其实很重,相当于间接否定了《解放日报》的价值。市委各部门对《解放日报》的意见主要集中在以下几点:①消息报道落后于其他各报;②对于重要的新闻,没有显出应有的分量,或干脆不登;③与群众联系不够;④政策水准差,技术水准也不够;⑤反映华东和上海情况不够全面;⑥与市委联系不密切。④ 这些问题都反映了早期《解放日报》在办报过程中较为教条、机械,缺乏灵活性,编辑的思想认识也存在较大的偏差,离对宣传的期望还甚有距离。

① 夏衍:《懒寻旧梦录(增补本)》,第428~429页。
② 夏衍:《懒寻旧梦录(增补本)》,第428~429页。
③ 《上海市委对解放日报意见的座谈会记录》,档案号:A22-2-2-30,上海市档案馆藏。
④ 《上海市委对解放日报意见的座谈会记录》,档案号:A22-2-2-30,上海市档案馆藏。

　　《解放日报》因系初办，经验缺乏，只能紧跟宣传步伐。但这种"紧跟"只是被动地执行党的宣传工作，离实际想要党报扮演的主体性地位相去甚远。然而即便只是跟随，囿于办报者的业务水平，加之城市办报的经验不足，《解放日报》仍免不了再三犯错。例如在创刊之初，《解放日报》即因为报社对采用塔斯社稿件没有确定方针，竟然将塔斯社稿一律改为"本报讯：据悉"，沿用达一周之久，闹出了大笑话。① 《解放日报》还时常漏登华东军政委员会的公报，很多重要的会议也未及时报道，一度让华东军政委员会的首长大为恼火。

　　不光如此，《解放日报》偶尔还成为破坏制度的"带头者"。华东军政委员会颁发统发新闻办法后，《解放日报》先后有十余次违反规定，导致其他报纸记者纷纷抱怨，使军政委员会工作陷入被动。华东新闻出版局曾明确规定"用局的名义发布的（新闻）原则上要采用，而且不能删改，但也可按照情况酌情取舍"。因事先有私营大报违反规定遭到新闻出版局指斥，并要求"不得再有随意删改的作法"，结果作为党报的《解放日报》对许多类似新闻要么任意删改，要么取舍不当，屡次犯错。② 新闻出版处编辑的《简讯》中，针对《解放日报》的各种批评意见不时可见。据《解放日报》内部的一份统计，1951 年 4 月至 12 月，《解放日报》仅在报刊编辑上犯"有关政治原则性错误"就达 14 条。③ 例如在 4 月，共发生 3 次错误。

　　4 月 9 日，一版《特务匪徒的报导》短论中，"特务在制'药'原料中放进毒药"，误为"特务在制'毒'原料中放进毒药"。（见报）
　　原因：系恽逸群同志在写稿时写错，校对没有校出。
　　4 月 14 日，四版"缉槼中学进行镇压反革命教育"，文内"协助政府对亲戚作好镇压反革命宣传"，掉"镇压"二字。（见报）
　　原因：系排字房沈士林同志排错，校对没有校出。
　　4 月 19 日，一版"为完成今年任务建设新上海而奋斗"社论中，

---

① 《谢天璈关于宣传报道的意见书》，档案号：A73－1－3－20，上海市档案馆藏。
② 《华东军政委员会新闻出版局关于解放日报报道工作的意见》，档案号：A73－1－96－2，上海市档案馆藏。
③ 《解放日报编辑部在过去一年内有关政治原则性错误的初步统计》，1951，档案号：A73－1－60－10，上海市档案馆藏。

将"镇压反革命……"误为"镇压革反命"。（见报）

原因：系排字房曹子根同志在拼版时打翻所致。①

诚然，新办党报犯错误也并非《解放日报》一家，是新办党报普遍存在的问题。即使北京的《人民日报》也不能幸免，甚至引起中央领导层的强烈不满。② 早期的党报之所以如此屡犯错误，关键的问题在于报社不懂管理，战争年代在农村办报的"游击习气、散漫、迟缓、不细致、不严密的作风被带进了城"。③ 毛泽东也深知仅仅是批评并无助于改进《人民日报》，关键还是要懂行的人来办理。正是在这种情况之下，1949 年 10 月底，范长江被火速从《解放日报》抽调至《人民日报》担任社长。④

实际上，范长江在《解放日报》期间，该报也没有建立起较规范的制度，其时的《解放日报》也正举步维艰。中央政府之所以抽调范长江北上，并非因为《解放日报》办得有多么出色，主要的一个原因是范长江有在《大公报》办报的经验，中央希望能借用原来私营大报的一些经验使党报更活泼、更耐看，也更严谨。范长江调离《解放日报》后，恽逸群接任《解放日报》社长一职。恽逸群有较丰富的根据地办报经验，不过对于如何在上海这样复杂的大城市办好党报，仍然显得力不从心。与《人民日报》一样，《解放日报》内部较普遍地存在散漫、不严密的习气，没有建立起比较科学、规范的管理制度。在恽逸群任内，《解放日报》仍然错误不断，甚至还犯下了严重的政治错误，最终导致其离任。

在上海《解放日报》见报的错误中，性质最为严重、影响最大的当属1951 年 9 月 3 日《解放日报》漏登斯大林贺电一事。1951 年 9 月 3 日是抗日战争胜利六周年纪念日⑤，《解放日报》该天在头版头条刊登了新华

---

① 《解放日报编辑部在过去一年内有关政治原则性错误的初步统计》，1951，档案号：A73 - 1 - 60 - 10，上海市档案馆藏。

② 转引自叶青青《从农村办报走向城市办报：中共执政初期的党报新闻制度构建——以〈人民日报〉为例（1948～1953）》，博士学位论文，复旦大学，2011，第 108～109 页。

③ 燕凌：《"大转变"的两年》，《人民日报回忆录（1948～1988）》，人民日报出版社，1988，第 86 页。

④ 钱江：《范长江为什么离开〈人民日报〉》，《百年潮》2009 年第 6 期；《人民日报回忆录》，第 45 页；杨奎松：《忍不住的"关怀"：1949 年前后的书生与政治》，第 118～119 页。

⑤ 1945 年 9 月 2 日，日本投降的签字仪式在停泊于东京湾的美国战列舰"密苏里"号上举行，日本宣布正式投降。由是 9 月 3 日被定为"抗日战争胜利纪念日"。

社 9 月 2 日的电讯《抗日战争胜利日六周年毛主席电贺斯大林大元帅》一文。不过，如果对照当天上海其他几报，就会发现《解放日报》只登载了毛泽东给斯大林的贺电，却没有登载斯大林给毛泽东的贺电。《解放日报》的这一举动显然令人怀疑，当时中苏关系极为敏感，《解放日报》为何没有刊登斯大林的贺电呢？这让政治神经异常敏感的上海新闻界猜测不断。[①]

《解放日报》显然是无意之失，事先毫不知情。直到第二天报纸出版，《解放日报》才意识到这一严重错误。社长恽逸群立刻采取紧急补救措施，在次日报纸上以头版头条补发斯大林贺电，9 月 5 日还以社长名义在报纸上做公开检讨，检讨这起"严重的政治错误"，并向华东局报告事故自请处分。他检讨说：

> 9 月 3 日，新华社于晨十二时四十分截稿，三时又补发斯大林大元帅电毛主席祝贺抗日战争胜利日的稿件，这时，编辑部同志都已回宿舍，而总务科值夜班的同志又将稿件压下未通知编辑部同志，致将这一重要稿件遗漏了，造成严重政治错误。这是因为我们工作制度不健全及对工作人员教育不够所造成的；今后保证不重复同样的错误，除在此预先向读者致歉外，我们正遵照华东局的指示，继续进行深刻的检讨，并听候党委的审查。社长恽逸群[②]

据事后的调查显示，9 月 2 日当天由秘书组的廖湖金和谢天璇值晚班，当晚 12 时 40 分，新华社电讯截止发稿。凌晨 1 点 50 分，新华分社得总社通知，要补发斯大林贺电，并以电话通知各报。但《解放日报》电话总机接线员未将电话接到编辑部，接线员自己接听后并未及时通知编辑部。凌晨 2 点 15 分，廖湖金看过大样后即刻返家。3 点 15 分新华社以"补充完稿"将斯大林贺电送达报社，总务科值夜班的贾锡南收后送到编辑部，见编辑部无人，亦未按规定以电话通知副总编辑魏克明进行处理，而将此项重要电讯误作普通稿函，直到早上工作时才交予收发，结果造成严重政

---

①　参见《李东东讲传统谈新闻：万无一失与一失万无》（2011 年 4 月 25 日），参见新华网（http://news.xinhuanet.com/newmedia/2011 - 04/25/c_121345275.htm），访问时间：2016 年 8 月 8 日。

②　《关于本报漏登〈斯大林大元帅电毛主席祝贺抗日战争胜利日〉电文的检讨》，《解放日报》1951 年 9 月 5 日。

治错误。①

9月19日，恽逸群向中共中央华东局纪律检查委员会报告这一事件经过，并进行再次检讨。恽逸群检讨说，"两年多以来，我没有把报纸办好，反而屡次犯错误"，"对党的重要事业没有尽责，以自己'不叫喊困难'，'不闹本位主义'为满足，而对于损害党的威信和利益的严重情形采取了自由主义的态度"，这是《解放日报》"所以犯如此严重的原则性的政治错误的根源"。对此，恽逸群认为自己应负主要责任，主动要求上级党委给以其个人严厉的纪律处分。② 恽逸群的公开检讨并没有完全消除"九三事件"的恶劣影响，加之《解放日报》上层复杂的人事关系，"九三事件"成为恽逸群失势的导火线。10月3日，华东局撤销恽逸群报社领导职务，降职为华东局宣传部报刊处处长。解放日报社社长兼总编辑由张春桥担任。③

"九三事件"后，华东局宣传部部长舒同亲自挂帅，帮助《解放日报》建立、健全各项制度，防止再犯政治原则性错误。舒同组织《解放日报》报社中层领导召开编委会扩大会议，连续开会对错误进行反思，检查工作制度上的漏洞，并研究改进措施。④ 舒同提出先集中讨论制度问题，思想问题以后再继续检讨改进。舒同指出："目前首先要做到不犯政治原则性错误，不错字、漏字，不漏登消息，在这个基础上再作进一步努力，提高我们的工作。"⑤ 舒同着重谈了建立和健全审稿制度、请示制度、检查制度、奖惩制度和整理组织问题。不难看到，如何通过制度规范避免犯错已成为《解放日报》的燃眉之急。解放日报社内对此次出错事件的检查和制度制定工作一直持续到11月。1951年11月18日，社长张春桥在讨论各项制度的总结大纲中提出了"为没有错误的解放日报而奋斗"的口号。⑥ 11月28日，经全社反复讨论，解放日报社出台了《解放日报社工

①　《关于九月三日解放日报漏登斯大林大元帅贺电经过的报告（1951年9月19日）》，档案号：A73-1-60-6-7，上海市档案馆藏。

②　《关于九月三日解放日报漏登斯大林大元帅贺电经过的报告（1951年9月19日）》，档案号：A73-1-60-6-7，上海市档案馆藏。

③　刘小清：《〈解放日报〉的"政治错误"与恽逸群的厄运》，《炎黄春秋》2000年第1期，第54~57页。

④　王建华等：《舒同传》，中共中央党校出版社，2012，第272页。

⑤　《解放日报、新闻日报史资料》（2），第292~293页。

⑥　张春桥：《为没有错误的解放日报而奋斗》，《解放日报报史资料》，第30~37页。

作人员在编辑与处理稿件中的职责》《解放日报社处理有时间性稿件办法》《解放日报社稿件送审制度》等一系列制度，并印成小册子分发给每位职工，规定自 12 月 1 日起试行。① 至此，《解放日报》以极为沉重的代价基本完成报社内的制度建设，逐步摆脱了地方办报的散漫。

第三节　《解放日报》的经营状况

尽管中共中央全力支持、华东局和上海市委给予很高的政治地位，然而《解放日报》能否真正赢得上海市民和消费市场的认可仍然充满了疑问。

《解放日报》创刊后不久，即因为版面较为严肃，不太符合上海市民读报的胃口，结果印量从第三天起从 13 万份直接跌到 8 万份以下。反观《大公报》，其销量则从 4 万余份上涨到 19 万份。这种鲜明的反差让《解放日报》大受刺激，"甚至连报社内较高级的部门负责同志也失去信心"，认为"我们失败了"。② 1949 年 6 月 2 日，在各部室举行的联席会议上，《解放日报》仍将《大公报》视为一大"对手"。为了使党报能在主要读者对象中扎下根来，早期的《解放日报》不得不采取低价发行的策略，"在报价政策上是以低价，照顾本报主要对象工人学生之购买力为主体"。③ 到 8 月前后，《解放日报》印量始得以逐步稳定在 12 万～13 万份。

仅从销量来看，《解放日报》的成绩实际已属不菲，解放初的相当一段时间内，上海少有报刊日发行能突破 10 万份。不过，《解放日报》的经营却难言成功。创刊之初的几个月，由于人员多、开支浩繁、纸价上涨等

---

① 《解放日报社工作人员在编辑与处理稿件中的职责》《解放日报社处理有时间性稿件办法》《解放日报社稿件送审制度》，档案号：A73 - 1 - 47 - 4 - 7，上海市档案馆藏；《解放日报、新闻日报报史资料》（2），第 307 页。

② 《解放日报社 1949 年工作总结报告暨 1950 年工作计划大纲（草案）》，档案号：A73 - 1 - 3，上海市档案馆藏。另见《解放日报报史资料》，1996 年 7 月，第 3～21 页。

③ 《解放日报社发行广告部工作总结》（1949 年 12 月 25 日），档案号：A73 - 1 - 19，上海市档案馆藏。《解放日报》5 月 28 日到 6 月底定价为 15 元，7 月为 30 元，8 月为 60 元，9、10 月为 100 元，11 月中旬为 150 元，11 月下旬为 200 元，12 月为 400 元。定价与《新闻日报》《大公报》比较，6、7 月为它们的 75%，8 月为 60%，9、10 月相等，11 月为 75%～66%，12 月为 80%。参见《解放日报社 1949 年工作总结报告暨 1950 年工作计划大纲（草案）》，档案号：A73 - 1 - 3，上海市档案馆藏。

原因，报社基本上处于亏损状态，全赖党和政府的经费补贴。1949年6月，《解放日报》亏损6800万元（旧币，下同）；7月，亏损1.39亿元。经营上的亏空在9月及11月《青年报》《劳动报》两报并入后更加恶化。《青年报》《劳动报》两报并入后，虽然销量大增，壮大了党报系统的力量，但实际都是"赔本赚吆喝"。据统计显示，《青年报》自9月并入解放日报社，定价仅为《解放日报》一半，工人、学生及青年团员订阅者对折，通讯员、发行员照定价1/3收费。以1949年12月为例，每份收入只有材料成本的59.5%。《劳动报》的情况类似。《劳动报》篇幅为《解放日报》的1/3，定价也约为1/3，销售数几乎都是直接订户，工人对折实收，因每月加出八开画报两张，材料成本稍多，每份报纸的收入只占材料成本的55.5%。① 《青年报》《劳动报》的并入让整个报社亏空更为严重。1949年下半年，解放日报社合并计算亏损为23亿~24亿元。② 解放日报社大致折算了一下，每销一张报纸，大致要亏损97.32元。③

表2-1 《解放日报》1949年下半年逐月收支

单位：元（旧币）

时　间	总收入	总支出	亏　损
1949年6月	45562770.70	114032044.57	68469273.87
1949年7月	132852686.76	271964770.24	139122083.48
1949年8月	255273128.00	282380483.68	27107355.68
1949年9月	327291173.00	312435150.23	14856022.77
1949年10月	315170865.00	573511713.26	258340848.26
1949年11月	559031913.90	1410614039.46	851582125.56
1949年12月	1212908603.30	1570483221.27	357574617.97
合　计	2848091140.66	4535421422.71	1687330282.05

注：旧币1亿元约等于新币1万元。

资料来源：《解放日报1949年盈亏情况有关材料》，档案号：A73-1-16，上海市档案馆藏；《解放日报社1949年工作总结报告暨1950年工作计划大纲（草案）》，档案号：A73-1-3，上海市档案馆藏；《解放日报报史资料》，第9页。

---

① 《解放日报社1949年工作总结报告暨1950年工作计划大纲（草案）》，档案号：A73-1-3，上海市档案馆藏。

② 收支亏损中总计亏损16.8亿元，但并未计算年终双薪奖金在内。奖金于1950年1月4日至2月初分3期支付，总数约为7亿元，故总亏损实际为23亿~24亿元。

③ 《解放日报社1949年工作总结报告暨1950年工作计划大纲（草案）》，档案号：A73-1-3，上海市档案馆藏。

　　面对早期的巨额亏空，《解放日报》给出的主要解决策略可以概括为"业务政治化"和"经营企业化"两个方针。① 前者是继续贯彻党报的政治领导意图，发挥党报应有的作用，后者则是着眼于自给自足，努力摆脱亏损局面。

　　"业务政治化"主要体现在《解放日报》的编辑业务上。面对解放初上海较复杂的政治环境，党和政府之所以还要赔本赚吆喝，恰恰反映了党报在宣传党的政策、引导社会舆论方面意义重大。1950 年出台的华东地区公营报纸工作计划明确各地党报编辑政策应将"形势政治教育"和"指导工作"两项任务并重。计划阐释说：

　　　　因沿江及长江以南各地帝国主义和国民党的反动宣传遗毒较深，要使广大读者认清新形势，需要长时期的多方进行宣传。对于干部和基本群众，也必须随时加强形势教育，指明前途，才能克服任务观点和在严重任务前面失去充分信心，对任务厌倦的偏向，所以各地方报纸同样应把形势政治教育当作主要任务之一，随时和各项具体工作任务相结合，不应丝毫放松。

　　　　在各种报导中特别要注意加强国家观念与政权观念，重视加强国际主义教育，重视统一战线的工作，在团结与教育的方针下给予民主党派及资产阶级以一定的地位。防止并纠正关门主义的"左"倾思想与迁就主义的右倾思想。批评与自我批评应大大加强，在质量业务提高，对中心的主要的工作缺点应特别重视，比重上应大大增加。这样对工作才能争取主动，才能发挥应有的指导作用。解放日报应准备开党内生活一栏，进行表扬与批评。②

　　建国初，"业务政治化"是党报的重要特点。且不说《解放日报》的社论、新闻以及对党的各项政策、方针的宣传，即使其商业化程度最高的广告业务也明显体现了"政治化"的色彩。《解放日报》创刊号刊载的"广告刊例"即明确表示："本报所载广告，以有利于人民

---

① 《解放日报三个月来的基本总结与今后的工作方针草案》，档案号：A73－1－3，上海市档案馆藏。
② 《1950 年华东地区公营报纸的工作计划（草案）》，档案号：A73－1－29－11，上海市档案馆藏。

大众，便利正当需要者之选择为第一要义，故凡对社会对人民无益以及夸大效果作虚伪宣传之广告，一概不登。"① 不仅如此，《解放日报》还提出要"使党报的广告在群众中建立起政治威信，要把广告作为政治指导的一个方面"。② 在《解放日报》的办报观念中，党报的每一寸版面都应充满战斗性，广告同样要具有鲜明的"政治"属性，是阶级斗争的重要武器。

《解放日报》的另一项重大方针是"企业化经营"策略，即将报社按企业的模式组织与经营，争取实行自主经营、独立核算和合理盈利。《解放日报》企业化经营的举措之一就是努力扩大发行量。尽管《解放日报》承认报纸编辑工作的改进是党报工作的主要部分，然而宣传的前提是建立在发行的基础之上，如果没有发行，党的宣传就沦为空谈，党的政治影响亦无从实现。在早期发行不利、亏空严重的情况下，《解放日报》认为"目前最重要的是改进发行工作。发行工作应做到普遍、迅速与准确"。基于此，解放日报社提出《劳动报》在 1950 年底日发行量应同比翻番达到15 万份，《青年报》到 1951 年春日发行量要力争达到 10 万份。③《解放日报》的目标定得更高，"应当把本地增加到 12 万份，外埠至少增加到 10万份"。④ 这一目标充满"革命激情"，对实际困难估量不足。从此后的实际情况来看，《解放日报》1950 年的发行量大多时间都在 10 万份以下，多数时间都在 8 万份左右。甚至在 1950 年 5 月实行"邮发合一"的第一

---

① 《本报广告刊例》，《解放日报》1949 年 5 月 28 日。
② 《解放日报三个月来的基本总结与今后的工作方针草案》，档案号：A73 - 1 - 3，上海市档案馆藏。
③ 具体的要求是："劳动报争取于 5 月 1 日起改出日刊，以扩大对工人的宣传教育。发行数要求提高到 10 万份，下半年经济好转后，以 15 万份为目标（比去年 12 月多销一倍）。青年报仍为 5 日刊，下半年改为四开两张，以加强学习指导及体育报道。上半年要求发行数不跌，至少要保持去年 12 月份的八成。下半年争取逐步上升，到明年春天要能达到10 万份目标"。"解放日报由于群众购买力的低落，劳动报改出日刊后，上海的销数势必减少，希望争取到最低的销数以去年 12 月减少两万为限；同时必须争取外埠的销数，随着火车白日开行，能以外埠增加的份数抵偿本地减少的数字。下半年起，要做到逐步上升，到年底能达到比去年底多两成。发行工作四月份起移交邮局办理。"参见《解放日报社 1949 年工作总结报告暨 1950 年工作计划大纲（草案）》，档案号：A73 - 1 - 3，上海市档案馆藏。
④ 《解放日报三个月来的基本总结与今后的工作方针草案》，档案号：A73 - 1 - 3，上海市档案馆藏。

个月内日均发行量只有 7.8 万份。① "邮发合一"之初，因邮局投递迟缓、手续费高昂，加之《劳动报》改出日刊造成读者分流，这使得《解放日报》发行雪上加霜。同一时期，《新闻日报》和《大公报》销量却有所增长，特别是《新闻日报》日销量已达 11.7 万份，超过《解放日报》3 万余份，销量悬殊让《解放日报》人员如坐针毡，大受刺激。1950 年 7 月，社长恽逸群报告说："发行迟已成为解放日报的致命伤，如不亟加克服，前途不堪设想。"为此，恽逸群一方面请示将《解放日报》与《劳动报》分开，另一方面强烈要求邮局迅速改变投送办法，甚至威胁"如果短期内不能解决，则必须考虑取消邮发合一的协议"。②

因急于扩大发行，《解放日报》1951 年工作计划中再度提出，到 1951 年上半年本地每日至少应发行 6 万份，外埠发行 7 万份，总发行至少要达到 13 万份。下半年本地至少要达到 7 万份，外埠发行要达到 9 万份，总发行至少要到 16 万份的目标。③《解放日报》之所以要订如此高的目标，主要是瞄准了《新闻日报》，想要夺回第一大报的地位。可是这一目标没有完成，1951 年底《解放日报》的每日总发行量仅到 11.7 万份。事实上，考虑到 1951 年底上海的经济状况以及整个上海报业的实际困难，《解放日报》发行量突破 10 万份洵属不易，其他各报也仅有《新闻日报》可与之匹敌。④ 然而相较《解放日报》初拟的宏伟目标，这一成绩显然令报社领导难以接受。走近群众、占据思想阵地近乎是党报天然的政治任务，而按照华东地区总人数比例确定的党报发行目标充满了理想主义色彩。《解放日报》发行中遭遇的"理想与现实"，反映了早期党

① 1950 年 4 月 25 日，《解放日报》与上海邮政管理局订立邮发合一协议，从 5 月 1 日起正式施行。《解放日报社邮发合一六个月来的总结》，档案号：A73－1－42－13，上海市档案馆藏。
② 恽逸群：《解放日报六月份工作报告》（1950 年 7 月 20 日），档案号：A73－1－23，上海市档案馆藏。
③ 《一九五一年工作计划要点》，档案号：A73－1－49－2，上海市档案馆藏。
④ 1951 年 8、9 月，《解放日报》发行稳步上升，第一次超过了《新闻日报》的发行量。《解放日报编辑部八、九月工作初步总结（初稿）》，档案号：A73－1－55－7，上海市档案馆藏。此后的几个月，《新闻日报》亦偶有反超，但较多时间《解放日报》发行量超过《新闻日报》。1952 年 5 月底，《解放日报》的销量已稳居各报第一。5 月 29 日，《解放日报》销量为 154415 份，比销量第二位的《新闻日报》多出 5.5 万份。参见《关于上海私营报纸调整办法的报告》（1952 年 5 月 29 日），档案号：A22－1－47，上海市档案馆藏。

报经营管理上仍然沿袭革命时代的革命浪漫主义精神，而对于作为企业的经营管理问题则较为忽视，抑或说缺乏足够的管理能力。

表 2 - 2　　《解放日报》1949～1951 年发行、印刷情况

单位：份

时间	发行量	印刷量	时间	发行量	印刷量
1949 年 5 月 28 日	62432	104657	1950 年 8 月（均）	84370	
1950 年 4 月 30 日	82948		1950 年 9 月（均）	82792	
1950 年 5 月（均）	78011		1950 年 10 月（均）	82992	
1950 年 6 月（均）	80319		1950 年 12 月底	89505	90622
1950 年 7 月（均）	82607		1951 年 12 月底	117051	118368

注：此表系笔者根据上海市档案馆藏解放日报社的多份相关档案整理而成。

　　《解放日报》企业化经营的另一个举措是建立"成本核算制度"，努力做到自给自足。尽管党报可由党和政府补贴，但亏损严重也将成为新政权的负担。1949 年底国家新闻总署召开的全国报刊经理会议就提出："全国一切公私营报纸的经营，必须采取与贯彻企业化的方针。即公营报纸必须把报社真正作为生产事业来经营，逐步实行经济核算制。私营报纸亦必须在已有基础上进一步改善经营方法。条件好的公营报纸应争取全部或大部分自给，条件较差者亦应在政府定期定额的补贴下，争取最大可能的自给程度……"① 面对 1949 年的巨额亏空，同时响应全国报刊经理会议的要求，1950 年华东地区公营报纸的工作计划要求所有公营报纸应该"建立成本核算制度"，提议"由《解放日报》研究试验，随时以结果通报各报，限于六月以前定出一整个制度办法，于七八月间召集各报经理、会计会议"。② 《解放日报》在随后的 1950 年工作计划中也明确指出："建立成本核算制度，健全会计制度，使各部分收支衔接，随时能查明出各部门的真实情况，可以集中统一掌握贯彻节俭办法，确定材料及各项消耗物资的使用标准。这些制度办法，要求在六月底以前建立完整的一套，供其他公营

① 《中国报刊发行史料》，光明日报出版社，1987，第 7 页。
② 《1950 年华东地区公营报纸的工作计划（草案）》，档案号：A73 - 1 - 29 - 11，上海市档案馆藏。

报纸参考试行。"① 其时的《解放日报》信心满满，在分析 1949 年亏空原因之后，认为通过厉行节约、建立成本核算制度达到收支平衡并非不可能。

　　新中国成立之初的经济形势不容乐观，物价飞涨、成本高昂，《解放日报》想要达到收支平衡极其不易。特别是 1950 年 5 月开展"邮发合一"之初，不仅销量下降，而且由于邮局手续成本增加以致报社运营成本大幅上升。整个 1950 年，《解放日报》平均期发数 86510 份，年度亏损 54.9 万元（新币）。1950 年 12 月，因"报纸油墨等材料价格逐步上涨"，以致各报均"赔累不堪"。迫于无奈，解放、新闻、文汇、大公等报只得联名请求上调报价。② 经过 1950 年残酷的市场实践，《解放日报》早已没有 1950 年初那么乐观。在《解放日报》社务委员会制订的 1951 年工作计划中，谨慎地表示应"要求达到自给自足，争取本年度内有盈余"。③ 1951 年 1 月 16 日，《解放日报》每份报纸从 700 元涨到 1000 元，④ 加之销量略有增加，收支方才略有好转，1 月总计盈利 2.32 亿元。2 月因出报时间较短（只出报 25 天）成本降低，而订户均以月（30 天）计算订费，邮局手续费从 32% 调减至 29%，因此盈利 6.33 亿元。⑤ 但 3 月后即因材料费上涨，报社又转为亏损。《解放日报》算过一笔账，报纸平均材料成本，3 月每份成本为 697 元，4 月为 747 元。每份报纸的实际收入，以每份定价 1000 元计，扣除 29% 的邮局手续费，只有 710 元。⑥ 因此每份报纸仅材料成本一项，4 月就要亏损 37 元，基本上要回到解放初的老路。《解放日报》分析报告说："到目前为止，严重的亏损情况已经开始扭转，但是并

---

① 《解放日报社 1949 年工作总结报告暨 1950 年工作计划大纲（草案）》，档案号：A73 - 1 - 3，上海市档案馆藏。

② 《解放日报、新闻日报社、文汇报社等关于要求调整报价的请示报告》（1950 年 12 月 6 日），档案号：A73 - 1 - 44 - 5，上海市档案馆藏。

③ 《解放日报、新闻日报报史资料》（2），第 249 页。

④ 《解放日报关于本报经营情况及盈亏原因的报告》，档案号：A73 - 1 - 79 - 2，上海市档案馆藏。另可参见《解放日报、新闻日报报史资料》（2），第 252 页。

⑤ 2 月之所以盈余 6 亿余元，主要有以下几个方面来源：第一，邮局手续费减少，约合 7000 万元。第二，报价提高及发行天数减少，以致发行收入较上月增加 2.79 余亿元。第三，材料费较上月节省 2.6 亿余元。《解放日报关于本报经营情况及盈亏原因的报告》，档案号：A73 - 1 - 79 - 2，上海市档案馆藏。

⑥ 《解放日报盈亏情况报告》，1951，档案号：A73 - 1 - 77，上海市档案馆藏。

不能说完全由于经营方法的改进，因此'盈余'的局面是很不巩固的。"①

　　1951 年 5 月 3 日至 12 日，华东新闻出版局举行华东区省市以上主要报纸经理工作会议，会议有针对地对各报进行部署，《解放日报》属于"已有盈余，但基础尚不巩固的单位"，因此华东新闻出版局给出的部署是"应努力巩固现有成绩"，争取在稍长的时期内，"做好实行经济核算制的准备"。② 不难看到，至 1951 年夏，《解放日报》仍徘徊在盈亏边缘。在这种处境下，管理部门只能将希望寄托在经济核算制上。

　　如前所述，早在 1949 年底华东局就要求《解放日报》在 1950 年 6 月前定出一整个制度办法；此后在不同场合，管理部门也反复要求推进经济核算制度。然而由于报纸属于阶级斗争的工具，很多干部据此认为报纸的经费应该由党和政府提供，在思想上对成本核算这套企业化经营有相当抵触。因此到 1951 年底，经济核算制仍未实行。1951 年 11 月，《解放日报》在对两年来的经营管理反思总结中即指出：

　　　　必需明确企业化思想，争取领导的重视与业务部门（编辑部）的配合。报社的生产任务，毫无疑问地重点是在编辑部，按照目前情况，报社的领导者，主要是掌握编辑方针等工作的，对报社的经常工作，有时候就很难兼顾。一般工作同志间，尚不免残存着供给制思想或资产阶级主义式的盈利思想，对经济核算、企业化经营缺乏正确认识，产生了"宣传任务与企业化经营是矛盾的"想法，这些都严重阻碍了有步骤地实行经济核算制的工作。③

　　应该说《解放日报》存在的这种观念只是全国公营报纸的一个缩影，建国初大多数的公营报纸普遍对经济核算制缺乏清楚的认识。之所以如此，很重要的一个原因是与经营者对公营报纸的性质定位有关。1950 年 9 月，中宣部发布的《关于报纸实行企业化经营情况的通报》即指出："有些报社的工作同志还不了解和不重视企业化经营的方针，他们以为报纸是文化企业，不能当作生产事业来经营，甚至个别报社的工作同志还残留着

---

① 《解放日报盈亏情况报告》，1951，档案号：A73 - 1 - 77，上海市档案馆藏。
② 《解放日报、新闻日报报史资料》（2），第 271 页。
③ 《解放日报关于本社两年来经营管理上主要工作的汇报》（1951 年 11 月 9 日），档案号：A73 - 1 - 77 - 16，上海市档案馆藏。

'赔多少向公家报销多少'的错误思想；他们缺乏精打细算的经济核算思想，报价太低，编制与费用太大，不力求增加收入和减少支出。"① 很明显，这种现象的根源是包办党报的传统。按其逻辑，既然报纸系斗争、宣传工具，那么自然应由党来负全责。党报在政治上一向被视为阶级斗争有力工具，遽然让其转变为"生产事业"实行企业化经营，这让各报很难转变观念，调转船头，适应环境。

粗略观察 1949 年至 1951 年两年多《解放日报》的经营状况，《解放日报》虽早早奠定大报的格局，但其早期的经营难言大获成功。无论是制度建设还是经营管理，《解放日报》要达到完全的自给自足依然任重而道远。然而作为党的宣传喉舌，它早期经营上的步履蹒跚并不妨碍其成为新上海报业格局中的"领导"和"核心"。

第四节　《解放日报》与报业新格局

党报的威权化是中共宣传工作的核心理念之一。延安整风期间，中共通过延安整风和对《解放日报》的大幅改造，陆定一、胡乔木等在毛泽东的指示下完成了对党报的整合，进而建构了中共党报理论的基本框架。意大利共产党的领导葛兰西曾说，"当一个阶级试图获得政治霸权前，它必须先获得文化领导权"，而"当它行使政权的时候，它就成了统治者，即使它已牢牢控制政权，也必须继续'领导'……"② 新中国成立后，中共欲巩固新的政权对新民主主义文化的领导权，关键之点即在于确立中共领导的以党报为核心的公营媒体网络。

从逻辑上讲，《解放日报》的权威早在中共中央将其确定为华东局兼上海市委机关报时就已奠定。自延安整风以后，党报就在中共的宣传系统中扮演了核心的地位。随着新解放城市的逐步增多，中共在处理新解放城市旧有报刊的同时，也不断加强新解放城市党报体系的建设，并将党报从根据地向全国推广。1948 年 6 月至 8 月，中共中央在不同场合多次专门就党报问题发出指示，强调党的各级负责人应该切实担负领导党报的责任，

①　《中宣部关于报纸实行企业化经营情况的通报》（1950 年 9 月），《中国共产党新闻工作文件汇编》中卷，第 21 页。

②　Antonio Gramsci, *Prison Notebooks*. London：Lawrence and Wishart, 1971, pp. 57 – 58.

以确保党报"主要是工人和农民服务"的方向，并逐步累积"在城市办报的经验"。① 毫无疑问，在中共的战略布局及政治设计中，党报本就应该在新解放城市占据绝对优势地位。

上海解放前后，对党报的政治赋权使得《解放日报》的权威地位不断强化。1949 年 5 月 20 日，华东局下发了《关于加强宣传工作中纪律性的指示》。指示明确规定：进城市后，各机关的报纸通讯员所写的稿子，应经该机关领导人审查后，送党报（《解放日报》）审查发表，不得将工作经验、工作动态、会议消息文告等直送私营的、非党的报刊随意发表。② 该指示不仅在源头上强化了对新闻内容的控制，同时直接确立了《解放日报》的党报权威地位，弱化了私营、非党报纸在政治新闻报道中的角色，明确规定了党报与私营、非党报刊的主从关系。换言之，《解放日报》成为华东地区的"党的喉舌"，在新中国成立初期华东地区的纸媒中，《解放日报》成为发布党、政机关新闻的唯一权威渠道。按照上海市军管会新闻出版处的说法，《解放日报》的定位"是干部和进步群众唯一精神食粮，它是共产党在华东地区最高的宣传指导刊物，群众中威信很高，每一篇言论和每一个号召都是群众工作努力的指示方向"。③

在新中国的政治语境中，政治制度上的赋权有助于《解放日报》在报业实践中权威的真正建立。在报业实践中，中共同样对《解放日报》偏爱有加。

首先，中共中央及华东局方面极为重视党报工作，这为《解放日报》提供了政治上的保障。为领导华东地区的新闻宣传工作，中共中央为《解放日报》配置了强大的社务委员会和编辑委员会。不仅如此，为"加强党

① 《毛泽东对华东局关于华东近一年来办报情形报告的批语》（1948 年 6 月 3 日）；《中共中央关于宣传工作中请示与报告制度的规定》（1948 年 6 月 5 日）；《中央宣传训关于城市党报方针的指示》（1948 年 8 月 15 日），分别见《中共中央文件选集》第 17 册，第 197、202、311 页。另《党报必须无条件地宣传中央的路线和政策》（1949 年 8 月 28 日），《毛泽东新闻工作文选》，新华出版社，1983，第 155～156 页；新华社新闻研究所编《新闻工作文献选编》，新华出版社，1990，第 76～77 页。

② 《华东局关于加强宣传工作中纪律性的指示》（1949 年 5 月 20 日）；《中宣部转发华东局关于加强宣传工作中纪律性的指示》（1949 年 6 月 15 日），《中国共产党新闻工作文件汇编》上卷，第 319～323 页。

③ 《解放后的上海报纸》（1950 年 3 月 20 日），档案号：Q431－1－21－12，上海市档案馆藏。

报之指导作用"，华东局还于 1949 年 8 月 5 日发出通知，成立了《解放日报》社论委员会，以舒同、魏文伯、刘瑞龙、冯定、夏衍、范长江、恽逸群、章汉夫、许涤新为委员。1950 年 8 月 6 日，上海市委召开《解放日报》座谈会，征求华东与上海各部门对党报的批评与建议，结果大家普遍反映《解放日报》作为党报"没有发挥应有的作用"，还有不少的缺点，建议设立党报委员会加强领导。① 为此，华东局复于 1950 年 10 月 5 日特设党报委员会，由舒同、刘晓、魏文伯、夏衍、恽逸群五人组成，舒同为书记，以加强对《解放日报》的政治领导。

党报委员会在党内有较高的地位。中共七大通过的党章规定，党中央有两个委员会：军事委员会和党报委员会。两个委员会都由毛泽东同志担任主席和书记。华东局为《解放日报》特设的党报委员会，规格很高。作为华东局兼上海市委的机关报，《解放日报》由华东局主要负责人直接领导。为让《解放日报》及时了解党的领导意图，华东局还明确规定《解放日报》的社长兼总编辑可以列席华东局书记的办公会议②，副社长兼副总编辑可以列席上海市委常委会议。此外，华东局发给《解放日报》的文件很多，地位远远超过华东局一般的部。"党中央不少绝密的电报，华东局有些部发不到，而《解放日报》能发到。《解放日报》的编委和组长，参加党政领导部门的会议很方便，听报告的机会也比别的部门干部多"。③

《解放日报》特殊地位非华东区其他报刊可以匹敌。以《解放日报》不起眼的公告栏来说，6 月 11 日《解放日报》在第三版开辟公告栏，启事称："顷奉上海市军事管制委员会命令：凡在解放日报公布的条例、办法、及布告公告等，均具有法律效力。"④ 这一命令不但使《解放日报》的公告有了权威性，亦使得《解放日报》成为官方条例、办法、公告发布的唯一报纸。再者，《解放日报》较之私营各报在新闻报道、采访等业务

---

① 《上海市委对解放日报意见的座谈会记录》，档案号：A22 - 2 - 2 - 30，上海市档案馆藏。
② 其时华东局第一书记饶漱石，第二书记陈毅，副书记康生，组织部部长谭震林，宣传部部长舒同。这一会议规格很高，华东局宣传部除舒同以常委身份参加外，几个副部长中仅有主持日常全面工作的匡亚明才有资格参加。
③ 王维：《工作上重视政治上爱护——记解放初期华东局领导〈解放日报〉的一些情况》，《解放日报、新闻日报报史资料》(2)，第 2 页。
④ 《解放日报》1949 年 6 月 11 日，第 3 版。

上也有绝对的优先权，享有很大的优势，凸显了党报与非党报纸的差别。在新闻采写上，不少私营媒体的记者就多有抱怨，"有时各报记者同赴一个单位采访，党报个别记者常常取走所有资料和材料，有次《文汇报》一位女记者为此回到报社大哭一场"。① 即便是私营各报想要刊发一些地方新闻，也要事先经过地方党报同意。王芸生在一次开会时对此有过抱怨，他列举了两个事例，一个是复旦大学开坦白大会，另一个是同济大学地下党公开，两次《大公报》都派去了记者，但都被《解放日报》以"统一发稿"为由，不让私营报纸发消息。而事后《解放日报》不知为何又不发统稿，最后没了下文，各报也无权过问。② 因为消息权威，《解放日报》逐渐成为读者了解时事、党政方针的重要渠道，在读者心目中树立起党报的权威和地位。

其次，上海解放后《解放日报》《劳动报》《青年报》等一大批党团报刊的出版，使党团报刊迅速占领了上海报刊市场，由此形成了以《解放日报》为核心的公营报刊网络。1949 年 5 月 28 日，新的《解放日报》正式出版，创刊发行号称十万，成为首屈一指的大报。③ 此后，《劳动报》《青年报》《新少年报》陆续拿到了第 2、3、4 号登记证相继出版。新政权最早获准出版的报纸中，中共党团系统及相关机构出版的报纸占据了半壁江山。所有这些报刊都被要求团结在《解放日报》周围，接受党报的指导，这些报刊以《解放日报》为核心共同构筑了解放初上海公营报刊网络的基本格局。

《解放日报》力量原本就最强，而随着 1949 年下半年《劳动报》《青年报》的并入，整个解放日报社更成为华东地区规模最大的报业组织。1949 年 8 月，华东宣教会议召开。华东局宣传部对当时报纸"一则太多，一则太单调（所谓千篇一律）"的现状不满，因此提出"必须实行精简合并及统一分工"的两条原则。华东宣传部明确指出，"在上海应集中力量办好《解放日报》，使它成为全面的群众性的党报"，并提议将团的《青

---

① 《文汇报史略（1949.6—1966.5）》，第 21～22 页。

② 《各报负责人座谈会》（1950 年 1 月 4 日），档案号：B37 - 1 - 27 - 12，上海市档案馆藏。

③ 实际印量为 104657 份，当天发行量只有 62432 份。

年报》和上海总工会的《劳动报》并入解放日报社统一经营。① 9 月 14 日，《解放日报》在头版刊登了华东局与上海市委《关于劳动报社、青年报社并入解放日报社的决定》。《决定》说此举是"为了集中并节约人力物力，加强党报及各群众团体报纸的作用，在统一领导下实行更好的分工合作，以发挥各报的特点，提高各报的质量"。② "合并后之《劳动报》《青年报》，仍保持原来篇幅，继续执行上海总工会筹委会、华东团工委机关报之任务，并成为华东局与上海市委机关——《解放日报》在工人，青年方面之有力助手。""《劳动报》应以文化水平较低之工人为主要对象，《青年报》应以政治与文化水平较低青年为主要对象，尽可能广泛地通俗地反映群众生活及系统地领导群众学习为基本的编辑方针。""两报均统一受解放日报社的领导，但又须加强对总工会筹委会与华东团工委的密切联系，在统一方针计划下，得受总工会筹委会与华东团工委的领导。"③《青年报》于 9 月底并入，《劳动报》于 11 月并入，解放日报社成了以《解放日报》为首的华东地区最大的报团组织。④

表 2 - 3　1950 年 12 月 30 日解放、劳动、青年三报发行量

单位：份

	本埠	外埠	部队	赠存	总计
解放日报	45527	38890	3582	1447	89446
劳动报	18000	6153	（国外 3）	3718	27874
青年报	25565	67219		2706	95490

资料来源：《解放日报社 1951 年编写的解放日报社沿革概况》，档案号：A73 - 1 - 46，上海市档案馆藏。

---

① 舒同：《宣教会议综合报告（初稿）》（1949 年 8 月），档案号：A22 - 2 - 2 - 33，上海市档案馆藏。
② 《关于劳动报社、青年报社并入解放日报社的决定》，《解放日报》1949 年 9 月 14 日，第 1 版。
③ 《解放日报大事记》（征求意见稿），《解放日报、新闻日报报史资料》(2)，第 189 页。
④ 1951 年 2 月 26 日，华东局同意将《劳动报》与《解放日报》分开，改为中华全国总工会华东办事处及上海总工会机关报。在读者对象上，《劳动报》应面对 200 万工人群众，力求通俗。《解放日报》主要对工人干部，并加强与工人群众的联系和对工人运动的指导。4 月 1 日，中华全国总工会华东办事处和上海总工会公布《关于恢复劳动报社并将劳动报改版的决定》，解放日报社对劳动报社编辑业务的领导随即终止，后者的印刷、出版、广告工作仍委托解放日报社代办。《青年报》则于 1952 年 2 月从《解放日报》独立出来。

《青年报》《劳动报》并入后销量一度上涨，《解放日报》为首的党报系统在市场上占据了压倒性的优势。① 更重要的是，两报的并入让解放日报社的力量大大加强，以《解放日报》为首的党报系统得以进一步体系化。

如果说公营报纸以党报为核心是理所当然，然而上海还有若干私营报纸，只有正确处理公、私报纸的相互关系，获得私营报纸的认同才有可能真正奠立党报的核心地位。新中国成立后，政治权力在对报业环境的全面重构中，通过对私营报纸的领导，建构了公营报纸和私营报纸两种完全不同的媒体话语。依附于国家权力的公营报纸获得了较充分的资源，而私营报纸则不可避免地走向边缘，最终形成公营报纸与私营报纸"中心－边缘"的报业格局。

新中国成立前后的政治设计中，各项制度规定对党报与私营报纸关系的描述并不鲜见。1948 年 11 月 8 日中共颁布的《中共中央关于新解放城市中中外报刊通讯社处理办法的决定》就对党报与非党报的关系有明确的阐释。《决定》要求各地党委对党外人员和团体发行的报纸"应主动地设法提高其政治水平，加强对它们的政治领导和思想领导，而办好我们自己的党报，巩固其在广大人民群众中的绝对优势地位"。《决定》还指出："运用批评的武器，对各种错误思想和言论，进行恰当的思想斗争，则是推动党外报纸、刊物进步的最重要的方法。"在人员上，"经过私人关系派遣进步分子到党外报纸、刊物中去工作，也是方法之一"，对准予登记的新闻事业工作人员，"一般采取争取、团结与改造的方针，应以我们党员及进步分子为领导组织新闻团体，进行学习，改进工作与生活等方式，加强对他们的领导"。②《决定》不仅明确了新解放城市党报的主体地位，而且还对如何加强对非党报纸的领导以及旧式新闻人员的改造有了总体性的谋划。

党报与私营报的主从关系亦可从新协党组的组织设置中略窥一斑。为

---

① 《青年报》自 9 月并入解放日报社，该期销量为 8000 份，以后直线上升，10 月底 21500份，11 月底为 49000 份，12 月为 58000 份（12 月 20 日一期曾达 59000 份）。《劳动报》11 月并入解放日报社，此后销量也曾一度上涨。

② 《中共中央关于新解放城市中中外报刊通讯社处理办法的决定》（1948 年 11 月 8 日），《中国共产党新闻工作文件汇编》上卷，第 189～193 页。

加强党对私营报业的领导，上海市委专门成立了新闻协会党组负责对私营报纸实施党的领导。党组成立之初，上海市委即明确表示："解放日报社应该参加，可作为该党组的主要领导核心。"[①] 新闻协会党组书记由陈虞孙出任，而他的另一个身份是《解放日报》社务委员会、编辑委员会委员。从新闻协会党组的组织构成与人事配置上可以看出，党组的政治设计就是要私营报业围绕在《解放日报》周围，协助配合党报做好宣传工作。为使私营报业发挥"助攻"的作用，脱掉旧有的办报习气，通过新闻协会党组及政府报业管理机构对私营报纸加强管理，进而确保私营报业服务党的新闻宣传路径。

1952 年 5 月，上海市委宣传部向中宣部报告，上海宣传部对上海各报的领导计划，首先便是"在华东局党报委员会统一领导下，协助办好党报——《解放日报》，特别要发挥党报在机关、团体、公营工厂、企业、学校中的作用"。[②] 上海宣传部的政治构想并非其独创，而是沿袭了中共一贯的报业治理思路。思想改造结束后，上海市委指示各级党委和各有关部门应对《新闻日报》《文汇报》《新民报》三报加以重视和运用，"使之成为配合党报解释政策法令、文化经验、指导工作的工具"。[③] 在上海市委的政治设计中，作为党报的《解放日报》处于中心的地位，发挥领导作用，而私营报纸则居于配合、协助的位置。

按上海市委的预想，《解放日报》与各私营报纸应是"中心 - 边缘"的协同合作关系。《解放日报》对私营报业不但有领导之责，且有帮助和指导义务，私营报纸则辅助党报搞好宣传工作。然而这只是一种理想型的预设，私营报纸并没有就此俯首甘作绿叶的打算。特别是面对新中国成立初期日益萎缩的文化市场，出于生存的竞争更是不可避免，抢读者、争销量等做法不时发生。私营报纸大多是"大报"，各报员工既有较丰富的办报经验，也有比较浓重的"大报思想"，心底存在竞争心理，想和党报一较高下。《新闻日报》在新中国成立初销量一直领先

---

① 《中共上海市委组织部关于在上海市各非公营报纸中建立联合党组问题的意见》，档案号：B36 - 1 - 2 - 9，上海市档案馆藏。

② 《上海市新闻出版处新闻界思想改造思改前基本情况及思想改造学习计划（第 2 卷）》，档案号：A22 - 2 - 1533 - 20，上海市档案馆藏。

③ 中共上海市委员会：《通知》（1953 年 2 月 9 日），档案号：A22 - 2 - 163 - 3，上海市档案馆藏。

于《解放日报》,因此两报对彼此的销量都比较敏感。《新闻日报》支部就反映该报不少员工"对于党报,表面上一致拥护,实际上牢骚很多(包括许多负责同志在内)"。记者、编辑对党报不满,认为"待遇不平等",经理部的工作人员则有"党报抢生意"的思想。"许多人情绪上是听说党报销路下跌则喜,销路上涨则忧,群众不要看党报则喜,群众要看党报则忧。突出的事例如邮局推销时重点放在党报、政府把好纸配给党报,大家普遍对此不满。"总的看来,《新闻日报》员工"并不承认党报的领导地位",反而"视党报为同业,要平分秋色,分庭抗礼"。① 与之类似,新中国成立初期的《大公报》《文汇报》等也不怎么服膺党报的领导。《大公报》的党员李纯青汇报说,大公编辑部虽然对党报没有什么意见,但是"有时觉得《大公报》编得不错,觉得《解放日报》有时也编得不好",直到"五反"以后,这种想法才减少,"承认非党报领导不可了"。②

《解放日报》在新闻采访、消息来源等方面享有特权,这也让私营报人心存芥蒂。《文汇报》中就有人对党报独占重要新闻发牢骚,表示:"为什么不可以打一份小样分发给各报呢?"③ 上海解放之初,由于有些机关未提供私营报纸记者采访上的便利,一些会议也未允许私营报纸参加,《文汇报》中有部分同志对此也"感到不平",发牢骚说:"既允许我们报纸出版,又不允许我们采访新闻,那么让《解放日报》一张出好了。"④《大公报》方面也有类似的问题,李纯青报告说:"(大公)记者在外碰到党报记者,因为得到消息的难易不同,有时心里牢骚,但不大敢公开说。"⑤《解放日报》采取低价发行的策略后,抢跑了不少私营报的客户。《文汇报》经理、工场部门部分同志对《解放日报》减售600元很不理

---

① 分会办公室编《新闻界思想改造情况(五)》(1952年8月18日),档案号:A22-2-1551,上海市档案馆藏。

② 李纯青:《大公报工作人员的思想情况》,档案号:A22-2-1532-22,上海市档案馆藏。

③ 孙葵君:《文汇报工作人员三年来情况与问题》,档案号:A22-2-1532-34,上海市档案馆藏。

④ 孙葵君:《文汇报工作人员三年来情况与问题》,档案号:A22-2-1532-34,上海市档案馆藏。

⑤ 李纯青:《大公报工作人员的思想情况》,档案号:A22-2-1532-22,上海市档案馆藏。

解，认为"这不是逼着我们关门吗?"①

　　虽然经过解放之初的整饬，私营报业的新闻性已初步丧失，报纸甚至挣扎在垂死的边缘，然而私营报业内心深处却并未"臣服"。私营各报都承认《解放日报》的党报性质和领导地位，但也只限于"承认"。从旧上海过渡到新上海，私营报业从业人员原来深入骨髓的抢广告、抢市场、抢读者的竞争心理和办报理念并不可能一夜之间就骤然转变，对党报不服、有竞争心理，遭遇不公而抱怨事实上都是传统报业竞争心理的正常反应。私营报业的竞争心态反映了私营报对自身的定位和性质认识尚有不清，其与党报的纠葛也与党对上海报界的期望和构想不相符合。私营报业对党报的态度暴露出私营报纸中资产阶级办报观念仍然极其普遍，这无疑与听党指挥、为党宣传的无产阶级新闻观念不相容。

---

① 孙葵君：《文汇报工作人员三年来情况与问题》，档案号：A22-2-1532-34，上海市档案馆藏。

第三章 策略：对私营报纸的扶助、约束与重新定位

在加强党报领导权威的同时，如何妥善处理保存下来的私营报纸、发挥他们在"党外"的作用，亦是建国初期中共在新闻战线上面临的重大问题。一方面，鉴于新民主主义制度及国际社会舆论观瞻的政治考虑，新中国还需在一定程度上保留私营报纸。另一方面，中共又将报纸视为重要的宣传工具，必然加强对私营报纸的控制，希望其忠实地服务宣传需要。这决定了建国初期中共对私营报纸一方面不断扶持，另一方面则以党的新闻纪律对其不断整饬。上海几家私营报纸面对经济上的困境及新的新闻生产规范，只能通过重新定位谋求生存。在这个背景下，上海几家全国性的私营大报几乎无一例外地转型成为专门性的地方报纸。

第一节 对私营各报的经济扶持

上海解放后获准得以出版的公、私营报纸是党和国家从战略高度深思熟虑选择的结果，这些报纸大多肩负重要的宣传任务。面对解放初期的经济困难局面，为确保这些公、私营报纸的顺利出版，新政权在物质上尽可能为其复刊或续出提供扶持。

上海私营各报中，《文汇报》因属复刊，得到新政权的帮助尤多。《文汇报》复刊之初，条件极为艰苦，工厂机器、设备都极为简陋，仅有一台旧机器，而且资金极度匮乏。虽然徐铸成、严宝礼多方筹措，但均无着落。[①] 徐铸成等人最后只好找文管会负责人夏衍想办法。经夏衍的努力，文管会指示

---

① 徐铸成：《新的转折——文汇报第二次复刊的一段回忆》，文汇报史研究室编《从文雨中走来》，第108页。

下属新闻出版处："文汇报是被国民党查禁的，现在文汇报请求协助复刊，应给予纸张和印刷方面的资助。"① 后来，中共华东局和上海市委机关报《解放日报》又"借给大量纸张、油墨等，并协助解决房屋、机器等方面的困难"，《文汇报》方得以在 6 月 21 日正式复刊。② 复刊后相当长一段时间内，《文汇报》基本上是依靠出售人民政府批准向国外订购的 1000 吨白报纸所赚差价勉强维持运作。

除《文汇报》外，其他几家私营报纸在办报过程中也不同程度得到了新政府的扶助。新中国成立之初，因国内经济压力较大，各报的经营形势都极为严峻，大多数报纸甚至存在严重亏空，甚至中共中央的机关报《人民日报》也都在赔钱。据新闻总署对《人民日报》等 16 家报纸的不完全统计显示，16 家报纸全年的赔耗高达 5000 万斤小米。按当时包干制计算，可供约 38 万人一个月之用。③ 上海的报纸也不例外，《解放日报》自创刊以来，因售价不敷印报成本，除 9 月有盈余外，逐月亏损数目相当巨大。④ 面对巨大亏损，各报都竭力周转，并不断向相关部门报告要求减轻负担以压缩成本。1949 年 7 月 28 日，《解放日报》《新闻日报》《文汇报》《新民晚报》《大公报》五报联名给上海市财政经济接管委员会打报告，认为"成本过高，维持匪易"，要求享受优惠水电费、减免房捐、核减邮政运费。⑤ 8 月 26 日，五报再度联名向文管会打报告申请"免征营业税以减轻经济负担"。⑥ 上海五大报纸不惜在水电费、邮运费、营业税这样琐碎的支出上想办法、打主意，说明五大报纸在当时已然不堪重负。针对上海五报的情况，上海市政府相关部门在政策允许的范围内也都给予了一定程度的减免或折扣。

当然，解放初期报业的经营困难是一个全国性问题，中央也试图扭转

---

① 《文汇报史略（1949.6—1966.5）》，第 6～7 页。
② 《文汇报史略（1949.6—1966.5）》，第 6～7 页。
③ 《中共中央批转中央人民政府新闻总署党组关于全国报纸经理会议的报告》（1949 年 12 月 30 日），《中国共产党新闻工作文件汇编》（上），第 294～295 页。
④ 《解放日报关于亏损原因的情况报告》，档案号：A73－1－16－5，上海市档案馆藏。
⑤ 《文汇报关于五报联名申请享受优惠水电费、减免房捐、核减邮政运费、卷筒纸管理措施的函、市府及有关部门的复函》，档案号：G20－1－26，上海市档案馆藏。
⑥ 《文汇报社关于五报联名申请准予免征营业税的函、函复》，档案号：G20－1－27，上海市档案馆藏。

这一不利局面。特别考虑到私营报业的性质，中央甚而明确要给予帮扶。1949 年 11 月 30 日，中共中央宣传部发电指示："私营报纸及公私合营报纸，在现阶段有其一定的必要，故应有条件予以扶助。"电报还明确华东局宣传部要扶助《大公报》，"拨给适当数目纸张，作为公股投入该报"。①为了解决全国公、私营报纸的纸张及赔耗问题，新闻总署于 1949 年 12 月中旬召开全国报刊经理会议，要求全国报纸实行企业化经营，成立文化用纸委员会统筹新闻出版用纸的生产、进口和配售，有条件的公营报纸应通过多登广告、提高定价、"邮发合一"等方式争取经济上的自给。如果还不能自给，则由政府实行"定期、定额的补贴制度"。②

全国报刊经理会议之后，全国各地报业在经营上略有起色。例如《人民日报》因为采取"邮发合一"、低薪资、合理编制等策略，取得了较大成功。该报在 1950 年 2 月亏损 2.6 亿元，3 月即扭亏为盈，成功盈利 3.6 亿元。③ 从报业企业经营化的初步探索中，新闻总署认为找到了解决全国报业经营困境的出路。中宣部的报告指出：

> 有些报纸如北京的《人民日报》，华北的《天津日报》《河北日报》《山西日报》《察哈尔日报》《石家庄日报》《进步日报》（私营）和《新民报》（私营），华东的山东《大众日报》和《福建日报》，中南的《河南日报》《新湖南报》等已经做到全部自给而有盈余。华北的《平原日报》《绥远日报》《唐山劳动报》，东北的《东北日报》等自七月份起，中南的《长江日报》《九江日报》《湖南民主报》，华东的《青岛日报》《新闻日报》等自八月份起也开始做到自给而有盈余，其他各地报纸也已逐渐缩小赔耗数字和开始大部分自给。这说明去年十二月新闻总署召开的全国报纸经理会议决定的企业化经营报纸的方针是完全正确的，可以实现的。④

---

① 转引自孙旭培《解放初期对旧新闻事业的接收和改造》，《新闻研究资料》总第 43 辑，第 58 页。

② 《中共中央批转中央人民政府新闻总署党组"关于全国报纸经理会议的报告"》，《中国共产党新闻工作文件汇编》上卷，第 294～295 页。建国初全国报纸的企业化经营活动可参见宁启文《1949 年—1956 年大陆报业企业化经营概述》，《新闻与传播研究》2001 年第 2 期。

③ 《一年来业务总结报告》，档案号 B35-2-108-26，上海市档案馆藏。

④ 《中宣部关于报纸实行企业化经营情况的通报》（1950 年 9 月），《中国共产党新闻工作文件汇编》中卷，第 20 页。

不过，仍然还有大量的报纸并没有摆脱困境，部分报纸虽然有所起色，但很快又再度陷入困境。中宣部通报中提及"还存在着不应有的严重亏损现象"的报纸就包括上海的几张大报：华东的《解放日报》（包括《劳动报》《青年报》在内）上半年亏损 30 余亿元，《大公报》7 个月亏损了 16.55 亿元。[①] 对此，中宣部归结为各报对"企业化经营"重视不够。

> 有些报社的工作同志还不了解和不重视企业化的方针，他们认为报纸是文化事业，不能当作生产事业来经营，甚至个别报社的工作同志还残留着"赔多少向公家报销多少"的错误思想；他们缺乏精打细算的经济核算观念，报价太低，编制与费用太大，不力求增加收入减少支出对报纸的发行工作没有足够的重视和当作一种组织群众工作而用大力来开展。[②]

部分报刊存在不重视企业化经营的问题，思想难以迅速转变。然而不重视企业化经营问题的报纸其实往往多是中共直接领导的党报，而上海保留的几份私营报纸原本就是市场化经营的，故而这类私营报刊的亏损显然并非"不重视企业化经营"造成的。

表 3-1　1950 年 6 月上海各报平均每期销量

单位：份

报名	解放日报	新闻日报	大公报	文汇报	劳动报	青年报	新民晚报	大报	亦报	英文上海新闻
销量	80319	89551	46625	17666	21725	62819	9372	11731	12586	2627

　　资料来源：《上海各报发行数量统计表（1950 年 11 月）》，档案号：A22-2-11-7，上海市档案馆藏。

1950 年 6 月是上海各报经营最困难的时期。上海各报的发行量在这一时期不增反降，各报发行量大多跌入谷底，经济亏损极为严重，很多报馆

---

① 《中宣部关于报纸实行企业化经营情况的通报》（1950 年 9 月），《中国共产党新闻工作文件汇编》中卷，第 21 页。
② 《中宣部关于报纸实行企业化经营情况的通报》（1950 年 9 月），《中国共产党新闻工作文件汇编》中卷，第 21 页。

债台高筑，甚而连工资都发不出去。《文汇报》的发行量从 1949 年 10 月 5.9 万余份后出现断崖式的下跌，到 1950 年 6 月跌至 1.7 万份，几乎相当于小报的发行量。[①] 比低迷的发行量更可怕的是，这种下跌让人看不到任何好转的希望。从复刊到 1950 年 8 月，《文汇报》向金融机构的借贷总额高达 18.6 亿余元，每月向银行支付的利息占日常开支总额的 2%，最后到了资不抵债、借贷无门的境地。报社员工庄人葆后来回忆说："复刊初期职工工资发不出，仅给十元钱零用，以后常常脱期，还打折扣，年终双薪也无着落。编辑部夜点仅供萝卜干、稀饭，其他就无什么福利可言。出报十四个月，报社已濒临难以维持的境地。"[②] 无奈之下，《文汇报》只能给上海市新闻出版处打报告，"我报因以往逐月亏损的结果，已达到不能维持的地步，这是我报自复刊以后最大危机，而且自身已经没有克服这一危机的力量"，[③] 请求政府给以扶助。1950 年 8 月底，华东新闻出版局、上海市新闻出版处和《文汇报》达成协议，《文汇报》从 9 月起实行私营公助，由政府一次拨给协助费 8 亿元，并商请银行给予贷款 10 亿元，《文汇报》应以自力更生为主，在政府扶助下，争取于 1951 年 2 月底以前做到自给自足。[④] 到 1951 年 3 月，《文汇报》报告，已基本"达成保本自助，收支平衡的任务"，不过仍请政府再"拨助十亿元"，以解决资金周转的困难。[⑤] 面对巨大的经济压力，《文汇报》最终只能通过改变自身性质的方式渡过难关。

　　另一家私营报纸上海《大公报》也处境艰难。1950 年 6 月，上海《大公报》每期发行量只剩下 4.66 万份，不足解放前夕的零头。一年多

[①] 文汇报的发行高峰恰在 1949 年 10 月，该月月均发行量为 5.9 万份，月末的一期曾达到 6.9 万余份，但此后即一路下跌，发行每月都在萎缩。1950 年 5 月月均发行只有 1.63 万份，5 月末的一期只有 1.5 万余份。参见《1949 年至 1952 年以前文汇报及文汇报副页逐月报纸发行情况》，档案号：B167 - 1 - 4 - 21，上海市档案馆藏。

[②] 庄人葆：《忆"救报运动"》，《从风雨中走来》，第 111 页。

[③] 《文汇报关于向上海新闻出版处报告私营公助的结果》，档案号：G20 - 1 - 31 - 1，上海市档案馆藏。

[④] 《华东新闻出版局、上海新闻出版处与文汇报关于政府扶助事宜的协议》，档案号：G20 - 1 - 30，上海市档案馆藏。

[⑤] 《文汇报关于向上海新闻出版处报告私营公助的结果》，档案号：G20 - 1 - 31 - 1，上海市档案馆藏。

来，上海大公报馆共亏损人民币高达 17.6 亿元。[①] 从 1949 年 6 月开始，上海《大公报》的营业就一直亏累，业务不能维持。1950 年开头几个月已严重入不敷出。一年间，上海《大公报》营业额减少了 2/3，薪水支出从原来占总支出的 20%～25% 上升到 33%。[②] 在此情况下，上海《大公报》陷入困局，王芸生连职工的工资也发不出去，印报必需的纸张钱也需要向政府申请帮助。李纯青报告说，到 1950 年 6 月底，上海《大公报》因损失加剧以致"业务不能维持"，竟"变成了政府一个负担"。[③] 为了防止因经济原因而停刊，上海《大公报》决定公私合营，新闻总署商定政府通过入股方式或其他补助方式帮扶上海《大公报》，并协助实行整编节约计划缓解困难。[④] 1950 年 7 月中旬，上海《大公报》组建管理委员会整编节约小组，着手进行整理，清理过多的人事包袱以降低成本。[⑤] 1950 年 7 月，在上海市劳动局的指导下，上海大公报馆一次性就裁掉了 79 人，占到当时报馆职工总数的 16.4%。大公报馆的被迫裁员自然也触及底层劳动者的政治神经，并不可避免地引发了被裁退人员的激烈反抗，甚而有被裁退人员向上海市市长陈毅写信，指斥《大公报》"收买代表"密议裁员，"损害工人阶级的利益"。[⑥] 然而即便如此，为维持《大公报》的正常运作，政府最终还是决心让裁员工作进行到底。[⑦] 与此同时，从中央相关部

---

① 《一年来业务总结报告》，档案号：B35 - 2 - 108 - 26，上海市档案馆藏。

② 李纯青：《大公报整编工作报告》，档案号：B35 - 2 - 108 - 66，上海市档案馆藏。

③ 李纯青：《大公报整编工作报告》，档案号：B35 - 2 - 108 - 66，上海市档案馆藏。

④ 1950 年 6 月 26 日午，新闻总署商讨有关上海《大公报》公私合营问题，商定的核心要点包括上海《大公报》决定公私合营，为考虑政治上的可能影响，暂不公开宣布。在经济方面，政府以入股方式，或其他补助方式，与新闻出版局在上海商定办法，呈报新闻总署实行。上海《大公报》初步拟定的整编节约计划，正在上海与新闻出版局详商，确定后由政府协助实行等。《上海市人民政府新闻出版处关于上海大公报馆公私合营问题商定的要点》，档案号：B35 - 2 - 108 - 23，上海市档案馆藏。

⑤ 《上海大报报馆管理委员会整编节约小组简则》（1950 年 7 月 18 日），档案号：B35 - 2 - 108 - 52，上海市档案馆藏。

⑥ 《上海大公报馆一群被害者关于上海大公报馆在整编中存在偏向问题的函》，档案号：B35 - 2 - 108 - 10，上海市档案馆藏。

⑦ 《上海市新闻出版处有关大公报整编的情况报告》（1950 年），档案号 B35 - 2 - 108。"大公报在 1950 年 9 月整编过一次，减去 79 人。这些人现在还有 20 余人未就业，经常来报馆吵闹，最近还给他们募过一次捐。拿去了四百五十万元。由 1950 年 9 月到现在，大公报工作人员已减少了 157 人，现有职工 318 人，仍有过剩劳动力。"参见《新闻界思想改造三年来情况与问题》，档案号：A22 - 2 - 1532，上海市档案馆藏。

门到上海市政府，都想办法帮助大公报馆解决纸张和借款问题。到 1951年，政府借贷给大公报社的经费总额已经超过大公报馆总资本一半以上，《大公报》的性质实质上已变成"私营公助"。

上海唯一的晚报《新民报》的经营状况更是不容乐观。解放初期，上海连续遭到美蒋飞机的轰炸，经济未能恢复，物价出现飞涨，新民报社的资金面临枯竭。晚报的发行渠道主要依靠报贩零售，每逢刮风下雨，贩报的积极性就受到打击。而每到夏天，报贩又纷纷改售棒冰，影响晚报的发行。另外，报纸必须紧紧配合宣传，《新民报》版面内容单调，并不受读者欢迎。发行最差之时，报纸的销量只有 2700 份，报社经济困顿。① 张林岚描述这段时间《新民报》的窘境：因纸张供应紧张，报纸由对开一张压缩为对开半张，还是难以维持；有人主张只出四开半张。内容单调，实在没有什么可看的东西。发行量从解放前的一万多份跌至六七千份、两三千份，广告也没有了，周转资金没有了，政府、老板两方面都拿不出钱来，连职工工资也大打折扣，以致发不出当月工资，一部分人只好回乡生产，自谋出路。② 1950 年 6 月，《新民报》每期销量仅有 9372 份，在当时上海各报的发行量中垫底，经济上大幅亏损。《新民报》只有向《解放日报》借纸，同时向银行贷款度日。至 1951 年初，《新民报》先后向《解放日报》共借纸 58 吨，这才确保稳定生产。因经济压力过大，《新民报》甚而抱怨中国人民银行上海分行"借款期紧，催收尤严"，"坚持银行本位主义"，"完全把报馆当商店一样看待"，这使得《新民报》"精神上非常痛苦"。③《新民报》的窘境亦一度引发"新社会需要不需要晚报"的困惑，陈铭德、赵构超为首的管理层还萌生过改出日报的念头。④

上海各报之所以出现经营上的困难，表现上看的确是收支不平衡、入不敷出造成的，似乎可以通过"开源"（提高定价、多登广告、扩大发行）、"节流"（调整编制、降薪、裁员）的办法加以解决。但实际的情况是，在严格管制的舆论空间中，整个上海报业市场的萎缩导致各家

① 新民晚报史编纂委员会主编《飞入寻常百姓家：新民报—新民晚报七十年史》，文汇出版社，2004，第 192 页。
② 张林岚：《赵超构传》，《一张文集》卷二，上海三联书店，2013，第 148 ~ 149 页。
③ 《新民报上海社情况》，档案号：S314 – 4 – 5 – 1，上海市档案馆藏。
④ 《飞入寻常百姓家：新民报—新民晚报七十年史》，第 198 页。

报纸并不可能真正实现收入的大幅增长。

按理说上海解放后随着接管、登记制度的推进，大量旧有文化市场的报纸被清理，报纸总数的急剧减少应该带来现有各报广告及销量的迅速增长。但奇怪的是，各报的广告并没有出现明显的增长，新政权下的读者对余下的几家报刊似乎并不买账。

之所以出现这种吊诡的现象，有几个很重要的原因。一是上海解放后，城市人口结构出现很大变化，整个报业市场出现大幅萎缩。1950 年 6 月，夏衍在一份讲话中就说解放后上海报纸的销路，一般说来是减少了（包括大、小、日、晚各报）。夏衍估算，解放前整个报纸的销路，每日有 50 万份左右，以上海 500 万人口计，有 1/10 的人是要买报的，最高时总销售可达到 70 万份左右。但解放后总销数减低了，仅有 30 万份。市场萎缩以致销路减少，这让报纸经营者感觉到困难。[①] 二来因解放之初，中共实施了较严格的新闻管控制度，各报稍不注意即被批评是资产阶级办报。各报的分工、定位并不明确，所有的报纸几乎都千篇一律，内容高度雷同，"因此一般人认为报纸枯燥无味，没有看头"。[②] 因各报内容大同小异，总的需求量又不增反降，是以上海各报的发行量大多不可避免地出现下降。

除市场萎缩导致发行受损外，新政权对商业广告的排斥也让报纸经营举步维艰。广告原本是报纸重要的经济来源，但新政权在很长一段时间都对商业广告抱排斥的态度，对商业广告的刊载实施了较严格的管控。《解放日报》初期的广告主要由戏目广告、人事广告、一般商业广告、机关团体启事公告四类构成。1949 年 6 月到 10 月每月广告量最大的机关团体启事公告均在 50% 以上；其次是一般商业广告，占 20%～40%；人事及戏目广告最少，都在 5% 左右，绝不超过 15%。[③] 收益最高的商业广告一项所占比重已然不到 40%，但仍遭到《解放日报》的坚决削减。[④] 早期的《解

① 夏衍：《在新民报的讲话》（1950 年 6 月 9 日），《探索：新民晚报研究文集》，文汇出版社，1999，第 14～20 页。
② 夏衍：《在新民报的讲话》（1950 年 6 月 9 日），《探索：新民晚报研究文集》，第 14～20 页。
③ 《解放日报广告成分分析表》，档案号：A73－1－20－48，上海市档案馆藏。
④ 《解放日报三个月来的基本总结与今后的工作方针草案》，档案号：A73－1－3，上海市档案馆藏。

放日报》不断明确应该"反对广告工作中的单纯经济观点"，广告政策应"业务政治化"，广告的取舍应以是否合乎党和政府的政策为第一标准。①《解放日报》的广告政策大体反映了建政初期报刊一般的广告理念。至于私营报纸，"抢广告"往往被视为资产阶级办报方式而饱受批判。由于商业广告大量减少，广告收入大为缩水，报纸经营愈加恶化。

由是可见，解放初期上海报业的主要问题在于市场萎缩，千报一面，读者对报纸兴趣不大。在广告、发行一时难以打开局面的情况下，建国初期纸张价格高涨、物价波动频繁、报社成本激增等问题顿时让各报捉襟见肘。长期来看，全国报刊经理会议提出的多登广告、提高定价、降低薪资、合理编制等举措虽然可能获得暂时性的缓解，但不能从根本上解决问题，只是治标不治本。在特定的政治空间和报纸统制语境下，报纸的"开源节流"事实上已达到极限，建国初期整个报业市场的萧条并不是经济学上简单的控制成本、增加营收就能够解决的。尽管一些报纸逐步朝"企业化"方向迈进，但在管制严格的舆论空间中，报纸靠自身的转型和突围举步维艰，原本亏损的各报在很大程度上不得不继续依靠政府的补贴、扶助来勉力维持。

第二节　对私营各报的整饬规范

中共解放大城市后，如何改造旧有的文化消费市场以确立党报为核心的新闻体制，成为新的权力结构中新闻管制的关键。通过新闻审查与纪律规范转变私营报业旧有的资产阶级式的办报观念，使之服从党的新闻宣传路径，这自然成为中共推进新闻事业的必然举措。解放之初，中共对上海新闻事业的领导既表现在通过军管会的审查、登记办法重新安排上海报纸的秩序与格局，也体现在通过对党的新闻宣传纪律的不断强调，强化报纸"为人民服务"的业务水平，进而使公、私营报纸领会党的意图、贯彻党的宣传政策。总体上说，新中国成立前中共的新闻纪律主要是针对党内报纸而言的，成立后因还有不少非党报纸继续存在，出于统战的考虑，并不

---

① 《解放日报社广告制度、工作总结和预决算草案》（1950 年），档案号：A73－1－45，上海市档案馆藏。

宜直接将原来党内的宣传纪律扩大为非党报纸的一般性规范。私营报刊的出现在一定程度上改变了党报遍天下的局面，这自然也对新闻事业的管理提出了新的要求。因此，如何管理私营报纸，就成为建国初期报业管理体系中的新问题。

对上海非党报纸的规范、约束主要通过新闻行政管理部门与随后成立的新闻协会党组来施行。上海解放后，通过接管、新闻登记迅速将上海仍在发行的报纸全面纳入党政各级机构的组织管理范围。就行政设置而言，上海报业的管理最初由华东军政委员会的文管会新闻出版处（主要由新闻室）负责，其主要职能为对上海报业的接管、登记，旨在从组织上、形态上摧毁旧的反动思想阵地进而建立新的思想阵地。1949 年 8 月，接管工作告一段落，文管会新闻出版处的大部分工作结束。9 月 2 日，上海市人民政府新闻处在文管会新闻出版处研究室的基础上扩组成立，该处直接负责对上海新闻业的行政监管。① 次年 3 月，上海市政府新闻处又扩大组建上海市政府新闻出版处，原新闻处的主要业务划归新闻出版处下的新闻室办理。②

除健全行政机构加强对新闻业的管理外，也试图从党内加强对私营媒体的领导。1950 年 7 月，为方便了解私营报纸业务及思想情况，确保党的宣传方针与经营方针在私营报业中的贯彻执行，上海市委在上海新闻协会中组建了联合党组。根据《沪市私营报纸联合党组织办法拟议》，"指定在各私营报社担任负责工作并能起作用的党员若干人"组成私营报纸联合党组。新闻协会党组主要承担三方面的任务：

一、保证党委宣传方针及经营方针在各报的一定程度的执行。

二、了解各报业务及一般思想情况等问题，有组织地向党委反映，并通过适当方式，谋解决办法。

三、掌握党的统战政策与文化政策，搞好党群关系与有关业务。③

---

① 《上海市人民政府新闻处一九四九年工作总结》，档案号：B35 - 1 - 7 - 22，上海市档案馆藏。

② 《上海市政府新闻出版处新闻室关于 1950 年 3、4、5 月工作综合报告》，档案号：B35 - 1 - 7 - 13，上海市档案馆藏。

③ 《中共上海市委组织部关于成立上海市新闻协会党组和各报社党组问题与有关单位往来文书》（1950 年）档案号：B36 - 1 - 2，上海市档案馆藏。

1950 年 7 月 13 日，上海市委组织部批示，同意由陈虞孙、许彦飞、邹凡扬、李纯青、郑心永、蒋文杰、张春桥、许鲁野、姚溱、李之华组成新闻协会党组，以陈虞孙为书记，委托上海市委宣传部对其进行领导。新闻协会党组的人员酝酿主要由上海市委宣传部提出审核，按照拟订的组织原则，解放日报社"作为该党组的主要领导核心"参加其中。① 7 月 19 日，新闻协会党组在解放日报社召开第一次会议，标志其正式开始运作。新闻协会党组的成立，进一步从报社组织内部强化了对私营报纸的统一管控。如此，上海的新闻业就被置于党、政职能部门的双重监管之下。

党、政机构对上海私营报业的监管涉及方方面面，其中最重要的举措体现在两个方面：一是明确新闻发布机制，通过统一新闻源头来控制新闻内容；二是加强新闻审查，以党的意志指导、规范私营报业的新闻生产。

要确保公、私营新闻媒体对新闻报道的统一，最佳的方案莫过于统一新闻源头，以避免各报从其他渠道获得信息。为确保新闻的准确性，除坚持原有的"请示报告制度"外，还确立了"新闻统一发布"制度。建国之初，因深感全国各地的新闻工作出现较多无政府、无纪律现象，中宣部发出《关于克服新闻工作系统中无政府无纪律现象，坚持请示报告制度的指示》，针对当时新闻报道中的一些错误，比如新闻工作系统中党员自作主张、自由行动，忽视请示制度，违犯宣传纪律等做法提出严厉批评，并明确"带有全国性问题的稿件，而且关系重大，均应先交中央审查决定处理办法"，"请示审查制度是保障党和国家的宣传统一，防止政治上、政策上发生错误的重要步骤"。② 此外，为保证各级政府及所属各机关新闻的正确性，中央政府迅速推进"新闻统一发布"机制。1949 年 12 月 9 日，政务院第十次政务会议通过《关于统一发布中央人民政府及其所属各机关重要新闻的暂行办法》，规定中央机关通过或同意的所有公告及公告性新

---

① 《中共上海市委组织部关于成立上海市新闻协会党组和各报社党组问题与有关单位往来文书》（1950 年），档案号：B36－1－2，上海市档案馆藏。

② 《中宣部关于克服新闻工作系统中无政府无纪律现象，坚持请示报告制度的指示》，《中国共产党新闻工作文件汇编》上卷，第 325～326 页。

闻均应由国家通讯社即新华通讯社统一发布。[①] 该办法出台后，各地据此精神制订了各级政府统一新闻发布办法，如华东军政委员会颁布了《华东军政委员会统一发布本会及所属各机关重要新闻暂行办法》。[②] 上海市人民政府新闻出版处也于 1950 年 5 月发布了《关于统一发布上海市人民政府及所属各机关重要新闻与加强新闻报导的暂行办法》，统一了市政府及所属各机关的公告和重要新闻的发布机制，并对各新闻机关的新闻报道做出明确约束。[③] 从中央到地方各级政府关于新闻发布的规定性办法，在全国范围内迅速确立起党、政机构"新闻统一发布"的规范性机制。按此规定，对于军事、外交等全国性的重大新闻，一般性的新闻媒体无权擅自报道。新华社成为党政权威新闻的唯一法定来源，这在新闻源头上确保了全国媒体新闻报道的统一和准确。

为确保新闻报道的规范性，还对传播过程进行了明确约束，对各媒体转载新华社新闻提出要求。进城后即明确指示："通讯社原则上应归国营，除新华社外，无须鼓励成立其他的通讯社。"[④] 此后进一步规定："非新华总社发布的新闻，不得用作宣传内容（包括军事消息，时事分析等）。"[⑤] 对于国际新闻和评论、全国或全市重大的政治新闻、军事消息，各新闻单位均须以新华社稿件为准。[⑥] 任何党内文件、著作、法令、政策，各报社均无解释之权，且"不得增删改写"，"断章取义"，而且文内的标题也不能改动。[⑦] 这些规定意味着在新华社发布之前，其他媒体无权擅自发布相

---

① 《政务院关于统一发布中央人民政府及其所属各机关重要新闻的暂行办法》，国务院法制办公室编《中华人民共和国法规汇编 1949—1952》第 1 卷，中国法制出版社，2005，第 281 页。

② 《华东军政委员会统一发布本会及所属机关重要新闻暂行办法》，《山东政报》1950 年第 11 期，第 59 页。

③ 《关于统一发布上海市人民政府及所属各机关重要新闻与加强新闻报导的暂行办法（修正草案）》，档案号：B35－1－21－6，上海市档案馆藏。

④ 《中共中央关于大城市报纸问题复南京市委电》（1949 年 5 月 9 日），《中国共产党新闻工作文件汇编》上卷，第 280 页。

⑤ 《中宣部转发华东局关于加强宣传工作中纪律性的指示》，《中国共产党新闻工作文件汇编》上卷，第 319～323 页。

⑥ 王中：《上海解放初期接管新闻机构的情况》，上海市政协文史资料委员会编《接管上海亲历记》，上海文史资料选辑总第 87 辑，1997，第 330 页。

⑦ 《中宣部、新华总社关于平津新闻工作指示》（1949 年 1 月 26 日），《中国共产党新闻工作文件汇编》上卷，第 299 页。

关信息。其他媒体对新华社发布的新闻进行转载也只能完全照搬，不能做任何变更和解释。这些对信息传播的种种规定并不只是针对私营报纸，亦针对党报，目的在于建立起一套自上而下、严格管控的信息流通机制，维护政权稳定。

要保证新闻机构能按党和政府的意志进行新闻生产，另一个重要的办法就是加强新闻审查，特别是以党的意志来规训非党报纸，指导私营新闻事业的新闻报道。为确保各报能贯彻党的意图，新闻出版处专门组织各报负责人、编辑、记者定期召开座谈会，传达党和政府的政策，使各报的新闻报道能在规定的框架下展开。为加强与新闻界的联系，新闻处经常参加新闻协会主持的"每星期一次的各报负责人座谈会"，这种座谈会"传达我们的政策，解释市政设施有关的事情，并纠正各报刊有时不妥善的记载，收到了相当的效果"。① 除利用负责人座谈会"传达政府的政策与工作方向"，"通过报纸向人民进行广泛的宣传教育"外，新闻出版处还定期举办各报编辑、记者、社会服务通联等工作人员座谈会，"交流经验，以提高其新闻政策、业务水平"。②

材料显示，"新闻发布工作"和"新闻管理工作"是新闻出版处最核心的两件工作。"新闻管理工作"主要有两项任务，一是举行定期的座谈会以"传达政府的政策与工作方向"，二是在"审读报纸已发表之新闻及其他文字，纠正其偏差及错误"。③ 该处的工作报告直观地描绘了它在新闻报道上的事后"把关人"职能。

> 　　为了加强与本市新闻界的联系，并在思想上及宣传政策上领导各报起见，我们经常参加新闻工作者协会主持的各报负责人座谈会，传达时事宣传指示和讨论重要的业务问题。一般地说，座谈会是有成绩的，它成为政府和各报之间的桥梁，通过这座桥梁，我们传达了政府具体的工作方向以及配合这些方向的宣传方针。
> 　　至于审查各报在宣传报导上的偏向这一工作，我们原设有专人负

---

① 《上海市人民政府新闻处一九四九年工作总结》，档案号：B35 - 1 - 7 - 22，上海市档案馆藏。

② 《新闻出版处一九五一年度工作计划大纲》，档案号：B37 - 1 - 8 - 10，上海市档案馆藏。

③ 《新闻出版处一九五一年度工作计划大纲》，档案号：B37 - 1 - 8 - 10，上海市档案馆藏。

责研究，但是后来觉得通过一两个人的审查，要在十余家报纸上所刊载的各方面材料中发觉问题，实非易易，故自六月份起采取集体审查办法。全体同志发觉有问题时就把意见提出来，刊在本处内部刊物"新闻出版简报"上，除供本处及相关同志参阅外，并分送各报负责人参考。其中有指示，有表扬，有批评，据反映，简报对于各报宣传报导的改进是有帮助的。

对于各报所犯比较严重的错误，则另行采取适当的措施，例如《字林西报》刊载标题"北朝鲜向南朝鲜宣战"的歪曲新闻，我们经军管会同意罚令停刊三天。《新民报》在刊登国徽时未能按照新闻总署规定放在指定地位，我们便遵照华东新闻出版局的指示予以严重警告处分。《亦报》影剧版标题"公安人员变成匪特"诬蔑公安人员，我们予以警告处分，对报纸版面所发现的小错误和偏向，一般用电话或当面予以纠正。①

新闻出版处的设立意味着在各报的新闻生产之上增设了一个新的监管机构，该处事后的"把关"直接影响着各报的新闻操作实践。该处成立后即行开展对各报的内容审读，自6月采取"集体审查"办法后通过每天发布"简报"的方式对上海各报内容进行事后检查，对各报报道提出意见，或表扬、或批评，其中以批评为主。对于一些较为严重的问题，则另行"采取适当的措施"。

新闻出版处的"简报"自1950年6月21日出版第1期，每日一期。就"简报"来看，上海公、私营各报所犯的"错误"甚多。之所以说是"错误"，概因其不符合或违反新闻出版处秉持的新闻纪律。除去新闻报道易致歧义、表述不当等新闻业务上的问题，更多的错误属于对党的新闻政策、新闻纪律理解不准确，与规定性的宣传精神相违背。譬如第3期简报关于"捷克在沪设立总领事馆"的新闻审查即属此例。该新闻由新华社发出，属极重要的外交新闻。按要求"有关外交的新闻，应由中央发布，国际友人在沪设立领事馆，捷克为第二个，应予相当重视"，但实际上第二天见报转载的仅《解放日报》一家，其他如《大公报》《新闻日报》未有

---

① 《上海市人民政府新闻出版处1950年工作综合报告》，档案号：B35-1-6-17，上海市档案馆藏。

刊载，《文汇报》则用"本报谈"电头，结果几家报纸都受到新闻出版处的批评。① "简报"虽就"新闻"业务发言，然其根本却是指向各报的政治觉悟和宣传纪律，旨在加强对党宣政策和精神的贯彻。

若关涉"政治"的重大新闻，新闻出版处加强审读尚可理解，然而事实上包括排版、行文、用语等也在其管控之列。1951年8月3日的"简报"即批评《文汇报》"上海新语"栏目"所用的文章名称是一般人所不易懂的"，"有普通文化水平的人如不看文章内容，对这题目是不易懂的，甚至看了内容有时也不能了解题意。在号召文字通俗化，面向工农兵的时候，希望多用些通俗、醒目、含义明确的字句为题"。② 上海《大公报》与读者互动的"大公园地"中"问事"栏目则因刊载的来信所问之事过于琐碎，如"上海到昆明怎样去法""洋文与华文电报挂号计费是否相同"等问题，被认为属于"个别群众所需要了解的问题"，故而"不宜多刊"，而应该利用好"教育群众"的工具，"引导读者去关心广大群众的政治生活和关心国家的基本建设"。③ 坦白地说，新闻出版处未必意识到文风、形式作为新的社会文化符号表征的重要功能，其对报纸细节的严格要求更多地反映出其利用每一寸版面"教育"群众的朴素"斗争"哲学。简报所载"错误"数量之多反映出当时新闻宣传对新闻报道的细节、要求管控较为严格。党对新闻事业的掌控不单体现在宏观的政策、制度，也具象到语言、文风、形式。

第三节　对私营各报的重新定位

新中国成立后，私营报业的定位成为中共在新闻事业体制安排中思考的重要问题之一。私营报业在新的报业体系中到底应扮演什么样的角色似乎并不难确定，但私营报业如何在新的社会制度中扮演好这个角色并不容易回答。笼统地说，新政权对私营报纸的定位包括宏观和微观两个层面。宏观层面，在新政权的新闻体制中，获准出版的私营报纸的定位，即私营报纸在新的新闻秩序中居于什么地位，与党报之间是何种关系。微观层

① 上海市人民政府新闻出版处编印《简报》，第3期，1950年6月23日。
② 上海市人民政府新闻出版处编印《简报》，第12期，1951年8月3日。
③ 上海市人民政府新闻出版处编印《简报》，第12期，1951年8月3日。

面，则涉及在新中国具体的经营环境中，私营报纸应该如何根据读者对象进行报业分工。

关于私营报业在新中国新闻体制中的地位与角色其实早有定论。西柏坡时期，中共即确立了要建立以党报为核心的公营新闻事业网络，只是其时在解放区尚不存在私营报业的问题。然而随着平、津、宁、沪等一系列大城市的解放，私营报业的问题开始浮出水面。南京解放后，中共中央即明确指示："大城市中除党报外视情况需要再办一两家或若干家非党进步的报纸，以联系更广泛的社会阶层。"①在中共的战略意图下，私营非党进步报纸显然是为"联系更广泛的社会阶层"的目的而存在，与党报构成主从关系，是站在民营的角度替中共说话的盟友。根据这一指示，上海解放后，《大公报》《新民报》继续出版，《新闻日报》重组为"党的外围报刊"，还专门成立了《大报》《亦报》两张私营小型报，专门服务于"落后群众"。

可以注意到，南京解放后对私营报纸的表述是"非党进步"报纸。此后成立的各报亦以代表人民的民间报刊自居，然而这一定位很快就发生了转变。1949年6月20日，在文管会召集的解放后第一次新闻出版界座谈会上，作为文管会副主任的范长江就明确指出，在国民党反动统治时期，有些私营的文化出版事业单位，曾在不同程度上代表人民，是应该称"民营"的，或属于"民间"的，但是在人民政权之下，政权的本身是代表人民的，这里只有公营和私营之分，不再是"官方"与"民间"的区别。②范长江的这一表态虽然消弭了报纸原有的官、民对立的张力，但也否定了非党报纸代表人民的自我认同，将其划入了"私营"报纸的序列，暗示了"公""私"之间可能存在着的潜在张力。

"公""私"的划分确立了党报的权威地位，使得私营报纸失去了与党报公平竞争的可能，成为"被领导"的对象。尽管《解放日报》承认"私营报纸也是为人民服务的，党报与他们保持平等、互助的关系"，③但实际上私营报纸与党报的区别甚大，两者在政治待遇、工作条件等方面不

① 《中共中央关于大城市报纸问题复南京市委电》（1949年5月9日），《中国共产党新闻工作文件汇编》上卷，第280页。

② 《文汇报》1949年6月21日。

③ 《解放日报情况简介》，档案号：A73-1-166-80，上海市档案馆藏。

可同日而语。例如在政治地位上，私营各报在解放前大多是较"独立"的报纸，在全国有较大的影响力。在解放后被划入"私营"报业，似乎成了"杂牌军"。作为党报的《解放日报》则是华东局兼上海市委机关报，由华东局直接领导。报社的社长、总编辑可以列席参加华东局书记处办公会，报社的副社长、副总编辑则可以列席上海市委常委会议。领导机关发给党报的"红头文件"、简报、宣传资料很多，能及时了解党和政府的想法。与党报形成鲜明对比，《新民报》等私营报纸则只能参加市委宣传部定期召开的新闻界负责人座谈会，听听传达，了解的情况有限。① 在工作方面，私营报纸在采访、报道的权限方面也多受掣肘，"重要事件只许党报和新华社记者采访，新闻资料也只发给党报记者，非党报的记者处处碰壁，只能干瞪眼。偶然抢到一条消息，还得冒风险，弄得不好就要被当作'资产阶级记者作风'的典型来批判示众"。② 报纸的政治待遇如此，一般读者的态度也出现明显转向。《新民报》就曾遇到尴尬处境，"革命干部不屑一顾，机关、学校、工厂、企业进不去。有的大中学校党团组织禁止学生订阅《新民报》，不许学生把《新民报》带到学校里去。南京有一个大学里还发生过强迫学生退订《新民报》的风波，说《新民报》是黄色小报"。③

这种区别对待令私营报纸备感苦闷，《新闻日报》陈伟斯后来在思想改造中就反思说："作为一个记者，三年来我看到祖国许多进步，但是在自己身边却看不到进步，报馆里是暮气沉沉的，主要原因是领导上办私营报的方针有问题，采取了私营路线，把报交给民主人士去办，各机关对私营报也不看作人民的报纸，而看作私营企业。"④ 在新中国成立初期的社会价值观中，"私营"的身份和定位一直是困扰私营报纸经营者、记者的一大"心病"，也成为此后私营报纸与党报关系中亟须调整的一大问题。

在各大城市陆续解放之际，中共就注意到如果私营报业的数量过多，无疑将引发报纸内部的竞争并影响党报的主体性地位。中共中央在给南京

---

① 《飞入寻常百姓家：新民报—新民晚报七十年史》，第201~202页。
② 《飞入寻常百姓家：新民报—新民晚报七十年史》，第201~202页。
③ 《飞入寻常百姓家：新民报—新民晚报七十年史》，第201页。
④ 《新闻界思想改造情况（二）》，档案号：A22－2－1551，上海市档案馆藏。

市委的复电中明确表示，虽允许私营报业的出版，"但报纸种数亦不宜过多，以免纸张与人力、与销路、与各报发生困难"。[①] 不可否认这一考虑很有远见，然而即使各大城市仅出版一两张私营报纸，但在加上公营报纸后，全国范围内报纸的数量实际上并不算少。据新闻出版署1950年3月的统计，当时全国共有报纸336家，私营报纸58家。[②] 特别是在新中国初期全国经济不景气、物资紧缺的情况下，新中国报业在全国范围内出现了严重亏损，这300多家报纸在全国报业格局中如何分工、如何定位，进而提高销量扭转亏损就成为一个大问题。面临政治及经营上的压力，保留下来的私营报纸普遍对办报方向感到迷茫，而政府对全国报业的表现亦感不满，报业秩序的调整势在必行。

面对较严峻的经济压力，新闻管理机构及部分报纸早在1949年下半年就开始考虑各自的定位与分工了。因上海和京津地区聚集的报纸最多，对竞争最为敏感，因此报纸分工工作较早在这些地区摸索。1949年8月召开的华东宣教会议即注意到上海报纸存在"一则太多，一则太单调（所谓千篇一律）"两种现象，会议报告给出了"精简合并"和"统一分工"两个解决原则。按"精简合并"的原则，此次会议更是直接主导了1949年下半年上海《劳动报》《青年报》并入《解放日报》。此外，会议还提出"要使党报与其他报纸具体分工"。具体地说，"《新闻日报》应侧重于工商业界，《大公报》《文汇报》应侧重于小资产阶级、知识分子、自由资产阶级"，"小报尽量减少政治性的东西"。[③] 从会议报告来看，会议虽然只是初步勾勒了私营各报的分工方向，划分的读者对象也较为模糊，有待各报在经营中继续探索，却显示上海方面较早就已开始思考分工突围的问题了。

1949年9月，《新民报》总管理处在北京召开北平、上海、南京新民

① 《中共中央关于大城市报纸问题复南京市委电》（1949年5月9日），《中国共产党新闻工作文件汇编》上卷，第280页。
② 1950年3月全国私营报纸58家，6月底为43家，11月底减少到39家，12月底为34家，到1951年4月缩减至31家，1951年8月下旬余下25家了。孙旭培：《解放初期对旧新闻事业的接收和改造》，《新闻研究资料》总第43辑，第57、61页；方汉奇主编《中国新闻事业通史》第3卷，中国人民大学出版社，1999，第37页。
③ 舒同：《宣教会议综合报告（初稿）》（1949年8月），档案号：A22-2-2-33，上海市档案馆藏。

报三社经理和职工代表联席会议，商讨新政权下的办报对策。中宣部副部长、新闻总署署长胡乔木及华东局宣传部副部长兼上海市委宣传部部长夏衍参加了这次会议。① 胡乔木在这次会议的讲话中，明确谈到了新环境下报业分工的问题。胡乔木指出："无论在那〔哪〕一种社会里，报纸均需分工，如在莫斯科有真理报、红星报、劳动报、共青团真理报、儿童报等，均有一定的读者，不分工何必要这么多报纸呢？但虽分工，还是有一个共同的方向，即所谓统一性与多样性。……我们各个报纸要合作，所谓合作，就是共同为新民主主义服务；但另一方面要分工，以适应各种群众的需要，使他们各得其所。"② 胡乔木很形象的比喻说，路本来很宽，大家走在一起，大家都想要前进，结果挤得不好走，这需要研究适当的办法。从胡乔木的言语中，大抵可以推断高层对报业分工已有明确的认识，只是对各报到底应朝哪些具体方向努力需要与各地的实际经验相结合，因此还在研究摸索当中。根据上海《新民报》的传统与经验，夏衍在随后的讲话中就《新民报》的读者对象问题补充了意见。他建议："《新民报》不妨以小资产阶级中的进步分子为对象，耐烦地向较为落后的分子宣传，那也是必要的工作。"夏衍这里所说的"较为落后的分子"，其实"就是中小工商业者、广大店员、里弄居民和家庭妇女等等"《新民报》的服务对象。③

京津地区的报业分工则可从 1950 年 2 月召开的京津新闻工作会议中略窥一斑。此次会议形成初步意见：北京《人民日报》《光明日报》及《工人日报》都是全国性报纸，但实际上由于发行条件等限制，《人民日报》暂时不能不首先把注意力放在北京及华北各城市和农村。《光明日报》不能不以北京作为主要对象。《工人日报》也只能首先以天津、唐山、北京的工人为主要对象。全国性报纸应注意建立全国其他各地专电与通信，与新华社互相配合。天津的报纸应加强天津的地方特点。《人民日报》主要读者对象应为干部和先进的群众。《光明日报》为适应民主同盟特点应以各民主党派及小资产阶级、知识分子为主要对象。《新民报》的

---

① 《飞入寻常百姓家：新民报—新民晚报七十年史》，第 183 ~ 190 页。
② 胡乔木：《在新民报平宁沪三社经理职工代表联席会上的讲词》（1949 年 9 月 20 日），《探索：新民晚报研究文集》，文汇出版社，1999，第 9 页。
③ 《飞入寻常百姓家：新民报—新民晚报七十年史》，第 186 页。

特点在通俗文艺的副刊，它的读者对象主要是北京的小资产阶级及比较无组织的劳动群众。《进步日报》应主要以天津民族资产阶级、小资产阶级及知识分子为对象。《工人日报》《人民铁道》《华北解放军》等专门性报纸应按已定方向改进工作。①

总的来说，建国初报纸分工的总体思路一是从"全国报"到"地方报"的转变，二是各地方报应面向具体的读者对象重新定位与分工。

上海、京津等地报纸分工的实践为全国报纸的分工调整积累了经验。1950 年 3 月 29 日至 4 月 14 日，新闻总署召开全国新闻会议。这次会议的重要主题就是如何改进报纸工作，其中心议题是如何加强报纸与人民群众的联系。这次会议的召开有一个很重要的背景，就是该时期全国报刊千篇一律、严肃呆板，以致销行不畅、经济困难。新闻总署署长胡乔木在报告中，批评"地方报"和"全国报"内容高度雷同，导致对地方的指导不足。"有许多地方报纸对于地方工作状况的登载没有用更重要的地位、更重要的力量，而把比较重要的地位和力量拿来发表那些全国性质的或是全世界性质的东西。这样一来，地方报纸对于地方工作的反映和指导的力量就降低了。"② 当时的报纸，无论是全国性的大报还是地方性的报纸都忽略地方性、与群众生活密切的新闻，往往过分强调全国性大报的地位，内容也多偏向一些法令、布告和长篇大论。

对于全国报纸通篇会议报道、面孔呆板严肃、千篇一律的现象，胡乔木认为这与苏联早期报刊存在的问题相同。他借用 1919 年 3 月联共（布）党第八次全国代表大会上决议的批评："差不多一切我们的党的和苏维埃的期刊的总的缺点——就是脱离了一般的政治生活。各省党的、苏维埃的报刊，差不多完全不报道地方生活，而关于一般问题的稿件又选择得极不确当。不是用纯朴的语言写成简短的文章，去反映一般生活和当地生活底最重要的问题，而是发表一些冗长乏味的长篇大论。有时法令、布告充满几页篇幅，却不以简单明了的语言去阐明这些法令布告中的最重要之处，详细的发表着各官署和机关的各种指令和决议，却不从所有这些材料中找

---

① 《京津新闻工作会议讨论要点初步意见（1950 年 3 月）》，《中国共产党新闻工作文件汇编》中卷，第 158～161 页。

② 胡乔木：《在全国新闻工作会议上的报告》，《中国共产党新闻工作文献选编（1938～1989）》，人民出版社，1990，第 8 页。

出地方生活的生动的社会记事。"① 胡乔木要求主要应从联系实际、联系群众、开展批评与自我批评这三个方面着手努力改进报纸工作，强调报纸应该多刊载一些群众希望了解和感兴趣的东西。

全国新闻工作会议后不久，政务院随即下发了《关于改进报纸工作的决定》。《决定》明确指出："地方的报纸应当力求适应本地人民群众的需要，无论是中央、大行政区的或省以下的报纸，都应当减少关于会议、机关活动，负责人员的不重要的言论行动，没有广泛重要性的文告文电的篇幅。"② 可以看到，全国新闻工作会议的精神与调整"全国报""地方报"的定位是内在一致的。会议的一个重要目的也在于将上海、京津等地报纸分工的经验在全国范围内铺展开来。会议首次对上海各报的读者定位进行了明确分工，同意上海保留四张大报，具体的分工是：《解放日报》面向政府和党的干部，《新闻日报》面向工商界，《大公报》偏重商界和高级知识分子，《文汇报》面向青年知识分子。③

全国新闻工作会议事实上并没有明确上海另外几份报刊的定位，不过随后上海市委根据此次会议精神很快就明确了其余各报的角色。1950 年 9 月，夏衍在《新民报》的讲话中指示，报纸必须分工，要选定一定的对象。《新闻日报》以工商业为对象；《大公报》以民族资产阶级、高级知识分子为对象；《文汇报》是以青年群众为对象的学习性报纸；《解放日报》以工农大众、政府机关和一般的工作干部为对象；《大报》《亦报》是以落后的群众为对象的。每家报纸都要找到一个对象，我们要为人民服务，要分清阶层，必须要找到一个对象来为他们服务。至于《新民报》则应以中小工商业者，广大的店员、里弄居民、家庭妇女为对象。④

---

① 胡乔木：《在全国新闻工作会议上的报告》，《中国共产党新闻工作文献选编（1938 ~ 1989）》，第 9 页。

② 《新闻总署关于改进报纸工作的决定》（1950 年 4 月 22 日发布），中共中央文献研究室编《建国以来重要文献选编》第 1 册，中央文献出版社，1992，第 203 页。

③ 《文汇报史略（1949.6—1966.5）》，第 28 页。

④ 夏衍：《在新民报的讲话》（1950 年 6 月 9 日），《探索：新民晚报研究文集》，第 14 ~ 20 页。

第四章　契机：上海报业结构的转换与调整契机的出现

第一节　上海私营大报的艰难维继

整个上海的报纸消费市场中，不但存在公家报纸与私营报纸的竞争，私营报纸之间竞争也异常激烈。私营各报的竞争主要集中在《新闻日报》《大公报》《文汇报》《新民报》四家大报之间。尽管在 1950 年下半年，新闻总署及上海市政府已大体明确上海私营各报基本的分工定位，然而从领导意志到办报实践还有很长一段距离，上海私营各报是否能按既定的分工进行调整，调整后的经营是否又能有所起色都存在很大的变数。

上海私营各报大多在 1950 年 5、6 月陷入经营上的困局。针对各报的问题，新闻总署给出的总体方针是各报注意不同的分工定位，以"企业化经营"的思路，节约成本，扩大销量以求达到营业上的收支平衡。此后，私营各报在政府有针对地扶助之下，各自进行内部调整。例如《文汇报》在 1950 年经营危机之后，即由政府扶助实行了"私营公助"，由政府一次拨给协助费 8 亿元，并商请银行给予贷款 10 亿元以渡过难关。然而，政府也不可能无条件、无限制地资助，最终还需报社改善经营、自负盈亏。华东新闻出版局、上海市新闻出版处与《文汇报》的协议中明确要求《文汇报》要自力更生，争取在 1951 年 2 月前达到自给自足。①

面对政治与经济的双重压力，《文汇报》率先在报社内进行改版革新。从 1950 年 6 月起，《文汇报》在一年多内进行了数次比较大规模的改版，

① 《华东新闻出版局、上海新闻出版处与文汇报关于政府扶助事宜的协议》，档案号：G20－1－30，上海市档案馆藏。

摸索出路。第一次改版始于 1950 年 6 月 21 日，《文汇报》在该日刊出的复刊一周年社论中明确表示："应该明确我们的工作方向，而向我们最大多数的读者，有计划开展我们的工作……首先是确定我们报纸的主要读者对象是工农青年、学生、知识分子，我们的工作应该深入文化、教育、科学、技术等方面。"[①] 此次改版重点在明确为主要读者服务和报道侧重问题，加强有关青年问题的报道，副刊、专刊内容也向青年知识分子倾斜。复刊一周年的社论透露出《文汇报》已经有意识地朝专业化转型。1950年 10 月 16 日，《文汇报》再度改版，朝通俗、明快的方向转型，重点是进一步加强与实际生活和读者群众的联系，调整副刊、周刊的设置，组织文艺作品连载，增强报纸的可读性。经过先后两次改版，《文汇报》的读者对象进一步明确，报纸风格逐步成型，销量亦有所上升，《文汇报》的印量从 1950 年 6 月平均每期 1.76 万份上升到该年 12 月平均每期接近 2.6万份。1951 年 1 月 11 日，《文汇报》将单价调高到 1000 元（旧币）。量增价涨之下，《文汇报》基本做到自给自足、收支平衡，达到了协议的要求。[②]

　　不过，前两次改版带来的转机并不大。虽然《文汇报》的销量有所回升，但增长仍然乏力。1951 年 2 月《文汇报》印量再次回落，该月每期印量下滑到 2.1 万份左右。此后相当长一个时期，平均每期印量在 2 万至2.4 万份之间徘徊，大多数时间停留在 2.2 万份左右。受制于发行的持续低迷，《文汇报》在经营方面没有出现明显的改观。虽然在 1951 年初宣称基本自给自足，但随即次月又陷入亏损，[③] 整个 1951 年报社都处在盈亏边缘，起色不大。职是之故，1951 年 8 月《文汇报》被迫再度改版，调整经济新闻、文教版版面，加强副刊力量，新增新闻解释和新闻分析的综合版，开辟文娱版，使副页趋向杂志化。《文汇报》三次改版都力图使新闻宣传更贴近群众，增加通俗性、趣味性，以适应新的政治格局的要求，争取读者，提高销量。

---

① 《文汇报史略：1949.6－1966.5》，第 30～31 页。
② 《文汇报史略：1949.6－1966.5》，第 35 页。关于《文汇报》的几次改版，可参见是书第 32～35 页。
③ 《文汇报关于向上海新闻出版处报告私营公助的结果》，档案号：G20－1－31－1，上海市档案馆藏。

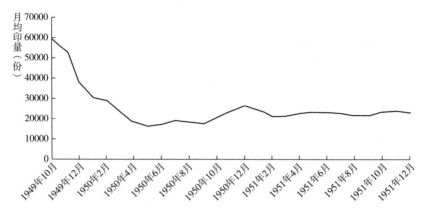

图4-1　《文汇报》1949年10月至1951年12月月均印量统计

资料来源：《上海文汇报关于报送报刊出版统计历史资料一式两份的报告》，档案号：B167-1-4-21，上海市档案馆藏。

　　私营各报的调整实际上存在悖论。在整个文化消费市场基本固定的情况下，各报要自给自足就必须在争取读者、提高销量上想办法，但这种"抢读者"的做法又是新中国成立初期着力批判的资产阶级办报思想的典型做法。《文汇报》的调整随后即成为批判的对象，一份内部报告说："50年下半年，总编辑室订出编辑方针：强调所谓'小市民路线'，强调'趣味化'、'人情化'，以所谓'四大连载'吸引读者。""还组织'整版广告'奉送文字，内容大都是政策，甚至有泄露国家秘密的。""资本主义办报思想，曾严重地支配着文汇报每一个工作人员。这错误的思想，今天还未被肃清。"①

　　随着"三反""五反"的发动，政治空气的骤然转换使得群众更偏向选择严肃的党报，《文汇报》《新民报》等私营报的销量再度应声下跌，《文汇报》最严重时每期仅销一万二三千份，经济上则再次出现亏损的情况。1951年底，《文汇报》被迫发起"救报运动"。一方面通过增产节约运动精打细算，另一方面通过经营副业、招揽广告、推广报纸等方式扭转经营不利局面。但显然，"救报运动"的手段较之以往并没有什么根本性的转变，效果自然也谈不上理想。1952年初，《文汇报》每月仍亏耗两亿以上。

---

　① 孙葵君：《文汇报工作人员三年来情况与问题》，档案号：A22-2-1532-34，上海市档案馆藏。

在几份私营报纸中，《新民报》的经营困难最大。该报原本销量就在私营各报中垫底，甚至不及两份小报。在最困难的 1950 年 6 月，《新民报》销量只有 9000 余份。朝鲜战争爆发后，上海各报的销量大多略有增长。1950 年秋季度，《新民报》销量保持在 1.5 万余份左右（7 月日销 15222 份，8 月日销 14600 份，9 月日销 15445 份），7 月、8 月略有盈余。1950 年 11 月，上海市新闻出版处向华东军政委员会新闻出版局报告，从《新民报》一年多的表现来看，起先没有确定读者对象，销路始终停留在数千份上，后来经过一个时期摸索，决定将比较落后的小市民及工商界作为对象，于是在销路上和宣传效果上都获得了一定的成绩。① 尽管在 1950 年冬《新民报》销量略有增加，宣传效果上获得了一定成绩，但因抗美援朝，国内物资缺乏，各报所需报纸、油墨等材料价格大幅上涨，《新民报》经营状况再度恶化，出现较大亏空。1950 年 12 月，《新民报》亏损高达 80.17 亿元。②

为打开局面、渡过难关，报社发动记者、编辑和部分职工到各区街道里弄开展活动，组织"居民读报组"。赵超构、程大千等用通俗白话改写新闻、评论和有关宣传资料。姚苏凤还别出心裁地将新闻改编成说唱，供市民演唱，以希望能拉到读者。然而，新的订户往往在一两个月后又退订，销售成绩并不能得到巩固。③ 到 1952 年 3 月，《新民报》销量再度下降，每期仅发行 1.1 万余份。经济方面，"由于背了印刷工场的包袱"，1952 年上半年月亏 1 亿多元，成为各报中经营最困难的一家。

《文汇报》《新民报》的情况基本上代表了上海私营报业的普遍状况，其他几家私营报纸所经历的遭遇与两报极为类似。从销量上看，各报在 1950 年夏陷入低谷，7 月因朝鲜战争爆发新闻需求量增大，各报销量均有一定增长。但随即受到物资紧缺、成本上涨的影响，各报在 1951 年春的销量再次下滑，很快再度陷入经营困境。1951 年第四季度统计，私营文汇、大公、新民三报均有不同程度亏损，"发行既无起色，广告又每况愈下，更严重地威胁了自给自足的方针"。④ 到了 1952 年 3 月，私营各报的

---

① 《上海市人民政府新闻出版处关于私营新民报、亦报、大报作用及领导方针的呈》，档案号：B35 - 2 - 20 - 9，上海市档案馆藏。

② 《新民报上海社情况》，档案号：S314 - 4 - 5 - 1，上海市档案馆藏。

③ 《飞入寻常百姓家：新民报—新民晚报七十年史》，第 199 页。

④ 夏衍、恽逸群、姚溱致胡乔木：《关于调整上海各报纸的问题》，档案号：A22 - 1 - 20 - 34，上海市档案馆藏。

销量基本上重回起点，个别报纸的销量甚至比最困难的 1950 年 6 月还要低。1952 年 5 月，私营各报"除新闻日报有盈余外，四报均有亏损，政府必须予以适当的援助"。①

私营各报为求得一线生存之机，只能在消费市场上想方设法来回折腾。由于抢市场、抢销量，私营各报没少受批评，这样的恶性竞争也导致各报关系的恶化，影响报业团结。例如《大公报》因销量较大，常与其他各报发生竞争，王芸生又自视颇高、行事果决，因而时常招惹是非，《大公报》几乎遭到其他几家报纸的共同"抵制"。蒋文杰汇报说，《新民报》觉得和《大公报》关系不好，认为《大公报》一贯看不起《新民报》，特别是各报相约不收中央人民电台广播，而《大公报》单独破坏，认为"王芸生欺人太甚"。②《文汇报》郑心永也报告称，《文汇报》对《大公报》感情很坏，工场部门同志在报上一看到王芸生的名字就发牢骚，对《大公报》若干工作人员的盛气凌人表示不满。③ 至于《新闻日报》，因其销量在几报中最高，与《大公报》竞争最为激烈，是以对《大公报》更是敌对。《新闻日报》"总以谈论《大公报》犯错误为荣事，谈论王芸生出洋相为乐事。""新闻报导与版面处理，如一旦'输'于《大公报》，则视为奇耻大辱，并勾心斗角与《大公报》抢新闻"，甚至"有人竟说《新闻日报》之所以不能成为党报，完全是给大公等报拖住了腿的缘故"。④当然，对各报的做法，《大公报》也不买账。《大公报》对各报也多有意见，尤其与《新闻日报》矛盾较大。李纯青察觉到，《大公报》对《新闻日报》意见最多，认为他们在竞争。例如《大公报》搞"国际问题周刊"，他们也来一个"国际知识周刊"；《大公报》搞一个"读报小组"，他们也来一个"每日读报"，很明显地针锋相对。采访记者认为他们有抢新闻的作风，《新闻日报》看见《大公报》八个记者，第二天就派来二十

---

① 陈虞孙：《关于私营报纸调整办法的报告》（1952 年 5 月 29 日），档案号 A22 - 1 - 47，上海市档案馆藏。

② 《新闻界思想改造情况（五）》（1952 年 8 月 18 日），档案号：A22 - 2 - 1551，上海市档案馆藏。

③ 《新闻界思想改造情况（五）》（1952 年 8 月 18 日），档案号：A22 - 2 - 1551，上海市档案馆藏。

④ 《新闻界思想改造情况（五）》（1952 年 8 月 18 日），档案号：A22 - 2 - 1551，上海市档案馆藏。

几个记者。经理部对《新闻日报》意见更多，简直把他们看成"恶霸"。至于大公和文汇上层人物，则彼此存有成见。①

面对生存压力，道德和团结都只能放置一旁，"不团结"的现象在上海私营报纸间普遍存在，这自然是宣传部门的领导不愿看到的。新闻协会党组书记陈虞孙在给宣传部的报告中就对文汇、新闻、大公、新民进行了批评，说这四家报纸"只想办成全国性（即各界人民都看的）大报"。"在编辑工作上是企图使内容'应有尽有'，'百货迎百客'，企图迎合各种读者的需要"，"在经营工作上是不择对象，用多种推销商品的办法推销报纸，用种种不正当手段抢广告"。四张私营大报"读者对象分不清，互相交叉重复，长时期难以解决，经常发生争订户、抢新闻、夺广告，影响各报之间的团结"。② 在管理者看来，这些私营报纸无疑还存在较严重的资产阶级观念，只看到眼前的蝇头小利，并没有从党和人民的角度认识到新闻业应有的价值，更谈不上在党的统一领导下有组织、有计划地发挥战斗力量。

第二节 上海私营小报的精简合并

上海解放后，上海的小报之所以有可能继续存在，主要是因为小报被视为是对社会主义主流文化的有益补充，有教育并提高"一般落后的小市民及工商界职员"的政治需要。基于此，文管会最终同意《大报》《亦报》两份小报的出版。然而从实质上讲，新出的这两份小报较之原来《罗宾汉》等旧式小报，其性质已发生根本变化。对这种区别，陈虞孙看得非常准确。他这样表述：

> 准许出版的小报，决不是解放前宣传资产阶级腐化堕落生活思想的小报。是新生的小报，是脱胎换骨的小报，是为工人阶级服务的小报。因为在人民中间，还有一部分人思想比较落后，还习惯于看这种

---

① 《新闻界思想改造情况（五）》（1952年8月18日），档案号：A22-2-1551，上海市档案馆藏。

② 《关于上海公私合营、私营各报最近情况和分工问题的报告》，档案号：A22-2-1533-20，上海市档案馆藏。

形式的小报，我们觉得应该利用这种形式，放进新的内容，利用这种形式，使落后的读者接受新思想，改变思想生活而逐渐进步。所以只允许这种"形式"的小报出版，而不允许过去那种"内容"的小报出版。①

作为上海新闻协会党组书记，陈虞孙的这一表述清楚表明新小报只是采用了小报的"形式"，"内容"已较原来的小报有根本上的差别。上海之所以还允许这样一种"形式"的小报存在，主要也是基于对旧式文化进行改造的考虑。就新小报创办后的实际情况来看，《亦报》《大报》在创办之初确实弥补了旧小报停刊后的市场需求，在改造和教育"落后市民"上发挥了一定作用。《大报》创刊时发行量仅有 6000 份，但在《罗宾汉》等旧小报停刊后，日销量迅速增至 2 万余份。另一份小报《亦报》创刊时只有五六千份的销量，而到 1950 年下半年则维持在 2 万份以上。②《大报》《亦报》合计日销量超过了 4 万份，可见偏爱读小报的读者不少。新出的两份小报成功取代了旧的小报，填补了上海旧小报停办后空出来的文化市场。新闻出版处也对两份小报的努力给予了充分肯定："这两张小报一年多来的成绩诚然还不如理想，而且在消息与副刊文字的处理上还经常发生了一些不妥当的地方，但它们到底也走进了市民的圈子里，使得不爱看《解放日报》之类硬性报纸的读者也有报纸可看。"③

约在 1950 年第四季度，新办的两份小报的发行量达到高峰。特别是《大报》，因为不断革新内容，又增加"家庭版"迎合读者需要，随着市面趋于好转，故在 1950 年底日销量达到最高的 32000 份左右。《亦报》也在 1950 年 10 月日销量达到二万七八千份。④ 档案显示，《大报》1950 年 10 月月销量为 702350 份，平均每期销量为 23411 份；《亦报》月销量为

---

①　《陈虞孙、张春桥等同志关于报纸工作的报告及本部来往文书、舒新城关于新闻出版业的问题的意见》，档案号：A22 - 1 - 48，上海市档案馆藏。

②　《关于亦报发行工作的材料》，档案号：G21 - 1 - 278，上海市档案馆藏。

③　《上海市人民政府新闻出版处关于私营新民、亦报、大报作用及领导方针的呈》，档案号：B35 - 2 - 20 - 1，上海市档案馆藏。

④　《关于亦报发行工作的材料》，档案号：G21 - 1 - 278，上海市档案馆藏。

595000 份，平均每期销量为 19833 份。① 不过，这种蓬勃向上的情况并没有持续太久。进入 1951 年后，随着各种运动的开展，这两份小报的销量就出现了不同程度的下滑。截至 1952 年 2 月，两份小报日销量双双跌破万份，《大报》日销 8700 份，《亦报》日销约 8500 份，均出现严重下滑。②

伴随销量下滑，两张小报的经营状况也急剧恶化。新闻协会党组书记陈虞孙随后向上海市委宣传部报告说，整个 1952 年上半年，《亦报》月亏损约 3000 万。《亦报》虽然出台了增产节约计划，但预计要到是年 9 月方能大体做到收支平衡。③ 对此，陈虞孙建议："现在我们已设法暂时维持，将来亦须适当地用贷款贷纸等方式，予以必要的援助。"④ 当然，两份小报的经营恶化并非个案。除《新闻日报》外，新中国成立初期的上海各报都存在不同程度的亏损，基本上要靠上级部门补贴维持。只是在经济并不富裕的情况下，各报都伸手要钱，管理部门自然无法全部满足。

小报的萎缩也影响到管理部门对小报必要性的判断。面临上海各报不同程度的亏损，管理部门在 1951 年夏就已然感觉到上海报纸过多，有了集中力量办好一两份报纸的念头。报业管理的领导也对上海是否还需要两份小报产生怀疑，认为小报的历史任务已经完成，因此可以考虑合并。⑤ 但是调整必然牵一发而动全身，由于事关整个上海报业，各级领导对调整方案意见又未统一，因而迟迟未能确定。对上海报业的调整一直拖延至 1951 年 11 月，夏衍等认为必须要"下决心、用大力来调整"了，私营报纸均在亏损，"公家亦万难无止境地贴补维持"，否则就要"增加我们的

---

① 《中共上海市委宣传部秘书室关于对内刊物、报纸、出版、戏曲、影片初步调查统计表》，档案号：A22-1-22，上海市档案馆藏。
② 《关于亦报发行工作的材料》，档案号：G21-1-278，上海市档案馆藏。
③ 《本部关于报纸工作、新闻界思想改造工作的计划，报告总结及谷牧、姚溱两同志在新闻界思想改造会议上的讲话稿》，档案号：A22-1-47，上海市档案馆藏。
④ 《本部关于报纸工作、新闻界思想改造工作的计划，报告总结及谷牧、姚溱两同志在新闻界思想改造会议上的讲话稿》，档案号：A22-1-47，上海市档案馆藏。
⑤ 《亦报》支部在思想改造运动中的一篇稿件曾提及，"回想过去大报和亦报合并，从正式商谈到最后实现，历时八、九个月，风波叠起，人心动荡"，两报的正式合并在 1952 年 2 月。据此可见，约在 1951 年 5 月前后已有两报合并的想法。参见华东学习委员会上海新闻界分会办公室编《学习》第 19 号，1952 年 11 月 16 日。

包袱"。夏衍等随即提出将《大报》《亦报》合并，《文汇报》与有前途的出版社合并，改组为公私合营的文汇出版印刷公司。① 经济上的压力是促成宣传部门做出《大报》与《亦报》合并的重要因素之一。陈虞孙后来的一份讲话对此亦有证实。他说：

> 三年来上海人民进步是快的，还留恋于看小报的人是不太多了。从两张报的发行情况也肯定地答复这个问题了。我们政府研究过这个问题，认为这样下去，让两张报纸都垮了，或是无原则的给以经济帮助，都不是办法。从实际出发，决定出一张就够了。假使同心合力好办一张小报，还是有前途的。分开来，大家都没有前途，今天大家只有一个任务，怎样运用小报形式来教育落后的群众。②

当然，这一决定还与宣传部门对小报读者的判断有关。经过建国初一系列的运动，报业的管理部门已经倾向认为原来那些需要改造的小市民群体已然出现分化。

> 毫无疑问，在解放初期，还喜欢看小报的人，有一部分现在已不看了。其中可以分为两种：一种觉得小得不能满足他的进步要求；还有一种觉得不能满足他的落后要求。第一种人现在去看别的报了，第二种人可能连报也不看了。因此，过去两年多，在编辑方针上也有两种分歧，一种主张进步快一点，一种主张"慢慢来"，还是落后些吧。两种力量相互牵扯，结果是进一步退二步，整个编辑方针也就永远在"进退维谷"之中。③

正是出于上述研判，报业管理部门对小报的态度发生转变。"总的来讲，小报起了一定的作用，但作用不大。小报是前进了一点，但是太慢。在前进不快的情况下，还有迁就落后份子的现象，因之没有发挥百分之一

---

① 《夏衍、恽逸群、姚溱致胡乔木同志函》（1952 年 1 月 4 日），档案号：A22－1－20－34，上海市档案馆藏。
② 《陈虞孙、张春桥等同志关于报纸工作的报告及本部来往文书、舒新城关于新闻出版业的问题的意见》，档案号：A22－1－48，上海市档案馆藏。
③ 《陈虞孙、张春桥等同志关于报纸工作的报告及本部来往文书、舒新城关于新闻出版业的问题的意见》，档案号：A22－1－48，上海市档案馆藏。

百的作用。"① 新闻协会党组虽然肯定小报还有存在的必要，因为"还有一定数量的读者，习惯看这样的形式，这样水平的报纸"，② 但是这样的报纸办一份就足够了，没必要再办两份。

很明显，经历建国初期一系列政治运动的洗礼，小报正逐渐失去原有的读者群体，或者说正失去其赖以生存的社会文化空间。与此同时，《亦报》《大报》经营上举步维艰，不但难以自给自足，反而成为沉重的负担。这些情况的变化引发了管理部门对小报存在必要性的重新认识，从而产生了"精简掉一张"的决定。从1951年至1952年2月，两份小报商谈合并事宜久久未能解决。据参与此次合并的吴承惠回忆，其中原因有二：一是大报社有经济问题，亦报社不想背包袱；二是人事安排问题，陈蝶衣和唐大郎都是小报元老，难以安置。③ 但是，经济的窘困、文化空间的遽变迫使两报的合并势在必行。1952年1月17日，《大报》致函上海报馆业同业公会筹备会，函称："我报为集中力量，并响应增产节约，减低成本的号召，已决定自二月十六日起停刊，工作人员全都并入亦报工作。"④ 2月16日，《大报》宣布正式停刊，组织清理委员会进行资产清理。按规定，《大报》全体工作人员在新闻出版印刷工会的帮助下进行学习。3月1日，《大报》与《亦报》合并。半个月后，负责合并具体事宜的陈虞孙向上海市委宣传部和上海市委报告，新闻出版处遵照市委指示方针，《大报》《亦报》合并工作已初步完成。他在报告最后说道："今后，就让《亦报》一直出下去算了。这样已达了精简掉一张小报的目的。"⑤

合并《大报》之后，上海报业仅存《亦报》一份小型报纸，《亦报》的销量随后也出现小幅反弹。合办后的3月4日，《亦报》日销

---

① 《陈虞孙同志的讲话》（1952年3月3日），档案号：A22 - 1 - 48 - 11，上海市档案馆藏。
② 《陈虞孙、张春桥等同志关于报纸工作的报告及本部来往文书、舒新城关于新闻出版业的问题的意见》，档案号：A22 - 1 - 48，上海市档案馆藏。
③ 《吴承惠访谈》，转引自杜英《文化体制和文化生产方式的再建立——建国初期对上海小型报的接管和改造》，《中国现代文学研究丛刊》2007年第2期，第145页。
④ 《新民报关于大报和亦报合并、1952年12月25日正式成立公私合营上海新民报的公告》，档案号：G21 - 1 - 29，上海市档案馆藏。
⑤ 《陈虞孙、张春桥等同志关于报纸工作的报告及本部来往文书、舒新城关于新闻出版业的问题的意见》，档案号：A22 - 1 - 48，上海市档案馆藏。

13200 份，5 月底（29 日）日销 13400 份，6 月 21 日日销 14600 份。①
尽管有些许的增长，但增长的幅度显然很是有限。反倒是因为员工的并
入，《亦报》"一下子加了一倍人员"，增大了包袱，让《亦报》一时感觉
更为困难。龚之方最后只能向夏衍求救，最终商量的办法是把《亦报》的
印刷业务交由解放日报馆承印，并同意预用《解放日报》的纸张维持
出报。②

1952 年春，上海报业的管理部门将《大报》《亦报》合并，并继
续《亦报》的出版，这样的安排反映出管理部门尚还认可小报的功
能，它还要继续担负教育"落后群众"的重要任务。3 月中旬，陈虞
孙在向上级的报告中也表示，两份小报的合并达到了"精简掉一张小
报"的预期目的。陈虞孙在报告中也流露出此后就让《亦报》这样一
直办一下的想法。然而连陈虞孙自己也没有想到的是，这个想法在几
个月后就发生了改变。③

第三节　政治文化与市场结构的转换

1951 年至 1952 年上半年，上海报业的基本构成是整个上海共有报
纸 12 家，其中公营报纸 6 家，分别是《解放日报》《劳动报》《青年
报》《农民报》《新少年报》《上海新闻》。④公私合营的是《新闻日
报》，另有以《大公报》《文汇报》《新民报》为代表的私营报纸。整个
上海报业结构中，公营报纸、公私合营报纸、私营报纸基本上是"三分
天下"。

上海报纸"三分天下"的局面自 1951 年下半年逐步发生变化。随着
新中国成立后政治文化氛围的转换及都市消费文化的逐步退潮，严肃的大
报进入市民的日常生活乃是大势所趋。特别是随着"抗美援朝""镇反"

---

① 《本部关于报纸工作、新闻界思想改造工作的计划，报告总结及谷牧、姚溱两同志在新
　　闻界思想改造会议上的讲话稿》，档案号：A22－1－47，上海市档案馆藏。
② 《夏衍同志二三事》，魏绍昌：《逝者如斯》，山东画报出版社，1998，第 62 页。
③ 关于小报的调整，参见龙伟《上海解放初期中共对小报的改造与整编》，《中共党史研
　　究》2015 年第 3 期。
④ 《劳动报》系上海总工会的机关报；《青年报》是中国新民主主义青年团上海市委员会机
　　关报，三日刊；《新少年报》为周刊；《上海新闻》为英文报。

"三反""五反"运动的开展，上海的都市文化发生急遽转变，上海报业的市场随之出现了明显的结构转换。

这种转换的特征之一即是以《解放日报》为代表的公营报纸冲在"抗美援朝""镇反""三反""五反"宣传的前列，报纸销量迅速增加。以《解放日报》有关"三反""五反"的宣传为例，中共中央在决定开展"三反""五反"后，为配合运动的展开，《解放日报》集中力量对"三反""五反"进行报道。在1951年11月至1952年7月的宣传报道中，《解放日报》共发表稿件1956篇，包括社论24篇，一般论文58篇，新闻通讯1133篇，读者来信741篇，揭露贪污案52件，揭露"五毒"案72件，表扬积极分子、模范人物73起。《解放日报》在运动总结中高度肯定这些稿件"有力地配合了实际斗争与各方面的宣传活动，真正将资产阶级宣传臭了，将他们猖狂气焰压下去了"。[①] 在建国初展开的各类政治运动浪潮推动下，"落后分子"被进一步"消灭"，市民开始接受"进步文化"，报业消费开始发生明显变化。

对比《解放日报》的发行量走势，可以看到随着"三反""五反"运动的展开，该报的发行量出现了迅速增长。

图 4-2 《解放日报》发行量统计（1950 年 9 月～1952 年 10 月）

图 4-2 清楚显示了《解放日报》的发行量有两个爆发性增长阶段。

---

① 解放日报编辑部：《"三反""五反"宣传工作总结（草案）》，《解放日报报史资料》，第38页。

第一个阶段出现在 1951 年 3 月至 1951 年 11 月。1950 年，《解放日报》发行量长期徘徊在 8 万至 9 万份之间。1951 年 2 月，《解放日报》发行量依然在 8.5 万份左右。从该年 3 月起，《解放日报》发行量才逐步改善。[①] 虽然并不清楚 3 月以后《解放日报》的具体增量，但随着"三反"运动的开展，该报的销量不断攀升，并在 11 月底达到 12 万左右（实际发行 119108 份，印量 120435 份）。11 月 23 日，《解放日报》发布"通告"，"宣布本报发行数额已超过 12 万份，希望全社同志继续努力，消灭错误，提高质量，提早出版时间，扩大发行数额，为进一步办好党报而奋斗"。[②] 整个 1951 年，《解放日报》平均每期发行数在 105213 份，盈余 34.3 万元。[③] 之所以取得如此大幅度的增长，尽管有《解放日报》自身努力的原因，但也与"三反"运动带来的整个消费市场的转变有密切关联。

《解放日报》发行量爆发性增长的第二个时期在 1952 年 3 月至 5 月。尽管《解放日报》在 1951 年 11 月底销量接近 12 万份，但此后"增产节约运动开展，机构调整后报纸少订"，加之"有些单位及个人单纯的节约，把报纸也'精简'了"，这导致随后的几个月销量略有下滑，基本维持在 11 万左右。不过随着"五反"运动的开展，《解放日报》的销量再度猛增。《解放日报》内部的发行统计调查报告说，"三月份'五反'运动开始，报纸发行数字就迅速上升"，1952 年 5 月底达到最高峰，发行达到 153910 份。"六月份'五反'运动基本结束，邮局不能巩固已经发展起来的新订户，报纸发行数字也跟着下跌。"[④] 可以看到，《解放日报》发行量的变化与政治运动的开展呈现高度正相关。

与《解放日报》的发行量猛增类似，《劳动报》的发行量在"三反""五反"中也出现了大幅增长。《劳动报》在 1950 年 10 月的每期发行量仅有 2.5 万份。1951 年 2 月底，为避免《劳动报》与《解放日报》的同业竞争，中共华东局同意将《劳动报》与《解放日报》分开，改为中华全国总工会华东办事处及上海总工会机关报。《劳动报》主要面向的读者

①　《一九五二年解放日报发行情况》，档案号：A73－1－114－62，上海市档案馆藏。

②　《解放日报、新闻日报报史资料》（2），第 306 页。

③　《解放日报、新闻日报报史资料》（2），第 312 页。

④　《一九五二年解放日报发行情况》，档案号：A73－1－114－62，上海市档案馆藏。

是 200 万工人群众，而工人群众正是"三反""五反"运动中接受教育最大的群体。在"三反""五反"运动期间，《劳动报》发行量出现了跃增。《劳动报》在 1950 年常年保持在日发行量 2 万余份的水平，然在"三反"开展的 1951 年 11 月销量猛增，11 月 30 日日发行量即达到 65272 份。次年"五反"期间，5 月 29 日发行量再上台阶，高达 109458 份，到 6 月 21 日更是达到 123438 份，虽然总的发行量并没有超过《解放日报》，然其增幅却为上海各报之最。

对于政治运动引起的变化，新闻协会党组有敏锐而直观的判断，其在报告中明确指出："'三反'、'五反'的伟大的深刻而丰富的内容和市委领导下的深入细致的宣传工作的空前的巨大的规模深刻教育了广大群众。为报纸的发展创造了空前有利的条件。"[1] 运动的影响从上海市"读报小组"的数量上也可见一斑。"在五反中，全市成立的读报小组，据目前不完全统计，已达一万六千余，其中如黄浦区在五反前，全区只有一百多个读报组，现在发展到三千多个，增加了三十倍。"[2] 不难看到，经过建国初一系列政治运动的洗礼，上海的政治与文化"空气"已发生显著变化，《解放日报》《劳动报》这类严肃的公营报纸已经进入一般群众的日常生活，成为群众"政治生活"的指挥棒。

与《解放日报》《劳动报》的迅速增长相对应，上海报业市场结构转换的另一个特征是上海报业的总销数大为提高，公营报纸的比重进一步增加，而私营报纸的市场份额则进一步缩小。

1950 年 6 月，上海各报陷入低谷之时，上海主要几张报纸的总销量仅有 28.9 万份，此后各报销量虽有回升，但总销量也一直维持在 35 万份左右。到 1951 年 11 月，"三反"运动期间，上海各报的总销量上升至 40 万份左右。随后因增产节约略有回落，至 1952 年 3 月，总销量维持在 357284 份。"五反"运动后，上海报业市场进一步被激活，到 1952 年 5 月底，各报总销量达到 47 万余份，6 月达到 48 万余份。

---

① 陈虞孙：《关于上海公私合营、私营各报最新情况和分工问题的报告》（1952 年 5 月 23 日），档案号：A22 - 2 - 1533 - 20，上海市档案馆藏。

② 陈虞孙：《关于上海公私合营、私营各报最新情况和分工问题的报告》（1952 年 5 月 23 日），档案号：A22 - 2 - 1533 - 20，上海市档案馆藏。

表 4 - 1　上海各报销量统计（1950 年 6 月～1952 年 6 月）

单位：份

时间 报名	1950 年 6 月 日均销量	1950 年 9 月 日均销量	1950 年 10 月 日均销量	1951 年 11 月 30 日 日销量	1952 年 3 月 4 日 日销量	1952 年 5 月 29 日 日销量	1952 年 6 月 21 日 日销量
《解放日报》	80319	82792	82992	119065	110327	154415	145054
《新闻日报》	89551	110123	121341	110650	97990	99707	98799
《大公报》	46625	65104	70409	50244	45396	46774	46295
《文汇报》	17666	17913	24046	22656	19985	35232	41375
《劳动报》	21725	28744	25208	65272	58896	109458	123438
《新民报》	9372	15445	—	13085	11490	13433	14627
《大报》	11731	21213	23411	10176	—	—	—
《亦报》	12586	18700	19833	8562	13200	13400	14600
总　计	289575	360034	367240	399710	357284	472419	484188

注：1. 按一般规律，月初销量往往较低，月末销量稍偏高。1952 年 3 月 4 日系该年上半年总销量最低的一天。

2. 1952 年 2 月 16 日，《大报》正式停刊。3 月 1 日，《大报》正式并入《亦报》。故此 1952 年 3 月 4 日销量统计中，无《大报》数据，《亦报》数据为两报合并后销量，较 1950 年 10 月不增反降。

表 4 - 1 显示了上海各报不同时段的销量情况。留意各报的销量变化，可以发现 1952 年 3 月各报总销量虽然仍维持在 35 万余份左右，但公、私各报的销量出现了显著分化。《解放日报》《劳动报》的销量在不断攀升，而私营各报的销量则不断下降，最为突出的是《大公报》《大报》《亦报》三家报纸。《大公报》在 1950 年 10 月尚有 7 万份的日销量，在 1952 年初日销量已滑落到 4.5 万份，同期《劳动报》的日销量则翻了一番多。1950 年 10 月，《大报》的日销量为 23411 份，《亦报》日销 19833 份，而随着 1951 年一系列的政治运动，两份小报的销量直线下降。到 1952 年 2 月，两报都跌破万份大关，《大报》日销量才 8700 份，《亦报》为 8500 份左右。两份小型报纸发行低迷，管理层认为已无再办两份的必要，因而自 1952 年 3 月 1 日合并为一份。尽管如此，合并后的《亦报》到 1952 年初的日销量也才 13200 份，尚不足 1950 年 10 月其中一种的日销量。

表 4 - 2　上海主要几家报纸市场比重分析（1950 年 6 月～1952 年 6 月）

单位：%

		1950 年 6 月	1951 年 11 月	1952 年 3 月 4 日	1952 年 6 月 21 日
公营（《解放日报》《劳动》）		35.3	46.1	47.4	55.5
公私合营（《新闻日报》）		30.9	27.7	27.4	20.4
私营各报		33.8	26.2	25.2	24.1
私营各报细分比重	《大公报》	16.10	12.57	12.7	9.56
	《文汇报》	6.1	5.67	5.59	8.55
	《新民报》	3.24	3.27	3.22	3.02
	《大报》《亦报》	8.4	4.69	3.69	3.02

从表 4 - 2 公私报纸市场份额的比重上看，1950 年 6 月，《解放日报》《劳动报》两张公营报纸每日共销 102044 份，占各报总销量的 35.3%。1951 年 11 月，《解放日报》《劳动报》两报日销量共计 184337 份，比重已攀升至 46.1%。6 月 21 日，两报日销量更是达到 268492 份，占比达 55.5%。可以看到，从 1950 年 6 月到 1952 年 6 月，公营报纸销量在市场中的比重提高了 20%，与之相反私营报纸的市场份额则不断萎缩。事实上，如果再排除公私合营的《新闻日报》，那么余下的几家私营报纸的市场份额其实是很少。1950 年 6 月，上海几家私营报纸在整个报业市场上尚占 1/3 份额，然而至 1952 年 6 月，则只能勉强占有 1/4 的市场份额。在此期间，《大公报》的市场份额从 16.1% 直接下降到 9.56%，《新民报》从 3.24% 滑落到 3.02%，《大报》和《亦报》从合并前的 8.4% 跌至合并后的 3.02%。唯一有所好转的是《文汇报》，该报在前期一路下滑，最终经过不断改版，将正张与副页分开销售，1952 年 4 月后销量出现大幅上涨。

私营报纸销量的萎缩与公营各报销量的猛增，除个别报纸的改版调整外，其他各报的变化显然并不能简单从各报的经营中求得答案，唯一的解释是建国后不断展开的政治运动使得读者的选择发生了改变。经过建国初期多次政治运动的洗礼，原来被认为思想亟须改进的"落后群众"迅速从政治生活"消失"，一般群众开始主动抛弃私营各报（特别是小报），而选择严肃的大报。无论读者的这种选择是基于思想认识的"空前提高"，还是对政治运动的回应，事实是解放初期上海大众消费文化市场已悄然退潮，新的都市文化迅速崛起。

"三反"运动前，《解放日报》《劳动报》发行一度低迷，经营亦陷入困境，这些都表明党报的权威和核心在报业市场上并没有得到真正的贯彻和落实，单纯依靠政策赋权也并不足将政策优势转换成市场优势。换言之，受旧文化熏陶的读者并不能迅速接受新的工人阶级的文化，这也使得该时期党报肩负的教育群众、向广大群众宣传党的政策这一最重要的使命无法实现。"三反""五反"期间，随着政治运动的展开，公营各报销量出现猛增，与此同时私营报纸销量则出现明显萎缩。上海公营报纸的市场占比从原来的35.3%提高到55.5%，如果再加上公私合营的报纸，那么整个市场占比已高达75.9%，私营报纸的市场占比从原来的33.8%下降至24.1%。这一市场结构的转变具有标志性的意义，它意味着以《解放日报》为核心的公营报业不单在政治上，而且在市场上成了上海报业的主体。由于整个上海报业市场，公营报纸已有绝对的话语权，这显然为随后对私营报业的调整和改造奠定了基础。

第四节　上海报业调整的酝酿与契机

1951年下半年，经营上的巨大压力迫使私营各报不得不继续"折腾"。各报想尽办法希望政府能够继续补助，或者千方百计要求公私合营。情况最为严峻的是《新民报》，月亏1.3亿元，该报负责人陈铭德甚至"早表示要效仿北京办法，卖给政府"。至于上海的《新民报》"今后是否续出"，则全"由政府决定"。① 为维系生存，各报只能继续"抢市场"，打广告，争夺读者。由于担心骤然分工失去读者，各报在市场上的混战不仅根本无法推进原订的分工方案，反而助长了资产阶级旧的办报思想卷土重来。

主管部门对上海报业的上述局面忧心忡忡。各报长期的经营压力进一步使华东及上海方面的领导人确信，上海各报的困难在于上海民众总体的读报需求不旺，而上海的报纸出版过多。因此，要解决困局，最好的办法

---

① 《中共上海市委宣传部关于上海私营报业调整给中宣部的报告》（1952年7月1日），档案号：A22-2-1533-29，上海市档案馆藏。

莫过于精简报纸数量。夏衍、恽逸群、姚溱报告说上海还"没有达到大家都只以看党报为满足的程度"，"解放日报面对整个华东又要具体照顾上海这个大城市中的异常复杂的业务，亦有许多困难"。[①] 上海方面应该集中力量办好一两份报纸，在办好《解放日报》的同时，"需要有一张强有力的比党报更灵活一些的教育上海人民的报纸"[②] 就够了。

私营各报编辑、经营上的"乱象"促使主管部门下决心、花大力气进行调整。夏衍等人向新闻总署胡乔木报告，过去虽然一再强调分工，但实际上分工很不容易明确。更由于发行情况不佳，各报为了争取读者，"不能不使内容'应有尽有'，因而更使各报内容交叉重复，与分工的方针背道而驰"。各报拼命打广告，简直是"广告办报"，这显然难以成为"高度思想性的报纸"，恰恰暴露出各报业务上的"狼狈状态"。[③] 此外，各报"泄露机密事件层出不穷"也促使夏衍等人下定决心，"就我们对私营报纸的领导来说，也到了非调整不可的时候了"，否则"一定会出乱子的"。[④]

1951 年 10 月，夏衍等人向中央提出了两套调整方案：一是《新闻日报》与《大公报》进行合并，将《文汇报》改组为文汇出版公司，办一杂志兼营印刷；二是以《大公报》的编辑班底为主，《新闻日报》《文汇报》《大公报》三家编辑部合组为一个以王芸生为首的编辑部，将《新闻日报》的经理部和印刷厂作为新报纸的经理、印刷部门，余下来的全部器材、设备合组为文汇印刷公司。夏衍等人在给新闻总署胡乔木的报告中说："这张报纸的名字即可照你去年所说的'大公新闻'，翻译起来还是等于'大公报'和'新闻报'一样。"另外，夏衍等还提出这张报纸形式上可以是半公半私，"内容上则有了强的领导，不会如现在这样没法控制"。[⑤]

---

① 夏衍、恽逸群、姚溱致胡乔木：《关于调整上海各报纸的问题》，档案号：A22 - 1 - 20 - 34，上海市档案馆藏。

② 夏衍、恽逸群、姚溱致胡乔木：《关于调整上海各报纸的问题》，档案号：A22 - 1 - 20 - 34，上海市档案馆藏。

③ 夏衍、恽逸群、姚溱致胡乔木：《关于调整上海各报纸的问题》，档案号：A22 - 1 - 20 - 34，上海市档案馆藏。

④ 《夏衍、姚溱致胡乔木同志函》（1951 年 10 月 11 日），档案号：A22 - 1 - 20 - 58，上海市档案馆藏。

⑤ 《夏衍、姚溱致胡乔木同志函》（1951 年 10 月 11 日），档案号：A22 - 1 - 20 - 58，上海市档案馆藏。

　　然而无论哪套方案，都牵涉好几家报纸，影响面太广，特别是《大公报》在海内外素有声望，很难轻易更换。1951 年 11 月下旬，夏衍等人又酝酿了一套新的方案。夏衍等人提出考虑到各家报纸都在亏损，"公家亦万难无止境地贴补维持"，必须要加以调整合并。他们建议《新闻日报》和《新民报》暂时不动，将《亦报》《大报》两报合并，而将《文汇报》与若干有前途的出版社进行合并，改组为公私合营的文汇出版印刷公司，《大公报》"以靠近中央发挥'半官方'的作用为宜"，"似以迁天津与《进步日报》合并为最好，否则，迁京与《光明日报》合并，成为政协机关报亦好"。"无论迁京或迁津，似仍可保留大公报名称，因为该报所以对内对外有其一定作用，其名称大有关系。"① 然而该方案也没有得到新闻总署的最终同意。

　　无论哪种方案，《大公报》都是调整方案中最核心、最棘手的部分，《大公报》的去留一直也是上层考虑的重点。尽管不太清楚高层对《大公报》决策的过程，但通过部分档案仍能看出高层极其审慎的态度。除前述方案外，中宣部在 1952 年春一度考虑将《光明日报》《进步日报》《大公报》合并为一。1952 年 5 月 13 日，陈虞孙在给上海市委宣传部报告上海私营五报的调整方针时就说："大公北迁，已成定局，王芸生又与长江通过电话，大概光明合并不成问题，进步是否并入，当待商量。"② 不过合并事宜很快又起变化，陈虞孙在 5 月 29 日的另一个报告就已明确："《大公报》既已由中央决定留沪不去北京，应发挥其在国际上的作用。在国内则以大资产阶级与大知识分子为主要对象，并应多登国际新闻。"③ 虽尚不清楚缘何酝酿已久的《大公报》北迁突然停滞，决定留沪不去北京，却充分反映了上层对此尚无定论。

　　考虑到中央一直未明确上海报业的调整方案，《大公报》继续留沪，故而新闻协会党组 5 月底调整思路，认为宜在各报暂时都不做大的调整与合并的前提下，进行相对平稳的分工。陈虞孙在报告中提出各报的分工如下：

---

① 《夏衍、恽逸群、姚溱致胡乔木同志函》（1952 年 1 月 4 日），档案号：A22-1-20-34，上海市档案馆藏。
② 陈虞孙：《关于五报方针及内容调整给谷姚、陈部长的请示》（1952 年 5 月 13 日），档案号：A22-2-1533-14，上海市档案馆藏。
③ 陈虞孙：《关于私营报纸调整办法的报告》（1952 年 5 月 29 日），档案号：A22-1-47-3，上海市档案馆藏。

（一）文汇报的读者对象已经明确，并已由市委宣传部指派教育局、教育工会、市青委、市学联负责同志参加其编委工作（华东教育部亦希望指派一定同志），今后应着重提高内容，加强群众工作。

（二）新民报可以里弄居民与家庭妇女为主要对象，多登文娱消息，已开始摸出路来。

（三）新闻日报的总销数近十万份，销行本市范围内达8万余份，所以它应以本市工商界、高级职员与广大店员为对象，多登本市消息。（劳动报可以产业工人为主要对象，新闻日报以店员为主要对象）

（四）大公报既已由中央决定留沪不去北京，应发挥其在国际上的作用。在国内则以大资产阶级与大知识分子为主要对象，并应多登国际新闻。（现在各报都不能登全新华社所发国际消息。）

（五）亦报本是较落后的市民的消闲性读物，其对象不变。①

考虑到《文汇报》《新民报》困难仍极大，陈虞孙认定"严宝礼与陈铭德未必再有力量来解决，到无法维持时，必向政府来开口"，因此他提出鉴于"两报对象不重复，都走的小型与通俗化的路，出版时间不冲突，地点相近，现从报人员过去关系极好，可以考虑逐步地促其合作"，合并组建一个公私合营的"文汇新民出版印刷公司"。② 报告说："《新民报》如果附在一家日报出版，则不致大亏；现在印刷部实在是个大包袱。《文汇报》的印刷能力亦大可利用。如果把两报合并，由政府投入必要的流转资金，或拨给必要的补充设备，改组成一个'文汇新民出版印刷公司'（公私合营），除出版文汇、新民两报外，兼营出版印刷业务。"③

《新民报》因情况最不好，因此如何处理也成为困扰新闻协会党组的一个大问题。陈虞孙在5月底时考虑让《新民报》与《文汇报》合并组

---

① 陈虞孙：《关于私营报纸调整办法的报告》（1952年5月29日），档案号：A22-1-47-3，上海市档案馆藏。

② 陈虞孙：《关于上海公私合营、私营各报最近情况和分工问题的报告》（1952年5月23日），档案号：A22-2-1533-10，上海市档案馆藏。

③ 陈虞孙：《关于私营报纸调整办法的报告》（1952年5月29日），档案号：A22-1-47-3，上海市档案馆藏。

建"文汇新民出版印刷公司"，并有让其附在一家日报出版之意。6 月下旬，陈虞孙给范长江写信报告调整分工计划，陈虞孙在报告中正式提出将《新民报》编辑部并入《新闻日报》之意。陈氏报告说，如果将《新民报》编辑部"并入《新闻日报》及继续出版，对《新闻日报》并不成负担"。"《新民报》编辑部的人经整饬后并入《新闻日报》，而《新闻日报》本身经整编后还可容纳一些《新民报》的优秀工人，这样，《新闻日报》阵容便整齐坚强了。"① 之所以考虑选择《新闻日报》而非《文汇报》，除《新闻日报》经营条件较好，《新民报》转入后不至于造成负担外，可能也与《文汇报》性质、经营状况有关。《文汇报》系属私营，公私合营也在计划之中，而且《文汇报》一直也在为摆脱困境而努力。其时《文汇报》改版刚有起色，显然不宜贸然进行编辑部的合并。

经过与市委宣传部的沟通、磋商，市委宣传部在 7 月 1 日上报中宣部的最终方案中同意了对《新民报》的新安排。市委宣传部的报告针对《新民报》的困难，认为"与其把他拖得山穷水尽，最后还得接受这个烂摊子，不如早些接过来"，因此市委宣传部"拟在思想改造运动的基础上，由《新闻日报》出资收买，将《新民报》并入《新闻日报》，继续出版一个时期，视销路与经济情况再定是否出版"。②

在新闻协会党组报送的报告与上海市委宣传部确定的方案中，两者对《大公报》的设想基本一致。尽管如此，《大公报》却是上海私营各报中最不确定的因素。在新闻协会党组提出初步方案交市委宣传部核定后，《大公报》王芸生即表示对此方案不赞同。他很清楚，如果保持现状不做大的调整，最后只有死路一条，"沪报如此之多，分工实在困难，敷衍下去，前途日窄"。③ 为了保全《大公报》，王芸生分别给中宣部、统战部、新闻总署写信要求离开上海迁往北京。6 月中旬，王芸生利用去京开会的时机，又专门去找过中央统战部第一副部长徐冰，并向北京市市长彭真汇

---

① 陈虞孙：《关于上海五报情况给范长江同志的信》，档案号：A22 - 2 - 1533 - 27，上海市档案馆藏。

② 《本部关于报纸工作、新闻界思想改造工作的计划，报告总结及谷牧、姚溱两同志在新闻界思想改造会议上的讲话稿》，档案号：A22 - 1 - 47，上海市档案馆藏。

③ 《王芸生给徐冰的信》（1952 年 7 月 1 日），档案号：1 - 6 - 584 - 2，北京市档案馆藏。转引自杨奎松《忍不住的"关怀"：1949 年前后的书生与政治》，第 152 页。

报，积极争取留京。① 中央在处理《大公报》问题时极为审慎，显然征求过上海方面的意见。陈虞孙在 6 月下旬给范长江写信就说：

> 大公报起的作用，主要是在国际问题，特别在日本问题上。这方面，我们必须使其大大发挥。把这个任务交给大公，王芸生是高兴的。留在上海的好处是显著地保持了它的私营身份。它发言更有利。但缺点是离中央远了些，在对国际大事表示态度意见时，如何帮助大公既迅速及时，又分寸恰当，不致发生毛病，在这方面，华东与上海都感到困难的。［王芸生是以"揣摩"擅长的，他自己表示离天安门太远，怕"揣摩"不到而感到苦闷。（按：此句原文有，修改时用毛笔删除）］。为使大公充分发挥其所长，同时又保持其"民间"身份，是否可以请中央考虑，还是把它搬回老家天津，和进步日报合并起来，既可表示它和北京还"保持着距离"，又可以朝发夕至，呼唤便利，容易指挥。②

陈虞孙的这封信颇可玩味，特别是他校对时用毛笔删除之语，恰恰深刻地反映了上海新闻界党内对王芸生的印象。暂不清楚陈氏此信对《大公报》最终北迁是否起到作用，但可以肯定的是，中央与上海方面大体都可以接受《大公报》北迁与《进步日报》合并。7 月初，毛泽东当面听取王芸生的意见，最终拍板让中宣部和新闻总署负责人胡乔木帮助《大公报》迁津，与《进步日报》合并，并指导财经和国际这一宣传方向，帮助《大公报》协调政府各个业务部门与《大公报》的关系。相应地，中宣部在 7 月底给上海市委宣传部的批示中，除同意按计划展开思想改造外，还多了"唯中央已决定《大公报》移津和《进步日报》合并"一语，算是在程序上正式批复了《大公报》的北迁。

早在 1950 年主管部门就有意着手对上海私营报业进行分工调整，只是这种大规模的调整一直难以有效推进。新闻协会党组也坦陈上海私营各

---

① 杨奎松先生对王芸生如何争取《大公报》迁津与《进步日报》合并有极翔实的考证，此不赘言。参见氏著《忍不住的"关怀"：1949 年前后的书生与政治》，第 152～153 页。然奎松先生并没有注意到陈虞孙给范长江一信，故补证于后。

② 陈虞孙：《关于上海五报给范长江同志的信》，档案号：A22-2-1533-27，上海市档案馆藏。

报的分工问题虽然"早在二年以前已经提出，但一直没有很好解决"。换言之，上海私营报纸的分工定位仍然没有达到党组的预期。究其原因，新闻协会党组认为主要有三个方面的问题。

> （1）我们有意识地摸索研究，看一看各报的发展趋势；（2）上海各报的总销数没有很大发展，遽尔分工以后，可能使销数反减。（3）在各报负责人中存在着旧的办报思想，认为上海报纸一向是全国性的大报，不肯接受专业化的方针；同时，严重的自由主义思想作风也大大地阻碍了各报在统一领导下很好地进行分工合作。①

上述几点除管理机构主动"有意识地摸索研究"外，其余的两点也可以看作是新闻协会党组对私营各报在1952年前一年多时间内发展形势的总体判断。新闻协会党组清醒地意识到，私营各报的经营形势并没有出现明显好转，上海的文化消费市场也没有彻底打开。如果贸然要各大报朝既定的专业化分工转型，则可能让各报再陷困境。此外，各报在争取自给自足过程中也暴露了普遍存在的资产阶级自由主义思想作风，这也阻碍了"在统一领导下很好地进行分工合作"。

上海报业最终的调整方法从1951年底上海方面酝酿开始到1952年6月的最终定型，其间经过了多次反复、调整，充分反映了私营报业分工调整的复杂性。而之所以领导机关选择在1952年6月最终发起，这也与其时上海报业市场的状况息息相关。

1952年夏，上海报业在这一时期出现了几个方面的有利因素。一是在"三反""五反"后，政治空气已发生较大变化，一般的上海民众逐步接受了严肃的报刊，上海报刊总的消费市场增长，各报的销量都有一定的回升。上海各报的总销数已从最低的35.7万余份（3月4日）增加到47万余份（5月29日），增加了11.5万余份（32%），而且"还有继续增加之势"。② 销量的增长有利于减轻各报的经营压力，便于伺机进行调整分工。经过"三反""五反"，上海报业的市场结构已然发生变化，公营报纸在市场上已完全掌握了主动，这为随后的报业调整

---

① 《关于私营报纸调整办法的报告》，档案号：A22-1-47-1，上海市档案馆藏。
② 《关于私营报纸调整办法的报告》，档案号：A22-1-47-1，上海市档案馆藏。

奠定了有利的基础。

此外，《文汇报》在 1952 年初小型化改版后出现了很大的转机，对其他各报造成了思想上的触动。1951 年底，《文汇报》逐步接受了主要以文教界中的知识分子为对象，并进一步走小型通俗化的道路。1951 年 10 月，《文汇报》做了一次深入的读者成分调查，发现 70% 的读者是教师和学生。报社编辑部内部统一认识，重新调整方向。在陈虞孙的直接参与下，《文汇报》总结前三次改版的经验，于 1952 年 4 月再次改版，走通俗、小型报的道路。从 4 月 1 日起，《文汇报》由正张对开 4 版加上副页 4 开 4 版，改为 4 开两张 8 版，缩减半张。① 这次改版是将"大张改小张"，报纸编委会提出了"改版缩张，为提高文汇报质量而奋斗"的方案。对《文汇报》而言，这次改版则更带有些战略意味。因为《文汇报》是新闻总署早就明确以青年知识分子为对象的"全国大报"，《文汇报》"大张改小张"即意味着《文汇报》彻底放弃了"全国大报"的地位，从而自主走上了地方化、小型化、专业化的道路。当然，这种转变无疑也暗合报业的总体策略，上海报业领导机关对此显然乐见其成。从 1952 年 3 月起，《文汇报》分成正、副两张出版。副页的单独发行使得报纸的销量大增，副页在 3 月初只有几百份销量，但增势极为迅猛，短短三个月即突破 1 万份，至 9 月又突破 2 万份，年底时日发行已超过 3 万余份。副页的发行猛增也使得《文汇报》总销量直线上升，至 1952 年 6 月，《文汇报》总销量已增至 4 万份左右，较之 2、3 月翻了一番。《文汇报》发行的猛增，"结果全上海几乎每个学校都有《文汇报》，对教师工作与学生工作起了一定作用"。② 对此，陈虞孙乐观地判断："估计到九月份，即可收支平衡。如果届时由政府帮助解决其旧欠，正式成为公私合营以后，即可稳步前进，毋须经济补助了。"③

---

① 1952 年 3 月 1 日，《文汇报》副页尝试单独发行，最初的印量仅有 865 份，月均 2311 份，4 月底印量即达到 5413 份，月均 4514 份。此后更是一路猛增，成为《文汇报》率先摆脱困境的关键因素。

② 陈虞孙：《关于上海公私合营、私营各报最近情况和分工问题的报告》，档案号 A22 - 2 - 1533 - 20，上海市档案馆藏。

③ 陈虞孙：《关于上海五报情况给范长江同志的信》，档案号：A22 - 2 - 1533 - 27，上海市档案馆藏。

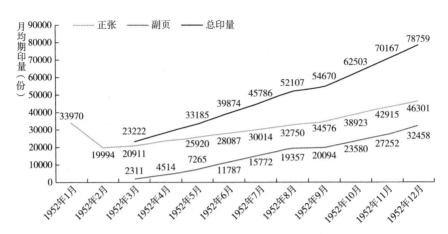

图 4 - 3　《文汇报》1952 年各月平均期印量统计

资料来源：《上海文汇报关于报送报刊出版统计历史资料一式两份的报告》，档案号：B167 - 1 - 4 - 21，上海市档案馆藏。

　　新闻协会党组总结《文汇报》成功的经验，一是"放下'全国性'的大报架子明确地以教育界为对象，小型，通俗化"，二是"加强报纸的群众工作"。①《文汇报》重新定位改出小张后的迅速发展，致使"新闻、大公、新民等报也不得不考虑其工作方针"。

　　《新民报》首先汲取了《文汇报》的成功经验。在"三反"运动前，《新民报》业务情况已日见恶化，"三反"运动开始后，销量不增反降。由于北京《新民报》已转为公私合营，陈铭德表示"上海新民报亦只此一途"，因而全报上下都抱着"坐待公营"的心理。陈虞孙等与《新民报》负责人赵超构等人反复说明，"新民报的前途，不决定于公营与否，而决定于是否为人民所需要"，使其认识到"首先要把报纸办好"。恰好此时《文汇报》转型获得成功，这也给了《新民报》勇气和信心。② 1952年 5 月，《新民报》基本确立了以里弄居民和家庭妇女为主要服务对象，改走小型通俗化路线，从群众工作着手，努力打开局面。改版以后，《新民报》的销量增加了 2000 份左右，较以往有 15% 的增幅。

　　《文汇报》的成功，随后《新民报》的摸索对上海另两家私营报纸

①　《关于私营报纸调整办法的报告》，档案号：A22 - 1 - 47 - 1，上海市档案馆藏。
②　陈虞孙：《关于上海公私合营、私营各报最近情况和分工问题的报告》，档案号：A22 - 2 - 1533 - 20，上海市档案馆藏。

《新闻日报》《大公报》的震动极大，"尤其大公对于文汇发展感到威胁"，这使《大公报》与《新闻日报》也不得不认真考虑读者对象，思考具体分工的问题。① 几家私营大报经过经营上的阵痛后，开始放弃"全国性大报"的架子，为解决生存问题，各报主动要求转变角色接受领导。经过"三反""五反"运动，各报的记者、编辑也在运动中认识到在宣传战线上"应该有分工合作的必要，排挤同行，你争我夺是不对的，也是行不通的"。② 正是在这种背景下，上海市政府开始着手解决上海各报进一步的分工问题，以使各报能够"各得其所"，"在党的统一领导下有组织、有计划地各发挥其战斗力量"。③

上海市委宣传部于 1952 年 7 月 1 日正式向中宣部呈送了关于上海私营报纸调整办法的报告，拟自 7 月起在新闻、大公、文汇、新民、亦报五家单位中进行思想改造学习运动，并稍后在各报印刷厂进行民主改革。7月底，中宣部批示，同意上海市委宣传部关于各私营报纸的分工及进行思想改造学习的意见。经过两年多时间的反复酝酿，一场旨在实现上海私营各报分工调整为目标的思想改造运动最终启动了。

---

① 《关于私营报纸调整办法的报告》，档案号：A22 - 1 - 47 - 1，上海市档案馆藏。
② 陈虞孙：《关于上海公私合营、私营各报最近情况和分工问题的报告》，档案号：A22 - 2 - 1533 - 20，上海市档案馆藏。
③ 《关于私营报纸调整办法的报告》，档案号：A22 - 1 - 47 - 1，上海市档案馆藏。

第五章　改造：上海私营各报的思想改造

第一节　新闻界思想改造的基本状况

在上海新闻界开展思想改造运动前，全国范围内针对教育界的思想改造运动早已展开有时。一般认为，思想改造运动开始于 1951 年 9 月。是月，为响应党的号召，北京大学校长马寅初等 12 名著名教授率先在北大教员中发起政治学习运动，并在京、津两地高校教师中展开相对集中的思想改造学习。随后，这一运动在总结经验后向全国推广。11 月30 日，中共中央发出《关于在学校中进行思想改造和组织清理工作的指示》，指示在 1~2 年的时间内，要在所有大、中、小学教职员和高中以上学生中普遍开展学习运动，进行思想改造。1951 年 11 月 24 日，华东军政委员会在第四次全体会议上通过《关于在华东地区广泛地开展思想改造运动》的决议，拉开了华东和上海市知识分子思想改造运动的序幕。

思想改造运动发动之初主要是针对教育界的知识分子，但随后扩展到文化、科技、新闻、出版等领域的知识分子群体。从逻辑上讲，上海私营报业的思想改造只是整个思想改造运动中的一个组成部分。不过，报业的思想改造要晚于其他领域。上海报业思想改造的开展时间、开展方式与上海报业领导机关捕捉上海新闻业的运动契机有关。

"三反""五反"后，上海报业领导机关根据上海报业的实际问题，决意参照教育界思想改造与文艺界整风的想法，在私营报业中展开思想改造运动。报业思想改造运动目的主要有二：一是在私营报社内部统一思想认识，反对资产阶级的新闻作风，确立工人阶级思想的领导地位。二是进一步对私营报业整合、分工，使之更能符合党宣的要求。第一个目的与全国知识分子思想改造所指向的"给青年知识分子和旧知识分子以革命的政治教育，以适应革命工作的国家建设工作的广泛需要"① 这一目标相吻合，第二个目的则是通过思想改造来解决困扰上海私营报业已久的调整分工问题，破解私营报纸销量滞涨、经济窘迫的困境，强化中共对报纸的领导。从目标上看，上海报业的思想改造事实上与私营报业的调整分工呈现出彼此关联、互为表里的关系。

1952 年 5 月，上海市委宣传部开始酝酿在新闻界开展思想改造运动。5 月底，新闻协会党组拟订了思想改造学习草案。草案表明，党组试图通过思想改造"检查与批判新闻工作中的资产阶级的思想作风，树立工人阶级思想领导。在思想提高的基础上，联系到检查贪污、浪费、官僚主义，以改进与提高工作"。② 新闻协会党组原计划从 6 月开始学习，在新闻出版界学习委员会之下设立新闻界学习分会，专门组织思想改造学习，大致以一个月或 40 天的时间来开展。具体先由新闻协会党组及指定的党员干部带头检查，请陈毅市长或学委会主任进行全体动员报告，再组织学习并由各报从负责人到编辑部、经理部层层检查，普遍交代。草案规定已经进行"三反""五反"的新闻单位不需要再参加思想改造，因此这个思想改造学习计划仅限于私营五报。私营五报思想改造"以编辑部为重心，再去推动经理部"，工厂则不搞，如果有"个别愿交代问题者，可受理"，但明确要求"注意领导"，"适可而止"。出于统战的考虑，新闻协会党组还特别提出各报"负责人中的民主人士应坚决保护过关。对严宝礼这样的资方，或资方代理人，不进行'五反'"。③

上述草案只是新闻协会党组酝酿的初步想法。6 月底，市委宣传部对该方案进行了调整，新方案明确提出思想改造的目的在于"整编机构、明确分工、改进工作、合理经营"，并决定将原有上海新闻出版界思想改造

---

① 《中国人民政治协商会议共同纲领》，人民出版社，1952，第 1516 页。

② 新协党组：《上海新闻界思想改造学习计划（草案）》（1952 年 5 月底），参见《本部关于报纸工作、新闻界思想改造工作的计划，报告总结及谷牧、姚溱两同志在新闻界思想改造会议上的讲话稿》，档案号：A22 - 1 - 47，上海市档案馆藏。

③ 新协党组：《上海新闻界思想改造学习计划（草案）》（1952 年 5 月底），参见《本部关于报纸工作、新闻界思想改造工作的计划，报告总结及谷牧、姚溱两同志在新闻界思想改造会议上的讲话稿》，档案号：A22 - 1 - 47，上海市档案馆藏。

学习委员会改组，改为华东学习委员会上海新闻界分会领导进行。在分会领导下，各报成立相应学习支会，并分编若干学习小组具体推进。对于工厂民主改革的问题，新方案修改认为："先以编辑部为学习运动的重心，推动经理部随同进行，工厂亦应适当进行民主改革，但须留到最后才搞。"① 此外，市委宣传部对于具体的开展步骤也做了微调，时间延至 7 月初开始，同时明确了工厂应该在思想改造后期进行民主改革，整个运动时间相应延长约为二个月。② 经过酝酿、准备，上海市委宣传部最终于 1952 年 7 月 1 日正式向中宣部呈报思想改造方案。7 月 30 日，中宣部批复同意按方案执行。

上海市委在拟定思想改造的大致方案后，根据方案中"先党内，后党外，党内严，党外宽，要达到整党的目的"的要求，率先在新闻界内部发动了小规模的党内整风，希望能将党内整风与即将到来的思想改造结合起来，在党内先行统一认识，并为党外的思想改造运动打下思想基础。这场新闻界内部的党内整风从 7 月 10 日开始，持续 40 天之久，以党内讨论方式进行，围绕即将展开的思想改造运动和上海报界内部一系列思想问题进行讨论。党内整风结束后，私营报业思想改造随即启动。

报业思想改造运动大体分为两个阶段，前一阶段属于学习、批判阶段，后一个阶段为组织建设阶段。③ 学习、批判阶段自 1952 年 8 月 21 日正式启动，至 10 月 21 日结束。参加学习的有私营五报的编辑、经理两部门工作人员共 566 人（其中编辑部门人员 356 人）。第一阶段的学习、批判又分为三个环节：①明确思想改造的目的与要求，端正学习态度。这一阶段从 8 月 21 日起，耗时 20 天左右，主要目的是学习文件，联系实际，初步划清思想界限，掌握批判标准。②从初步划清思想界限、掌握批判标

---

① 市委宣传部：《上海新闻界思想改造学习计划（草案）》（1952 年 6 月底），档案号：A22－2－1533－40，上海市档案馆藏。

② 市委宣传部：《上海新闻界思想改造学习计划（草案）》（1952 年 6 月底），档案号：A22－2－1533－40，上海市档案馆藏。亦可参见《本部关于报纸工作、新闻界思想改造工作的计划，报告总结及谷牧、姚溱两同志在新闻界思想改造会议上的讲话稿》，档案号：A22－1－47，上海市档案馆藏。

③ 私营报业内的"思想改造运动"在表述上有广义和狭义之分，需视不同的语境加以区分。广义的"思想改造运动"泛指 7 月 10 日整风以后的改造全过程。狭义的"思想改造运动"特指 8 月 21 日至 10 月 21 日的学习、批判阶段。

准开始，转入普遍揭发与批判三年来新闻工作的错误思想，一般称为"普遍揭发与批判"阶段，时间在一周左右。③在普遍揭发与批判的基础上，进一步划清界限、明确标准，领导带头，进行自我思想检查，并在自我检查后，自觉填表交代做出自我鉴定。①

经过40天的学习，各支会小组中开展的自我思想检查在1952年9月底基本告一段落。随后，各小组按学习分会的建议进行总结，对"学习前后的情况进行一个全面的回顾"。②学习分会办公室编印的内部刊物《学习》从10月8日第13日起，首先刊载了《文汇报思想改造学习总结》，随后陆续刊出了其他各报、各小组的思想改造学习总结。③从各报提交的总结报告来看，因有较明确的内容要求，各报的学习总结模式较为一致，内容大体都围绕改造前的基本情况、学习中的主要收获、学习中的优点和缺点、经验和教训几个部分展开。各支会及小组在总结中纷纷表示通过思想改造学习批判了三年以来办报过程中广泛存在的资产阶级办报观念，认识到"抢新闻""广告第一"等做法的危害，思想上受到了洗礼，各报间的团结进一步加强，各报表态要求党和政府进一步加强思想领导，更好地为人民服务。

在各小组、支会对学习进行总结的同时，思想改造的领导机构也着手推进个人的填表交代工作。10月9日，《学习》刊发了《进一步巩固学习成绩，做好总结填表工作》的社论。社论认为，"这次的总结是以小组为单位进行的，概括性比较强，引用的事例只是带典型的，对于每个人的具体情况不可能密切联系，而每个人的具体情况是非常细致、非常丰富的"，为了"更密切的联系各个人的实际情况，把每个人自我检查的成果系统的整理一下"，特别要求与会者填表交代。④

管理部门要求所有参与改造的人员填表交代，按照表格认真填写"一般情况""政治关系""社会关系""详细经历""主要优缺点（即自我鉴定）"五项内容。分会专门对政治关系、社会关系和主要优缺点三项内容

---

① 中共上海市委宣传部：《上海新闻界思想改造总结》（1952年12月13日），档案号：A22-1-47，上海市档案馆藏。

② 《做好学习总结，巩固学习成绩》，华东学习委员会上海新闻界分会办公室编《学习》第12号，1952年10月1日。

③ 《文汇报思想改造学习总结》，《学习》第13号，1952年10月8日。

④ 《进一步巩固学习成绩，做好总结填表工作》，《学习》第14号，1952年10月9日。

做了解释说明，特别强调每个人应该将"社会关系"交代清楚，把"亲戚朋友中属于这些阶层（注：指旧的、没落的社会阶层）的人找出来，加以分析，向组织交代，进一步提高自己的阶级觉悟"。思想改造的组织者将个人的填表交代提高到是否忠于国家、忠于人民的高度。学习分会强调，"新闻工作者是国家工作干部，填表是国家干部的一项制度。作为一个国家干部，作为一个人民勤务员，忠诚老实的交代自己是对国家、人民应有的起码态度"，"如果想蒙混过去，这不过是幻想"，"填表是每个人自己的事情，我们更有高度的自觉，用忠诚老实、认真负责的态度来对待这项工作"。① 学习分会还专门印发了《填表须知》，指导与会者认真填写审查表格。②

经过学习并最后填表交代，上海新闻主管部门初步弄清了各报编辑、经理两部的政治情况。各报编辑部门人员填表交代历史政治问题者占总数38.3%，其中国民党党员65人，区分部委员以上者5人，受过反动训练者34人，三青团员31人，中统3人，军统2人，参加其他特务组织者18人，反动军官15人，参加反动新闻社团者12人，汉奸3人，反动帮会16人，参加其他反动党团者2人，脱党分子16人。各报横向比较，尤以《新闻日报》《新民报》两家报社情况最为严重，交代历史政治问题者均占总数41.9%，其他各报《大公报》占比为37.5%，《亦报》为35.4%，《文汇报》为33.3%。现行犯尚无发现。各报经理部门人员情况较编辑部门相对单纯，交代问题者占总数19.6%，以《新民报》最多，为37.5%，《亦报》为30.7%，《新闻日报》为16.1%，《大公报》为15.9%，《文汇报》为15.3%。③

思想改造学习结束后，照原定计划，《大公报》北迁天津，《亦报》并入《新民报》。宣传部门判断，《大公报》北迁计划可于12月以内顺利完成，《亦报》则已于11月内停刊，合并工作已经做好。两报编余人员共289人（《大公报》251人，《亦报》38人），则准备由政府全部包

① 《进一步巩固学习成绩，做好总结填表工作》，《学习》第14号，1952年10月9日。
② 《填表须知》，华东学习委员会上海新闻界分会办公室编《学习》第15号，1952年10月10日。
③ 上海市宣传部：《上海新闻界思想改造总结》，档案号：A22-1-47-129，上海市档案馆藏。

下来，加上中央决定停刊的《上海新闻》编余人员（约60人），各报调整人事机构的编余人员（约100人）和各私营电台改组为公私合营的编余人员（十余人）共500余人，设立新闻学校，予以训练学习，逐步助其转业。①

上海新闻界思想改造并非只是政治或思想上的学习、改造。在学习阶段后期，报纸内部人员的填表交代、人事分流，事实上也是通过身份识别的方式对私营报业内部进行清理，重新进行人事配置的重要手段。至于思想改造学习结束后，上海私营报业迅速展开的公私合营、组织调整，则意味着私营报纸进一步"改性"。思想改造、公私合营、机构调整彼此关系、密切配合，从而将私营报业纳入中共主导的宣传体系。

第二节　批判资产阶级办报思想

中共新闻事业秉承马克思主义新闻理论，其核心即是无产阶级党报理论。党报理论一贯坚持报纸的工具性、阶级性，特别是党报理论认为媒体都具有阶级性，无产阶级新闻自由的获得必然建立在剥夺资产阶级新闻自由的基础之上。因此，消除私营报纸中的资产阶级新闻作风就成为建政初期中共加强对私营报纸领导的必然选择。

上海解放后，军管会通过登记的办法对旧上海的私营报纸进行了全面的清理，一些反动、官僚、代表大资本家大资产阶级利益的报纸被没收或关闭。然而，鉴于统战和舆论的实际需要，还批准了《大公报》《新民报》《文汇报》等几家私营报纸继续出版。这几家报纸的原有员工也基本上保留下来。这些员工旧有的思想习气和资产阶级的办报观念显然与中共的新闻理念不相符合。在无产阶级政权得以巩固之后，中共即着手对私营报纸中残存的资产阶级办报思想进行清理与改造。

回顾历史，中共对私营报业资产阶级办报思想的清理和改造与1942年延安整风时期《解放日报》的整改颇有异曲同工之处。1942年毛泽东《在延安文艺座谈会上的讲话》中曾明确表达进行文艺整风的缘由。他说：

---

①　上海市宣传部：《上海新闻界思想改造总结》，档案号：A22－1－47－129，上海市档案馆藏。

"小资产阶级出身的人们总是经过种种方法，也经过文学艺术的方法，顽强地表现他们自己，宣传他们自己的主张，要求人们按小资产阶级知识分子的面貌来改造党，改造世界。在这种情形下，我们的工作，就是要向他们大喝一声，说：'同志'们，你们那一套是不行的，无产阶级和人民大众是不能迁就你们的，依了你们，实际上就是依了大地主大资产阶级，就有亡党亡国亡头的危险。只能依谁呢？只能依照无产阶级及其先锋队的面貌改造党，改造世界。"① 1943 年，陆定一在《解放日报》头版发表《我们对于新闻学的基本观点》，其中解释为何要发动《解放日报》的整改。他说：

> 抗战以后，参加党的新闻事业的知识分子，乃是来自旧社会的，他们之中，也就有人带来了旧社会的一套思想意识和一套新闻学理论……这套思想意识，这套新闻学理论，是很糊涂的，不大老老实实的，甚至是很不老老实实的，也就是不大科学，甚至是很不科学的。如果不加以改造，不加以教育，就会不但无益而且有害，就无法把党的新闻事业做好。②

陆定一的这番讲话实质上是沿袭毛泽东 1942 年延安文艺座谈会讲话精神而来，系统表达了中共在延安时期对根据地新闻事业改造的革命逻辑。

然而，革命成功之后旧社会的、资产阶级的观念是否就根除了呢？非也！1952 年 5 月 23 日，为纪念毛泽东《在延安文艺座谈会上的讲话》发表十周年，《人民日报》社论刊发了《继续为毛泽东同志所提出的文艺方向而斗争》，社论谈到革命在全国胜利后所带来的新情况和新问题时说：

> 大批未经改造的资产阶级、小资产阶级的文艺家参加了革命文艺的队伍，从他们中间带来了一些旧社会的意识残余和非无产阶级的文艺思想。一部分来自老解放区的文艺工作者在进入城市以后，受了资

---

① 毛泽东：《在延安文艺座谈会上的讲话》，《解放日报》1943 年 10 月 19 日，第 1 版。
② 陆定一：《我们对于新闻学的基本观点》，《解放日报》1943 年 9 月 1 日，第 1 版。

产阶级思想的侵蚀和影响，迷失了原来的方向，而文艺界的许多领导同志又放弃了或惰怠于思想领导的工作，陷入事务主义的泥坑。①

《人民日报》的这篇社论清晰展示了中共对建国初期知识界的认识，表明在新时期仍然需要"继续为毛泽东同志所提出的文艺方向而斗争"。与此类似，上海市委宣传部部长谷牧在思想改造动员大会上系统阐释为什么要展开思想改造学习时，也谈到了办报人员的出身问题。谷牧首先对新闻从业人员出身定性，"我们新闻工作者，许多都是出身小资产阶级的知识分子"。谷牧援引毛泽东在 1942 年《在延安文艺座谈会上的讲话》，自然而然地论述说：

> 小资产阶级和知识分子从旧社会及其出身的阶级带来的错误思想是和工人阶级思想不相容的。小资产阶级的错误思想作风，很多是消极的东西，敌人是欢迎我们继续保持这种客观上能够援助敌人的对于人民民主革命起不好作用的东西的。②

诚因中共觉得新闻队伍中的"小资产阶级"和知识分子带有"错误的思想"，与工人阶级思想并不相容，因而才需要"改造自己从旧社会得来的坏习惯和坏思想，不使自己走入反动派指引的错误的路上去"。③ 谷牧的论述逻辑直接沿袭了毛泽东在 1942 年延安整风中对小资产阶级和知识分子的判断。由此也不难看到，与延安整风对旧思想的整改一样，1952 年针对私营报业的思想改造运动也是通过对"人"的改造以达到彻底掌握舆论工具、强化新闻体制的目的。所谓对"人"的改造，其实质就是要清除旧有小资产阶级的办报观念和新闻学理论，教育改造新闻工作者，使之彻底转变为无产阶级的新闻工作者。

新中国成立后，各级党政机构非常注意加强对私营各报的领导与管理，不过与管理部门对各报的不断检查、规范不同，私营报业的思想改造

---

① 《继续为毛泽东同志所提出的文艺方向而斗争——纪念毛泽东同志的"在延安文艺座谈会上的讲话"发表十周年》，《人民日报》1952 年 5 月 23 日。
② 谷牧：《在上海新闻界思想改造学习动员大会上的讲话》，档案号：A22 - 1 - 47 - 129，上海市档案馆藏。
③ 谷牧：《在上海新闻界思想改造学习动员大会上的讲话》，档案号：A22 - 1 - 47 - 129，上海市档案馆藏。

运动主要是通过新闻从业人员的自我检讨，实现内心"触及灵魂"的自我批判，进而完成思想上的整齐统一。① 谷牧在动员大会上有一句警句后来一直在上海新闻界传诵，他说："思想上是没有统一战线的。"② 如果说党政部门的管理与约束是来自外部的规训，那么思想改造则是由内及外的深刻检讨。至于最终要达到的效果，除克服资产阶级思想影响，明确工人阶级领导思想外，根本的是要让私营报纸"很好地成为整个革命机器的一个组成部分"。

谷牧在思想改造动员大会的讲话明确阐述，人民的报纸与资产阶级或其他统治阶级的报纸在立场、内容、路线和作风四个方面存在根本性的不同。三年来办报过程中"发生了不少错误"，反映出"资产阶级的新闻观及办报思想，并没有能完全从我们人民的新闻工作者的队伍中清洗出去，我们还没有完全地、真正地树立起人民报纸办报的正确的立场、观点、路线和作风"。③ 谷牧指出，新闻界思想改造的目的就在于"批判和清算资产阶级的办报思想，使我们全体新闻工作者从资产阶级思想影响下解放出来，稳稳地站到工人阶级的立场上来，从自己思想上批判与克服资产阶级的思想影响，明确工人阶级的领导思想"。④

从本质上讲，私营报业思想改造的核心目标即是批判、否定私营报人思想世界中的资产阶级、自由主义的新闻思想。然而到底什么是资产阶级新闻思想，哪些思想属于资产阶级新闻思想的范畴呢？虽然思想改造前后一系列的文件中并没有明确表述资产阶级新闻观的具体所指，不过若观察1942年中共党报新闻理论的确立过程，当不难发现中共的党报理论正是基于对资产阶级新闻观念批判的立场上完成的。陆定一、胡乔木等人在延安《解放日报》中所论述的党报理论中核心所指的"党性第一"的原则、反对"虚假真实性"的原则、"新闻的快慢必须以党的利益为准则"等均明显以资产阶级新闻观为靶标。在陆、胡等人的论述中，"技术第一、新

---

① 谢泳认为1952年知识分子思想改造方法、目标都与延安整风有很大的相似，思想改造的"步骤基本上是从延安整风中照搬过来的"。

② 张林岚：《赵超构传》，《一张文集》卷二，第155页。

③ 《谷牧同志在上海新闻界思想改造学习运动大会上的讲话摘要》，档案号：G21－1－111，上海市档案馆藏。

④ 谷牧：《在上海新闻界思想改造学习动员大会上的讲话》，档案号：A22－1－47－129，上海市档案馆藏。

闻第二""有闻必录""无冕之王""自由主义""客观主义""抢新闻"等观念和做法都被视为资产阶级新闻观的表现而受到广泛批判。这些观念与做法同样在思想改造运动中被作为资产阶级新闻观的典型受到进一步批判。与延安整风不同的是，延安时期的改造主要指向党内报刊，思想改造运动则指向了党外报纸，反映出中共试图将非党报刊纳入党的意识形态体系，以实现对全国新闻机构的绝对领导。

在思想改造学习运动中，上海私营、公私合营报纸都按规定集中进行了学习、掌握批判标准，并普遍揭发了各报三年来存在的错误思想。所谓的"错误思想"，主要就是指各报的资产阶级办报观念。就《学习》上刊载的多篇民主人士自我检讨来看，每位检讨人都以大量篇幅着重对各自存在的"资产阶级办报观念"进行了严厉批判。例如赵超构在检讨中就自我定性，"我的办报思想，基本上是资产阶级的办报思想"，资产阶级办报思想在我们报纸上的具体表现是"报纸的商品化，新闻工作的商业化"。①与他类似，徐铸成在思想检讨中也深刻批判了自己将报纸商品化的行为。徐铸成反思说："我从来没有自觉地认清报纸是整个革命机器的组成部分，坚定地、明确地、完全地以工人阶级思想去教育人民群众。恰恰相反，我一直把报纸当作商品，把读者当作顾客，把旧社会带来的老一套的东西，散布在报纸上，无立场、无原则，玩弄形式，追求庸俗的趣味，甚至有意地把小资产阶级思想去毒害读者。"②《大公报》的王芸生具体将他身上体现的资产阶级办报思想归结为三个典型方面：一是在写文章上，"无正确立场"，"常出现原则性错误"；二是新闻处理上"有严重的'有闻必录'的客观主义"；三是在业务经营上"争销路、争广告"，"迎合小市民趣味"。③从各报负责人的检讨及各报的思想改造总结中或可看出，资产阶级办报思想包含以下重要特征：把报纸作为商品，以营利为目的，忽略报刊阶级斗争工具的根本属性，不以人民、政治的立场办报。

经过思想改造的学习、揭发和检讨，各报都对自己办报过程中的"资产阶级办报行为"进行了清算和批判，并表达了对旧有的办报观念和办报方法的"决裂"。例如《文汇报》总结即说经过学习，同志们

---

① 《赵超构同志的思想检查》，《学习》第 11 号，1952 年 9 月 26 日。
② 《徐铸成同志的思想检查》，《学习》第 9 号，1952 年 9 月 24 日。
③ 《王芸生同志的思想检查》，《学习》第 9 号，1952 年 9 月 24 日。

"认识今天的新闻工作和旧社会的新闻工作有本质的不同"。具体说来，"今天的报纸是整个革命机器的一个组成部分，新闻工作者是人民的勤务员，必须全心全意为人民服务，以工人阶级思想，组织和教育广大群众"。① 通过对私营报业领域的思想改造，中共树立了无产阶级党报思想在私营报纸中的指导地位。再者，在特定的历史语境中对"资产阶级办报思想"的批判也使得私营各报原来竞争无序的经营秩序有所改观。《文汇报》报道说通过思想改造，"在上海新闻工作者中，不仅树立了工人阶级的思想领导，明确了报纸为人民服务的性质与任务和各报分工的必要，而且改变了过去长期存在于各报之间抢新闻、抢订户、抢广告等现象，各报之间的合作和各报内部的团结都加强了"。② 经过思想上的学习、改造，上海私营各报随即在报纸的编辑、报道中出现了一些让管理机构觉得面貌一新的"新气象"，学习分会编印的《学习》小报也陆续对各报办报"新气象"予以介绍。

不过，对资产阶级办报思想的批判显然也存在着简单化、贴标签的现象。面对政治运动形成的群体压力，检讨人拿着草草学来的无产阶级新闻观，想方设法、翻箱倒柜式地找出"资产阶级的办报思想"以求过关。用简单的无产阶级、资产阶级两分法，将"抢新闻"、"抢广告"、讲求编辑技术、形式美观，注重经营等都一律归结为"资产阶级办报思想"予以清理，这些做法无疑有粗暴、武断之嫌，也一定程度造成了当时私营各报新闻工作者的思想混乱。在思想改造后的相当一段时间，一些私营报业的新闻工作者显得无所适从，甚至不敢开展工作，"什么事也不敢碰，什么文章也不敢写"。③ 思想改造的领导机关也注意及此。夏衍在1952年11月1日召开的新闻界思想改造学习大会上发表讲话，意图对这种想法予以纠正。夏衍以批评的口吻指出了小资产阶级知识分子的缺点，批评其"全有或全无，全对或全错"的看法是片面的。他形象地举例说，"反对纯技术观点，就容易把所有的技术都否定；文艺界整风后有的人提琴也不拉了，钢琴也不弹了，嗓子也不练习了"，"我们希望在短期内能扭转这种片面的

---

① 《文汇报思想改造学习总结》，《学习》第 13 号，1952 年 10 月 8 日。
② 《上海新闻界改革工作胜利告一段落》，《文汇报》1953 年 1 月 18 日。
③ 夏衍：《对上海新闻界思想建设的几点意见——11 月 1 日在新闻界思想改造学习大会上的讲话》，《学习》第 18 号，1952 年 11 月 4 日。

想法和看法"。表面上看，夏衍所言虽在批评私营报业的知识分子，但类似"共产党从来不反对技术和竞赛，相反的热望大家有更好更大的成就"之语也未尝不是对思想改造中出现的偏"左"现象予以纠正的婉转表述。①

第三节　思想改造过程中的民主人士

上海私营、公私合营报纸中的领导绝大多数都是民主人士，这些民主人士在解放前的反蒋斗争中与共产党有过紧密合作，出力不小，享有较高的社会声望，在报社也有很大的影响力。在私营报业中进行思想改造运动，如何处理与民主人士的关系成为运动能否成功的一个关键。

1952年5月新闻协会党组草拟的思想改造方案特别提出，各报"负责人中的民主人士应坚决保护过关。对严宝礼这样的资方，或资方代理人，不进行'五反'"。② 报业领导机关在改造方案中将这一点特别提出，这本身就很值得关注。之所以在思想改造过程中对私营报业中的民主人士给予特别关照，恐怕有几个方面的考虑。一是按照《共同纲领》的精神，新民主主义社会中民主人士是新生政权依靠的重要力量。二是参考仿照此前"三反"运动以及京沪教育界、文艺界思想改造的做法和经验，可以算作"循例而为"。三是其时上海私营各报的领导大都是民主人士，如《新闻日报》的金仲华、刘思慕、娄立斋、陆诒，《大公报》的王芸生，《文汇报》的徐铸成、严宝礼，《新民报》的赵超构、程大千。特别是王芸生、金仲华、刘思慕、徐铸成、赵超构，当时被认为是"五大民主人士"，不但在新闻界颇有地位，有的还在新政府中担任要职。不论是出于报社稳定还是出于舆论影响的考虑，对这些民主人士采取"确保过关"都显得确有必要。1952年7月，上海市委宣传部上报的方案中，宣传部门明确要求各报的负责人要"在学习分会上作检查"，"与党员干部

---

① 夏衍：《对上海新闻界思想建设的几点意见——11月1日在新闻界思想改造学习大会上的讲话》，《学习》第18号，1952年11月4日。

② 新协党组：《上海新闻界思想改造学习计划（草案）》（1952年5月底），参见《本部关于报纸工作、新闻界思想改造工作的计划，报告总结及谷牧、姚溱两同志在新闻界思想改造会议上的讲话稿》，档案号：A22-1-47，上海市档案馆藏。

在本报的一定范围内（如编辑部、经理部）中作检查报告"，但对民主人士"应坚决保护过关"，"应保证没有通不过的检讨"。① 不仅如此，负责各报的民主人士还被安排进入华东学习委员会上海新闻界分会，出任思想改造运动的领导。

中共对私营报业思想改造的诉求主要指向"明确工人阶级的领导地位"。然而私营报纸多由非党内人士领导，这显然与"工人阶级"领导地位这一诉求不相符合。党外的民主人士在报社中到底扮演什么样的角色？民主人士担任领导的报社又如何确保工人阶级的领导地位？私营、公私合营报社中的中共党员干部如何处理与民主人士的相互关系？这些问题令私营报业内部的基层党员和一般群众相当困惑。李纯青就说："民主人士代表的是工人阶级以外的人民，也就是小资产阶级和资产阶级的人物，私营报由他们负主要责任就不能保证宣传工人阶级思想，因为民主人士决不是代表工人阶级的。"② 李纯青的质疑反映出私营报内的党员对于民主人士担任领导的私营报纸如何通过思想改造来达到明确工人阶级领导地位的普遍迷茫。

思想改造正式发动前，私营报业在党内率先进行了为期 40 天的整风。党内整风的座谈暴露出基层党员对于"民主人士"的认识分歧极大，基层党员很难在统战的高度对民主人士进行准确的定位。第一个问题即是"民主人士"都包括谁？长期以来，中共以"社会贤达""无党派民主人士""民主人士"等不同术语和概念来指称在新民主主义革命中的非党进步人士。③ 然而究竟哪些人属于"民主人士"？这一概念指称的群体有没有明确的范围？私营报纸中的基层党员对此认识模糊。鲁平在座谈会上就公开

---

① 《上海新闻界思想改造学习计划（草案）》（1952 年 5 月底），参见《本部关于报纸工作、新闻界思想改造工作的计划，报告总结及谷牧、姚溱两同志在新闻界思想改造会议上的讲话稿》，档案号：A22 - 1 - 47，上海市档案馆藏。

② 分会办公室编《新闻界思想改造情况》（三），1952 年 8 月 7 日，档案号：A22 - 2 - 1551 - 22，上海市档案馆藏。

③ 中央统战部曾于 1951 年 6 月 16 日在复西北局统战部的函中对"民主人士"做出专门说明："'民主人士'是对参加人民民主运动的某些党外人士（包括有党派和无党派）的一种政治称号。一般的说'民主人士'应具备下列两个条件：一是解放前多少参加过人民民主运动（包括起义在内），或在解放前采取善意中立态度而在解放后参加人民民主运动。二是在中间阶层或民主党派中有一定的代表性。"参见张静如等主编《中国共产党通志》第 3 卷，中央文献出版社，2001，第 83 页。

对民主人士的标准提出质疑，他认为"民主人士应当有一标准"。他反问说："难道小专家也是民主人士？我以为这些小专家只是对一般知识分子的统战，团结改造的问题。"① 在这场党内座谈会上，"民主人士"的资格随即成为一个热烈讨论的话题。蒋文杰认为民主人士应该是如马叙伦、赵超构那样，在"反蒋斗争中起过作用的，尽过力量的人"。对此，另一位党员许彦飞反驳说："照蒋文杰这样说，民主人士太多了。"蒋文杰进而追溯"民主人士"的起源，他说："民主人士是从那里来的？第一次，第二次国内革命战争时期时都没有这个名称，抗日战争时期只有开明士绅，也没有民主人士，直到解放战争中新政协召开前后才有这个名称，所以我认为是和民主党派一起来的，也就是反美反蒋时和我们站在一起的。"② 虽然蒋文杰对"民主人士"的由来梳理大致不差，然而他对民主人士的认识仍停留在感性的层面，以致他甚而也产生了奇怪的疑惑："共产党是民主党派之一，我们党的上层分子是不是也算是民主人士？"另一位党员潘德谦则更简单地划分，他说民主人士是指两种人，一种是"做具体工作不行，只会讲一套写一套，不联系实际的"，另一种是"立场不稳的，如劳资方"，这两种人是民主人士。③ 潘德谦的标准可谓简单粗暴，然而透过潘氏的言说却可以看出"民主人士"的多歧形象。在一般党员心目中，"民主人士"并不高大，甚至带有些许贬损之意。

思想改造的开展原则是"先领导、后群众"，采取"先党内，后党外，党内严，党外宽"的政策。所谓"先党内"即是指各报党员在运动前展开的党内整风运动，党内整风由党支部负责进行，然而当运动由党内向党外扩展时，针对各报的党外人士，改造的尺度与标准即难以确定。面对即将展开的思想改造运动，如果连民主人士的阶级性质都不能明确，思想改造运动自然就难以按要求展开，更遑论达到预期的目标。蒋文杰、孙葵君等都谈到"民主人士"划分界限的困难。蒋文杰说："和资方划清界限容易，如严宝礼。和民主人士划清界限就难，如王芸

---

① 分会办公室编《新闻界思想改造情况（三）》（1952 年 8 月 7 日），档案号：A22 - 2 - 1551 - 22，上海市档案馆藏。

② 分会办公室编《新闻界思想改造情况（三）》（1952 年 8 月 7 日），档案号：A22 - 2 - 1551 - 22，上海市档案馆藏。

③ 分会办公室编《新闻界思想改造情况（三）》（1952 年 8 月 7 日），档案号：A22 - 2 - 1551 - 22，上海市档案馆藏。

生，他有工会证。又如唐海等小民主人士，组织上加入工会，思想上没有加入。"① 孙葵君认为："民主人士不能作为一个阶级，它里面有各种阶级，就连资产阶级也有。如徐铸成是资产阶级还是民主人士？不划清就很难掌握。"② 显然，如果对思想改造的这些重点对象没有明确的定性，就难掌握标准。或许正因为"民主人士"是即将展开的思想改造运动工作的重点之一，因此在思想改造第一阶段的党内整风中，大公、文汇、新民联合党支部在座谈时就曾对上海"五大民主人士"所代表的阶层进行定性分析。据座谈会材料，私营报业党内认为："王芸生代表大资产阶级中的知识分子和中间偏右的知识分子；金仲华代表进步的知识分子，但今天已没有市场，他的读者已转到解放日报去了；刘思慕在上海还是没有市场的，他的招牌不够响；徐铸成作用不大；赵超构代表中间偏左的知识分子，但他现在写文章不愿用真名，所以影响也不大。"③ 各民主人士的定性差异，一定程度上也决定了随后的思想改造过程中党员及群众对待他们的立场与态度。

随着私营报业地位的不断边缘化，私营报业内部对"民主人士"的价值也发生质疑。特别是在不断强调工人阶级领导地位的语境之下，私营报业内部的党员对民主人士渐生不满。尽管中共上层对民主人士还颇为看重，但基层党员并不满意，有些干部甚至出现"左"的关门主义的倾向。④ 邹凡扬就谈道："我们支部讨论时有人说领导上将私营报当作花瓶，用来点缀点缀。一般机关原来把民主人士当花瓶，民主人士办的报纸自然

---

① 分会办公室编《新闻界思想改造情况（三）》（1952 年 8 月 7 日），档案号：A22 - 2 - 1551 - 22，上海市档案馆藏。

② 分会办公室编《新闻界思想改造情况（三）》（1952 年 8 月 7 日），档案号：A22 - 2 - 1551 - 22，上海市档案馆藏。

③ 分会办公室编《新闻界思想改造情况（三）》（1952 年 8 月 7 日），档案号：A22 - 2 - 1551 - 22，上海市档案馆藏。

④ 尽管早在新中国成立前，中共中央即就如何对待民主党派和民主人士有过指示，但在此后的具体工作中仍不可避免存在或这或那的问题。1949 年 1 月 22 日，中共中央曾发出《关于对待民主人士的指示》。七届二中全会上，毛泽东也专门就如何对待民主人士问题发表过讲话，毛泽东特意指出要"全党对于这个问题必须有认真的检讨和正确的认识，必须反对右的迁就主义和'左'的关门主义或敷衍主义两种倾向，而采取完全正确的态度"。《在中国共产党第七届中央委员会第二次全体会议上的讲话》，《毛泽东选集》第 4 卷，人民出版社，1991，第 1437～1438 页。

也是花瓶。"① 孙葵君则抱怨领导上要解决报纸的重大问题，总是先找民主人士说话，不找党员。有时候，民主人士明白领导意图，党员不明白，民主人士以为党员一定是明白的，党员也只好假装明白。② 联合支部书记蒋文杰还对上级领导提出质疑，认为领导应该检查一下到底要靠谁办报的问题。他认为几个民主人士在报馆内都是"无根之草"，"在群众中并无威信"。他说："上海四张报纸，五个民主人士，三年来一事无成，一个也没有教育好。领导在党内是家长，在党外是迁就。一味迁就民主人士，这是什么路线？其实，你越迁就，他越嚣张，越是要到中央去告状。实际上，如果把这五位大亨一脚踢开，报纸一样可以办下去，甚至会办得更好。因为报纸本来就是依靠党员和群众办的，民主人士实际上并没有负责任。"③ 蒋文杰甚至抱怨："许多事情，党员不知道，民主人士先知道了，这使党员自卑，使领导被动，错误也就多了。"④ 部分党员直接将民主人士放到阶级斗争的对立面，有党员甚至在党内公开表明"像严宝礼这样的人就该搞五反"。⑤ 这些意见表面反映出基层党员对建国后私营、公私合营报纸在"办报主体"，或者说到底依靠谁办报这个问题上存在严重的思想混乱，实质上折射出建国初期特定政治语境中私营、公私合营报社中复杂的人事纠葛和权力冲突。特别是当基层党员和下层群众被"运动"成为"当家作主"的"翻身者"时，报纸内部的权力冲突就变得不可避免。

　　随着私营、公私合营报纸中基层党组织和党员干部的逐步成长、壮大，在强调"工人阶级"领导地位的语境下，处理与民主人士的关系自然是难以回避的话题。例如有人就对党员应该对民主人士采取的态度深感困惑，"我们应当帮助民主人士联系群众，还是破坏他的威信？"还有人站在基层党组织的立场，表达了在"民主人士"使用问题上的不解。"对于民

① 分会办公室编《新闻界思想改造情况（二）》（1952 年 8 月 7 日），档案号：A22 - 2 - 1551 - 15，上海市档案馆藏。
② 分会办公室编《新闻界思想改造情况（三）》（1952 年 8 月 7 日），档案号：A22 - 2 - 1551 - 22，上海市档案馆藏。
③ 分会办公室编《新闻界思想改造情况（三）》（1952 年 8 月 7 日），档案号：A22 - 2 - 1551 - 22，上海市档案馆藏。
④ 分会办公室编《新闻界思想改造情况（三）》（1952 年 8 月 7 日），档案号：A22 - 2 - 1551 - 22，上海市档案馆藏。
⑤ 分会办公室编《新闻界思想改造情况（一）》（1952 年 8 月 6 日），档案号：A22 - 2 - 1551，上海市档案馆藏。

主人士，我们使用他因为他有号召力，我们是临时使用他还是有经常打算呢？如果是经常打算，就有一个培养他的问题。此外，我们在工人阶级中是不是也应当培养有号召力的人物，培养新人呢？我们培养重点应当放在五个大民主人士身上还是新人物身上？"因为对上述问题没有考虑清楚，自然就影响实际工作中基层党组织处理、对待民主人士以及民主党派的方针策略。特别是对于私营报纸中民主党派的发展，显得很有顾虑。蒋文杰说《新民报》在解放初期只有民盟会员二人，思想改造前已发展到五人，"徐铸成以前曾来找我，要求协助他发展，我口头答应了而实际上按兵不动"。另一位党员郑心永则担心徐铸成会把《文汇报》变成民盟的机关报，因此不同意由社会大学和民盟合办社会大学的讲座，孙葵君同样担心《文汇报》被民盟"抓住"。①

　　且不论基层党组织对民主人士持怎样的意见，中央高层在思想改造方案中明确提出了要对民主人士"保护过关"，思想改造运动只能尽可能地折中妥协，将上、下级的思想协调一致。大体可以预见地是，民主人士的思想学习、检讨报告自然不可避免，但略可安慰的是因有"保护过关"的明确指示，故而批判尚不至过于激进。

　　在华东学习委员会上海新闻界分会和各支会的严密组织和全力推动之下，经过前20天端正态度、掌握标准的讨论后，到1952年9月上旬，上海新闻界思想改造迅速进入自我检查和揭发批判阶段。群众普遍揭发的热情"形成了新高潮"，"有许多同志抢着发言，有的小组感到三小时不够"，甚至"各单位都在星期天照常举行小组会，不再休会"。② 各报的民主人士发现风向已转为活跃和激进，新闻界的思想改造并不像预先设想的轻松。经过早期的心理抗拒后，各报头面人物也都迅速放下"领导架子"，纷纷展开自我批判。③ 经过小组的检举揭发，金仲华、徐铸成等民主人士

---

① 分会办公室编《新闻界思想改造情况（三）》（1952年8月7日），档案号：A22-2-1551-22，上海市档案馆藏。

② 《普遍揭发热烈展开》，《学习》第4号，1952年9月13日。

③ 《新闻日报》的金仲华较为例外。《新闻日报》报告显示，8月30日分支委联席会议上，王芸生、赵超构、徐铸成、刘思慕对领导起示范带头作用的问题，都表示了态度，独有金仲华对这一问题一句不谈，这导致群众对金仲华的意见最多。参见分会办公室编《新闻界思想改造情况（九）》（1952年9月2日），档案号：A22-2-1551，上海市档案馆藏。

思想上都受到不同程度的触动，纷纷走上前台，各自在支会小组、大会上检讨，并在领导机关的"保护"下成功过关。

第四节 各民主人士的"保护过关"

思想改造由学习分会主导，各报成立支会，各报民主人士加入并负领导责任。这种安排使得各报民主人士在作为运动领导者的同时，也作为带头参与运动的学习者。作为领导，按要求须带头检查，因此"不能不以身作则、带头学习"；作为学习者，则要接受群众的监督与批评。民主人士是私营报业思想改造的重中之重，各支会都有详细报告。这些报告从党内的视角记载了民主人士在运动中的表现，是了解思想改造运动期间民主人士参与运动的重要资料。

私营各报民主人士并不多，面对即将发动的思想改造，他们普遍认识不足，对待改造的心态也各不相同。《大公报》的王芸生起初就有些"有恃无恐"，觉得运动与他没有太大关系。因为王芸生听说章伯钧、黄炎培等人在"三反"运动中拒绝与群众见面、不交代问题，但仍被"保护过关"。王芸生认为他对资产阶级思想认识已经很透彻，因此觉得运动会比较轻松。①《新闻日报》金仲华则背上了沉重的思想包袱，对即将开展的思想改造非常担忧。据支会掌握的动态，《新闻日报》原拟进行"三反"时，金仲华就很顾虑，特别怕他"坐汽车""住洋房"这些被视为资产阶级的生活方式会受批判。②至于《文汇报》的徐铸成则没有把思想改造放在心上。1952 年初《文汇报》小型化改版的成功，让徐铸成颇有些"自得"，觉得自己在"文汇报内部的整顿工作作风运动中建立了威信，估计群众对他意见不多，又知道思想改造不是领导带头层层下水，所以表示很轻松"。③相较于前述几位大报的民主人士，《新民报》的赵超构、程大千则因在办报过程中四处碰壁，因此表现得非常顺从和

---

① 《王芸生在第一阶段第一步骤学习中的表现》，分会办公室编《新闻界思想改造情况》（十一），1952 年 9 月 6 日，档案号：A22 - 2 - 1551 - 73，上海市档案馆藏。

② 《各报民主人士在思想改造运动前后的表现》，分会办公室编《新闻界思想改造情况》（廿一），1952 年 10 月 13 日，档案号：A22 - 2 - 1551 - 137，上海市档案馆藏。

③ 《各报民主人士在思想改造运动前后的表现》，分会办公室编《新闻界思想改造情况》（廿一），1952 年 10 月 13 日，档案号：A22 - 2 - 1551 - 137，上海市档案馆藏。

谦卑。各民主人士背景、境遇各不相同，因此对待思想改造的态度也彼此不同。

　　态度决定行动，对待思想改造的态度也决定了各民主人士在运动之初的表现。思想改造先是支会小组的学习讨论、揭发批判。在各小组学习开始后，《文汇报》支会就反映民主人士刘火子、徐铸成这一组问题最多，两人对文件只是双手拥护，讨论时无话可说。①学习之初，分会曾提出"学习生产两不误"的口号，徐铸成将口号解读为"学习、生产对半开"，认为9月各校开学正是推广《文汇报》的旺季，"要各业务组连日赶出总结，并且提出不仅要维持生产，而且要提高生产"，这种做法被认为是"重生产而轻学习"，属于典型的"资产阶级旺季思想"。②在小组讨论时，徐铸成虽然开始带头检查，例如他自我暴露说"动员大会上见王芸生当主席，心里不舒服"，一度有"思想改造有痛苦，但可以熬过去"的想法，不过支会还是认为他"发言教条"，"未放下学委主任的架子"。③直到进入揭发批判阶段，徐铸成才不得不认真进行自我批判。金仲华对思想改造的顾虑也让他在改造第一阶段表现不尽理想，被认为缺乏主动，主要是"跟着走"。小组报告说："金仲华对小组会讨论、读文件均不感兴趣，发言不着边际，不肯暴露思想。"④直到8月30日分支委联席会议，其他几位民主人士对领导起带头作用都表示了积极态度，唯独金仲华对此一句不谈，再度引起群众不满。⑤对金仲华而言，自我暴露与自我批判显然令他难以接受。他后来在检查中反省说"自己心的深处总是有那么一个小资产阶级的王国"，"无论谈话做事总是有所保留，思想上不完全见面"。⑥

<hr />

① 分会办公室编《新闻界思想改造情况》（七），1952年8月30日，档案号：A22-2-1551，上海市档案馆藏。

② 分会办公室编《新闻界思想改造情况》（六）1952年8月28日，档案号：A22-2-1551，上海市档案馆藏；《各报民主人士在思想改造运动前后的表现》，分会办公室编《新闻界思想改造情况》（廿一），1952年10月13日，档案号：A22-2-1551-137，上海市档案馆藏。

③ 《各报民主人士在思想改造运动前后的表现》，分会办公室编《新闻界思想改造情况》（廿一），1952年10月13日，档案号：A22-2-1551-137，上海市档案馆藏。

④ 《各报民主人士在思想改造运动前后的表现》，分会办公室编《新闻界思想改造情况》（廿一），1952年10月13日，档案号：A22-2-1551-137，上海市档案馆藏。

⑤ 分会办公室编《新闻界思想改造情况》（九），1952年9月2日，档案号：A22-2-1551-61，上海市档案馆藏。

⑥ 华东学习委员会上海新闻界分会办公室编《学习》第十号，1952年9月25日。

与徐铸成、金仲华早期的抵触相比，赵超构、程大千两人在改造初始就表现积极。支会注意到，赵超构本来有肺病，但仍然带病坚持学习。在整个学习期间，赵超构"上午写文章下午学习，并兼黑板报通讯员，学习毕即写黑板报稿件。四十多天除请过一天假（市人代会）外，从未迟到早退，不以特殊自居或要求照顾"。在小组讨论中，赵超公开表明立场"暴露无问题，改造有决心，请大家严格批评"。①《新民报》中另一位民主人士程大千的表现也很好。支会在报告中评价道：学习初期，程在小组中带头暴露思想。进入揭发阶段，他在支委会上响应发扬民主的号召，要求各组对他破除情面，无情揭发。范文卿、张林岚两人做报告时，他听了发觉自己的新闻观点对年轻人危害很大，不禁当众流泪。②

在学习阶段，变化最大的要数王芸生。王芸生最初不太在意，但在觉察运动有不断升级的趋势后，开始紧张不安。支会注意到，为准备改造学习，王芸生不但暂停了各种对外活动，甚至连华东军政委员会、华东文教会议等此类的会议都不出席，全身心投入报馆的学习小组会。经过最初的一周学习，王芸生的思想受到触动，开始将思想改造与自己联系在一起，并进行反省和自我批判。王芸生在学习后的个人心得中坦陈："这一周的学习，证实了集体学习的好处。学习开始以前，数月以来都不断准备自我检查的材料，但一经集体讨论，就证明个人的自我准备是绝不可能全面、完整的。只有投身于群众的思想改造运动，才能真正改造自己。"③在小组发言中，王芸生表现积极，每天下午满身大汗地按时赶来学习。在小组中，他一面暴露，一面批判，说道："起先有抗拒思想，认为自己的问题，已在解放初期写的《我到解放区》与《大公报新生宣言》中交代批判过，现在想想《进步日报》反对自由主义的座谈会上牵涉到我的问题，有进行再批判的必要，决心拿到思想改造的革

①　《各报民主人士在思想改造运动前后的表现》，分会办公室编《新闻界思想改造情况》
（廿一），1952 年 10 月 13 日，档案号：A22 - 2 - 1551 - 137，上海市档案馆藏。
②　《各报民主人士在思想改造运动前后的表现》，分会办公室编《新闻界思想改造情况》
（廿一），1952 年 10 月 13 日，档案号：A22 - 2 - 1551 - 137，上海市档案馆藏。
③　《王芸生在第一阶段第一步骤学习中的表现》，分会办公室编《新闻界思想改造情况》
（十一），1952 年 9 月 6 日，档案号：A22 - 2 - 1551 - 73，上海市档案馆藏。

命文凭。"①

　　思想改造运动并非简单的学习、讨论，而是触及灵魂、涤荡内心的思想革命。私营各报五大民主人士之中，徐铸成、金仲华、王芸生在改造前都颇显"特别"，因此在改造中也都经历了明显的思想转变。

　　三人之中，徐铸成的思想转变最为顺畅。徐铸成此前对改造未予足够重视，小组讨论时也被认为"未放下学委主任的架子"。进入小组揭发批判阶段后，小组对徐铸成提的意见比较多，批评他将《文汇报》作为个人的"政治资本"，"第三条路线严重"。小组讨论空气一度紧张，于是徐铸成开始"认真"自我批判。支会注意到，小组讨论后半程，徐铸成的态度已明显转变。9月初支会报告说，徐铸成"这几天已突破，他的表现较好，自己批判说：'过去我是站在新社会的门槛外边的。'同时检查了个人学习上的教条主义，小组空气也因之转变"。②在随后的小组检讨中，徐铸成做了严厉的自我批判，并对以前的工作进行了彻底的自我否定。徐铸成在检查中表示，通过检查"不能不惭愧，悔恨，以至汗流浃背"。较之其在小组会的发言，他的这次检查要深刻得多，这使得《文汇报》的群众对他的态度较为认可。尽管还有群众认为他的检查事实交代不清，对一些历史问题的思想动机检查还不够深刻，但总的说来，"徐的检查是真诚的，还比较完整、全面、深刻"。特别是对比徐铸成此前的表现，大多数群众认为他"能作这样的检查，是很不容易，是放下架子面子的，经过了激烈思想斗争的"。③支会评价说，徐铸成在检查报告后"表现出轻松与开朗"。在过关后，他还利用空隙时间对其他同志进行帮扶，"要他们别抓住过去进步的一点不放，须首先否定自己，找最痛之处挖下去"。当《文汇报》编辑部进行学习总结时，支会报告说徐铸成"一个星期天化（花）了七、八小时，执笔写成全编辑部的学习总结；公开作报告后，群众反映

①　分会办公室编《新闻界思想改造情况》（七），1952 年 8 月 30 日，档案号：A22 - 2 - 1551，上海市档案馆藏。

②　分会办公室编《新闻界思想改造情况》（九），1952 年 9 月 2 日，档案号：A22 - 2 - 1551 - 61，上海市档案馆藏。

③　《对各报领导同志检查报告的反应》，分会办公室编《新闻界思想改造情况》（十八），1952 年 9 月 25 日，档案号：A22 - 2 - 1551 - 123，上海市档案馆藏。

很好"。①

金仲华在改造初期表现不理想，以至在小组检讨时只准备好三分之一内容，其余都是零乱的提纲，给人草率之感。这样的检讨无法过关，支会群众对他的检讨极为不满，批评他回避问题"不老实"。②金仲华的转变出现在第一次小组检讨之后，特别是同组的刘思慕做了检讨报告，支会一致认为深刻、感人。党内对比金仲华与刘思慕的表现，认为刘思慕的检查"最诚恳、深刻，和金仲华完全不同"。支会小组报告描述了刘思慕报告后的示范效应，"支会委员很受感动，有一个组长本来抗拒思想改造，听了刘的检讨后，失声哭泣，表示'刘思慕这样的地位与年纪，能如此深刻检讨自己，我算什么呢！'许多委员回家都重写检讨"。③金仲华在听完刘思慕的检查后，开始端正态度进行深刻检讨。

9月25日，分会办公室编印的《学习》第十号上刊登了金仲华的思想检查。对比在小组会上残缺不全的检查提纲，金仲华在大会上的检查单从篇幅上就已然显现出诚恳的态度，这份报告是几位民主人士中篇幅最长的一份检查。金仲华在检查中检讨了自己的资产阶级办报思想，承认自己模糊了阶级界限，批判了自己个人主义的领导作风，对自己没有走群众路线进行了深刻反省。他反思自己之所以犯错误，是自己"没有明确树立工人阶级的思想"，"还拖着一条小资产阶级的尾巴"，存在着严重的"经验主义，专家思想，与一定程度的名利观念和自满情绪"。④尽管金仲华的检查仍不能让大多数人满意，"绝大部分同志，对金的报告认为检查并不深刻"。不过，对比金仲华之前的态度与立场，大部分人还是觉得这"已很难能可贵了"。鉴于金仲华的积极转变，群众也多报以理解的态度。⑤学习分会也对金的积极转变给予了较为正面的肯定，认为他"在编辑部大会检

① 《各报民主人士在思想改造运动前后的表现》，分会办公室编《新闻界思想改造情况》（廿一），1952年10月13日，档案号：A22-2-1551-137，上海市档案馆藏。

② 分会办公室编《新闻界思想改造情况》（十五），1952年9月20日，档案号：A22-2-1551-90，上海市档案馆藏。

③ 《各报民主人士在思想改造运动前后的表现》，分会办公室编《新闻界思想改造情况》（廿一），1952年10月13日，档案号：A22-2-1551-137，上海市档案馆藏。

④ 《金仲华同志的思想检查》，华东学习委员会上海新闻界分会办公室编《学习》第十号，1952年9月25日。

⑤ 《对各报领导同志检查报告的反应》，分会办公室编《新闻界思想改造情况》（十八），1952年9月25日，档案号：A22-2-1551-123，上海市档案馆藏。

讨时，态度已较诚恳"，特别是"鉴于其一贯作风，原来要求就不高"，"现在能这样诚恳、严肃，已出于意外"。①

相较于徐铸成、金仲华，王芸生的改造过关则略为曲折。王芸生虽然在小组学习阶段态度诚恳、带头批判，但小组并不认为这代表王芸生的思想认识已经到位。9月13日，王芸生在小组会上做了第一次小组检查，他把自己的思想性质界定为"半封建半自由主义的诤臣策士思想"。在检查过程中，小组会成员表示不满，说"他的沉痛之感毫无来源"，"反美扶日也不是自愿的"，没有挖到思想根源。检查结束后，小组成员纷纷提意见。与会人员认为他历史交代不清，态度不够严肃。特别是王芸生在检查时曾九次提起自己解放前的"爱国主义"，这更遭到小组成员的猛烈批判。有的组员甚至嘲讽他"爱的是什么国呀！""这种爱国主义发展下去可以跑到台湾去，那末这种爱国主义是否还值得留恋？"最后，党员李纯青出来"有意识地把大家提的问题归纳一下"，方才"缓和了一下小组的空气"，算是帮王芸生解了围。王芸生对此显然没有心理准备，没有料到小组批判火力如此猛。②王芸生对同人的激烈反应显得惴惴不安。小组对他提的意见很多，主要是追他的反动思想与历史。王芸生担心向全馆做检查通不过，"连着几天每天只睡四个小时"，精神压力大。陈虞孙注意到了王芸生的焦虑情绪，主动找他谈话，减轻他的思想压力。通过这次谈话，王芸生"才放下心来，相信可以被保护过关"。③

9月24日，王芸生向《大公报》全馆做正式检查。与上次检查侧重历史问题不同，这次正式检查王芸生主要从解放三年来的工作错误和作风对自己进行了检查，并从中批判自己的思想根源。王芸生集中批判了自己办报的旧方法、旧作风，他总结自己的旧方法、旧作风主要表现在形式主义与客卿思想、个人主义与《大公报》本位主义、资产阶级办报思想、官僚主义领导作风四个方面，并把所犯错误的思想根源最终归纳为他的主导

① 《各报民主人士在思想改造运动前后的表现》，分会办公室编《新闻界思想改造情况》（廿一），1952年10月13日，档案号：A22-2-1551-137，上海市档案馆藏。

② 《各报民主人士的思想检查报告（三）》，分会办公室编《新闻界思想改造情况》（十九），1952年9月30日，档案号：A22-2-1551-128，上海市档案馆藏。

③ 《各报民主人士在思想改造运动前后的表现》，分会办公室编《新闻界思想改造情况》（廿一），1952年10月13日，档案号：A22-2-1551-137，上海市档案馆藏。

思想——"个人主义自由主义的好名思想"。①王芸生忏悔说，解放后把《大公报》办成这个样子，没有好好负担起人民给它的任务，主要应该归咎他还一直以自由主义、个人主义和不负责任的态度来办报，以致他个人的错误连累《大公报》同人也犯错误，这些错误对国家人民造成了相当大的危害。因此，他在会上道歉说："我现在站在你们的面前，真是惭愧，我惭愧得汗颜无地；真是沉痛，我沉痛得想痛哭一场。同志们！我对不起你们，我对不起人民，对不起共产党，更对不起毛主席。"②

对于王芸生的第二次检查，事实上群众仍有不满，觉得其不够深刻。不过因为思想改造原计划授意"保护过关"，王芸生的检查虽不够深刻，但态度尚且积极端正，学习分会对此就放了绿灯。学习分会对王芸生进行思想鉴定写道："总的说来，王芸生在这次思想改造的末了时，带有浓厚的过关思想；但在每个环节上都能挺身负责，不逃避群众，也不逃避改造。他是得到教育的，有进步的。""（经过第一阶段学习）他已初步认识到自己一套办报经验已不行了。在小组中，批判旧《大公报》的反动本质严厉而深刻，使他的第三条道路的残余思想及《大公报》的宗派主义宣告破产。"学习分会认为，经过学习，今后王芸生"对报馆工作可能比较负责""处理新闻及事务，对写文章及演讲可能比过去小心谨慎、虚心接受意见"，他也会"学习走群众路线，并减少独断独行"。③

经过小组的讨论学习、相互揭发批判，再到支会检讨、大会检讨，各民主人士在运动中放下架子，深挖思源根源，在不断自我否定中重获"新生"。最终在"保护过关"之下，各民主人士在轰轰烈烈的思想改造运动中顺利过关。思想改造学习阶段结束后，上海市委宣传部对此总结：

> 在华东学习委员会领导下，成立了上海新闻界学习分会，各报成立支会。这些分会支会有王、金、刘、徐、赵等民主人士参加，并负领导

---

① 《王芸生思想检讨》，分会办公室编《新闻界思想改造情况》（十七），1952 年 9 月 25 日，档案号：A22 - 2 - 1551 - 110，上海市档案馆藏。另见华东学习委员会上海新闻界分会办公室编《学习》第 9 号，档案号：A22 - 2 - 1550，上海市档案馆藏。

② 《王芸生思想检讨》，分会办公室编《新闻界思想改造情况》（十七），1952 年 9 月 25 日，档案号：A22 - 2 - 1551 - 110，上海市档案馆藏。另见华东学习委员会上海新闻界分会办公室编《学习》第 9 号，档案号：A22 - 2 - 1550，上海市档案馆藏。

③ 《各报民主人士在思想改造运动前后的表现》，分会办公室编《新闻界思想改造情况》（廿一），1952 年 10 月 13 日，档案号：A22 - 2 - 1551 - 137，上海市档案馆藏。

责任。分会支会下各设办公室，由党员掌握，负责具体工作。一切工作部署均由分会与支会讨论决定。这样就使这些民主人士不能不以身作则，带头学习。虽然个别地像金仲华害怕带头，但由于群众的要求和分支会的同意，终于把他推向前走，而结果都很圆满。除王芸生在小组检查工作中牵涉历史时稍有周折外，刘、徐、赵等都自始至终勇于带头，起了很好的推动作用。一般地说，是放手让群众在小组中对民主人士充分帮助检查，如遇有问题搁浅时，由分会领导同志进行个别谈话，保护过关。在小组中搞得较透以后，在大会所作检查报告才能顺利通过。这样作法，民主人士亦很感激而又受到教育，对群众又确实起了带头作用。①

总的来看，上海新闻界的思想改造运动较教育界、文艺界的改造运动开展要晚得多，这使得新闻界的思想改造整体上控制得当、开展有序。夏衍在新闻界思想改造中即理性地提醒"批判资产阶级办报思想和新闻作风时都要具体分析，不能简单化"。②因此，无论是表现积极的赵超构、刘思慕、程大千，还是不太积极的金仲华、徐铸成等人，在民主人士的"过关"检讨中基本上没有出现过此前"三反""五反"的过激行为。虽然在小组揭发批判过程中存在个别群众的火力很猛、会场空气紧张的情况，但是按照计划"着重工作检查中的批判，不追查历史"的原则和事先确定的对民主人士"保护过关"的精神，各民主人士的检讨都得以顺利通过。

---

① 上海市宣传部：《上海新闻界思想改造总结》（1952 年 12 月 13 日），档案号：A22 - 1 - 47 - 129，上海市档案馆藏。
② 《夏衍与新闻晚报》，欧阳文彬：《欧阳文彬文集·散文卷》，三联书店，2012，第215 页。

第六章　整编：上海私营各报的组织建设

第一节　私营报业组织建设的准备与发动

在填写"交代历史"的履历表和"自我鉴定"后，新闻界思想改造学习渐入尾声。1952年10月21日，学习分会对上海新闻界思想改造学习阶段进行了初步总结，宣告上海新闻界思想改造学习阶段基本结束。之所以说是"基本结束"，乃是因为"经理部人员的学习一般地随同进行，但思想检查正式开始略迟"，至21日还有《新闻日报》经理部尚在继续，而其余各支会小组均已告一段落。[①] 学习分会的初步总结认为，通过学习，"上海新闻界的情况起了基本上的变化"，新闻工作者"摧毁了思想上的束缚与障碍，开始从腐朽的资产阶级的思想影响下解放了出来"。[②]

思想改造的初衷是要经过思想改造学习，彻底批判私营报纸中的资产阶级思想，进而确立工人阶级的领导思想，达到明确分工、调整机构、建立制度、改进工作的目的。除编辑、经理部进行的思想改造外，私营报纸印刷厂留存的大量工人亦有"改造"的必要。工厂工人大多是底层劳苦大众出身，相对编辑、经理部的员工所受"资产阶级"影响相对较小，故而对他们的改造被安排在"民主改革"的名义下进行。私营报业思想改造草案明确提出"工厂亦应适当进行民主改革"，"在总结工作讨论接近结束"时开始，"估计两星期至二十天"完成，"但须留到最后才搞"。[③]

---

① 《上海新闻界思想改造学习初步总结（草稿）》，《学习》第17号，1952年10月22日。

② 《上海新闻界思想改造学习初步总结（草稿）》，《学习》第17号，1952年10月22日。

③ 市委宣传部：《上海新闻界思想改造学习计划（草案）》（1952年6月底），档案号：A22-2-1533-40，上海市档案馆藏。

　　为配合思想改造的整体推进，编辑、经理两部思想改造总结甫一完成，上海各报工厂的民主改革运动即行展开，形成了编辑、经理部组织建设与工厂民主改革双管齐下的态势。报馆工厂民主改革的主要目的在于"清理残余反革命分子或封建残余势力，纯洁工人阶级队伍，加强职工之间团结、整顿和健全工会组织，适当改革有关束缚生产上的不合理制度，为今后开展增产节约运动打下有力基础"。① 各报民主改革学习以新闻界学习分会办公室为领导核心，在其下建立民主改革工作队，工作队推选队长 1 人，副队长 1 人或 2 人，下设学习班、材料组、宣传组、保卫组四组。各报根据具体情况，再以党/团员、积极分子、民主人士、资方或资方代理人等共同组成各报馆民主改革学习委员会，接受总的工作队领导和各学习支会办公室的指导。工厂民主改革通过集中整理、分析现有的材料，特别是各人"三反""五反""镇反"的档案并结合平日表现，再调查对证材料，最后集中进行控诉诉苦和全面交代，"在小组内展开全面交代，一面交代，一面宣布解放"。②

　　至于编辑、经理两部，原本在思想改造学习阶段结束后即应转入组织建设阶段。早在进行自我检讨时，新闻协会党组就曾组织各学习小组对建设阶段如何进行展开讨论。③ 按原计划，10 月 21 日学习阶段结束后，组织建设即将展开。然而事实上，直到 11 月 1 日夏衍、姚溱做关于组织建设的动员讲话后，思想改造运动才正式进入组织建设阶段。之所以出现了10 天左右的"空档期"，主要是因为组织建设阶段的准备工作尚未完全筹备妥善，特别是一些具体步骤、工作细节还有待领导定夺。

　　1952 年 10 月 25 日，陈虞孙就组织建设工作向市委宣传部请示。这份请示的内容涉及组织建设中的具体步骤、安排和若干工作细节，很大程度上影响了改造学习以后各报的走向。陈虞孙在这份报告中建议："现在各报从领导到群众都盼建设工作的展开，因此姚部长的报告在二十七八日左右必须做。""姚部长做了报告后，关于思想建设的学习讨论不会过长，约三四天即可，紧接着即须讨论组织建设，因此必须做一系列准备，对一系

---

①　《各报民主改革运动计划草案》，档案号：A22 - 2 - 1547，上海市档案馆藏。
②　《各报民主改革运动计划草案》，档案号：A22 - 2 - 1547，上海市档案馆藏。
③　《学习小组委员会议记录：讨论建设阶级如何搞》，档案号：A22 - 2 - 1544，上海市档案馆藏。

列工作中必须解决或指示的问题必须向各报摊牌。"① 陈虞孙所说的"摊牌"，即是向私营各报公开中共方面的"立场"，要求各报进行改制。因关涉重大，尚须时间进行"一系列准备"，这也解释了为何在组织建设阶段开始前出现了 10 天左右的"空档期"。那么，到底是什么没有准备好，或者说尚需做哪"一系列准备"呢？

新闻协会党组要准备的内容主要包括以下两个方面。一是进入建设阶段后具体的开展步骤尚须领导批示。按陈虞孙的构想，各报建设阶段讨论拟从"一般布置"和"特殊布置"两方面进行。一般布置主要是指一般报纸内开展的思想建设和组织建设。特殊布置主要是针对要北迁的《大公报》以及要合并的《亦报》和《新民报》。他建议"《大公报》以讨论分家搬家为主，另行布置。由孟李为主，另由市宣领导的小组商定进行"，"《新民报》与《亦报》应在思想建设学习以后，组织建设讨论开始以前，即须插入合并问题。在这一步骤内，《新民报》应讨论晚报的前途与方针等基本问题，《亦报》则在组织建设批复内，花十天到半个月，专讨论结束及调配人员的问题"。二是针对其他留沪的几家私营报纸涉及一些重大人事调整等具体的问题，新闻协会党组尚吃不准，也有待领导定夺。例如《文汇报》《新民报》的公私合营问题，陈虞孙犹豫不定是否在建设阶段一并解决。再如党委如何加强对各报的领导以及《新民报》蒋文杰的思想工作等问题，陈虞孙也觉得难以把握，必须由高层最后定调。② 陈虞孙的报告随后得到上海市委宣传部的肯定，他提出的几个具体问题在得到明确指示后，私营各报的组织建设工作随即展开。

1952 年 11 月 1 日，夏衍、姚溱分别在思想改造建设阶段动员大会上做报告。两人都充分肯定思想改造学习阶段的检查是"破坏旧的、不正确的思想"，体现了"推陈"的一面，强调应该继续进行思想建设，"树立和发扬好的、新的、正确的思想"，以确保思想改造运动"完全胜利成功"。针对改造学习结束后，各报新闻工作者出现的"两手空空""四大

---

① 《陈虞孙给谷、姚、陈、白部长的报告》，档案号：A22 - 2 - 1545 - 21 - 24，上海市档案馆藏。此处所说的姚部长即是指时任上海市委宣传部副部长的姚溱，所做的报告即是组织建设的动员报告。

② 《陈虞孙给谷、姚、陈、白部长的报告》，档案号：A22 - 2 - 1545 - 21 - 24，上海市档案馆藏。

皆空"的一些观念，夏衍做了思想上的疏通和开导。① 姚溱在报告中则明确今后党和政府将有效地、经常地加强对各报的领导。② 夏衍、姚溱的动员报告标志着新闻界思想改造运动正式进入组织建设阶段。新闻界学习委员会随后发出号召，要求有领导、有步骤地做好建设阶段的工作。学委会指出，经过两个月的学习，"已经对今后改进工作，初步打下了思想基础。现在就必须在这个基础上，来进行建设——明确分工，调整机构，建立制度，改进工作"。③

至于组织建设如何具体展开，学委会明确应分成两个方面进行。第一，学委会认为必须先把两个月学习的成绩加以巩固和提高，建设工作必须从思想建设开始。第二，建设工作必须结合各报的具体情况进行。例如，《大公报》应以解决北迁问题为中心。其他各报各有其特殊情况，应很好地结合起来加以讨论解决。一般地说，建设工作应围绕三方面的问题进行：①报纸的编辑方针，包括任务、分工以及版面组织问题。对于经营方面，应确立新的业务方针；②领导与群众联系问题；③以上两方面明确以后，必须解决机构与制度问题（包括人事的安排与调整）。④ 很清楚，组织建设的终极目的其实是指向第三个问题，即在各报思想改造学习的基础之上，进一步明确各报的分工和方向，以彻底解决困扰已久的"机构及制度"问题。

机构制度问题的核心是留沪报纸的改制重组问题，以及伴随改制重组而来的部分人事调整。经过思想改造学习，各报对报纸的性质与分工都有了进一步的认识，宣传部门察觉文汇、新民两报公私合营的时机已经成熟。因此在11月，几乎与《大公报》北迁、《亦报》合并同步，新闻协会党组牵头启动了《文汇报》《新民报》的公私合营。

在各报解决机构与制度问题的同时，各报内部的人事调整也随之展开。上海市委宣传部将拟定人事整编名单的权力下放给各报，由各报学习支会根据各报的实际情况，参照各人在思想改造和工作中的表现，拟定调整名单。与传统的人员自我流动不同，这次人事调整强调是权力指挥下的

---

① 夏衍：《对上海新闻思想建设的几点意见》，《学习》第18号，1952年11月4日。
② 《文汇报今后的方针、方向和组织机构》，《学习》第20号，1952年12月6日。
③ 《有领导、有步骤地做好建设阶段的工作》，《学习》第18号，1952年11月4日。
④ 《有领导、有步骤地做好建设阶段的工作》，《学习》第18号，1952年11月4日。

人事调整。新闻协会党组书记陈虞孙明确指示，通过建设阶段的思想提高，要认识到人事调整是"国家干部服从统一调配"，"这样公布具体名单牵涉到具体人时就不至有问题"。① 陈虞孙在学习分会、支会的联席会上进一步指示人事调整要以领导为核心，强调集中和领导。"思想改造是群众性的运动，组织建设则不是群众性的运动"，"这阶段的做法强调要有领导"。陈虞孙强调，"人事调整基本上要领导决定，当然一方面要防止领导上独断独行，强迫命令"，另一方面"尤其要防止极端民主"。② 在这种背景下，各报根据各自员工在运动中的表现和以往工作情况陆续提出了调整名单。例如《新闻日报》共有 33 人被列入调整名单。《亦报》正式停刊后，部分员工转入《新民报》，编余人员共有 38 人由政府包下来，送入新闻学校再度学习。

相较于人事调整，机构调整和制度建设过程显得更为复杂、漫长。思想改造学习阶段结束后，各报都洋溢着喧嚣、热情、迫切的氛围，各报基层员工对于组织建设都期望甚殷，甚而很多人想着"一步到位"，毕其功于一役。上海市委显然有意防止各报的过激冒进，要求采取相对稳健的策略，先行建立制度，打下基础再稳步提高。11 月 15 日，新闻协会党组召开扩大党组会议，传达市委关于思想改造建设工作指示。会议进一步明确机构的调整、制度的建立、版面的调整是长期的事，"现在只是打下初步基础，今后要不放松逐步提高"。党组指出问题的关键和核心在于一系列的"制度的建立"，在机构人事安排好以后，接着一面整党建党，一面要规划版面，制定制度，定出计划，使学习经常化。"这许多工作也不是一口气做完的，要不断提高修正。"③然而由于整个基层情绪都较为热烈，上海市委虽然有意稳定推进，但也不可避免地受到这些情绪的感染，以致在指示中提出"希望机构和人事在 11 月 20 日前解决"，要求各报自 11 月下旬开始一面整党，一面规划版面、制订制度，"希望在十二月里搞出一个规模来"。④ 不难看到，即便是上海市委已然意识到要防止冒进，但指示

---

① 《华东学习委员会上海新闻界分会会议记录》（1952 年 10 月 8 日），档案号：A22 - 2 - 1544，上海市档案馆藏。

② 《华东学习委员会上海新闻界分会、各报支会联席会议》（1952 年 10 月 31 日），档案号：A22 - 2 - 1544，上海市档案馆藏。

③ 《扩大党组会议记录》，档案号：A22 - 2 - 43 - 29 - 33，上海市档案馆藏。

④ 《扩大党组会议记录》，档案号：A22 - 2 - 43 - 29 - 33，上海市档案馆藏。

仍不免流露出焦躁的心态。之所以呈现出这种矛盾性，一方面固然受基层激进情绪的左右，但也揭示了报业思想改造其实有着明确的任务指向，而非一场纯粹改造思想的政治运动。恰是在政治与现实的夹缝之中，人事调整和制度建设的工作疾风骤雨般地展开了。

第二节　上海私营各报的分工与整编

在思想改造学习阶段，各私营报业的去向已大致明确。其中，《大公报》北迁已由中共高层确定，上海方面亦明确要将《亦报》并入《新民报》，而留沪的《文汇报》《新民报》两家私营报纸则明确要重组改制。分工方面，《新闻日报》加强地方性，着重报道上海经济建设的消息，更好地联系与教育占其大部读者的本市市民，特别是上海工商界。《文汇报》进一步明确为教育界服务，以中小学教师、高中学生和一部分大学师生为主要对象，亦着重提高报纸质量。《新民报》则以文化娱乐、体育、卫生及社会活动为主要内容。①

大公北迁与《亦报》整编

《大公报》在思想改造前，已经中共高层首肯，明确将北迁天津与《进步日报》合并。思想改造学习阶段将要结束时，《大公报》就已着手北迁工作。在新闻协会党组指导下，《大公报》成立了"迁津工作委员会"具体负责北迁事宜。

1952年11月10日，王芸生代表委员会向全社职工做北迁动员报告。他在报告中解释："中央对《大公报》是极其关切的。在北京许多次开会的机会中，都接触到《大公报》的问题。根据全国报纸有进行调整的需要，中央在去年曾一并决定三报（光明、进步、大公）合并。后来变更了这个决定，就是从积极方面考虑，要保留《大公报》，有需要《大公报》负起的新任务。"他在报告中进一步明确中央要《大公报》肩负的新任务是：

---

① 《中共上海市委关于上海新闻界思想改造后加强领导问题的通知》（1953年1月10日），档案号：A22－2－163－3，上海市档案馆藏。

中央决定给《大公报》两项重大任务：一、是国际的，宣扬保卫世界和平；二、是国内的，报道国家经济建设，包括对工商业的指导与影响。这是国家的需要。国家需要巩固人民民主专政，开始大建设，国家需要团结国际友人，保卫世界和平。《大公报》在这两方面可以做些宣传报道的工作。

王芸生说，"我们应该勇敢地负起宣扬保卫世界和平及报道国家经济建设这两项重大任务"，并说"经毛主席批准，《大公报》迁津负起这两项政治任务，这是《大公报》全体职工的光荣"。[①] 王芸生还宣布了北迁工作的三项原则："一、以《进步日报》为基础及工作需要原则；二、人民报纸合理经营的原则；三、集体利益与个人利益合理地兼筹并顾。"[②]

对于《大公报》迁津，普通职工最担心的还是工作问题，谁走谁留，留下来的工作又如何分配？毕竟这些问题事涉每个人的利益，关系到个人能否养家糊口、安身立命，所以对于北迁工作原则中，群众意见最多的也是集体利益与个人利益如何兼顾的问题。王芸生发言后，陈虞孙也代表市政府讲话，说明留沪人员将根据各人所长和工作能力，采取与本人相协商的方式解决工作，为《大公报》北迁打消顾虑，稳妥善后。

11月14日至17日，"迁津工作委员会"连续几天开会，围绕大家最关心的个人利益展开详细讨论。因大多数员工都选择留沪，这部分留沪员工对薪金福利能否得到保障意见最大。王芸生对此明确表态，在与毛主席商谈搬迁方案时即已充分考虑，彭真明确表示会遵照毛主席指示，上海《大公报》留沪职工，上海市政府将"完全负责，妥善安插"。[③] 陈虞孙也发表讲话，就"《大公报》企业性质问题以及政府对《大公报》留沪职工学习与生活问题作了诚恳严正的说明"，承诺留沪人员将全部由市政府

---

① 王芸生：《大公报迁津工作动员报告提纲》，大公报学习委员会支会：《快报》，1952年11月。

② 《大公报通过充分动员、讨论、协商，一致拥护迁津工作的人事调配办法》，《学习》第20号，1952年12月6日。

③ 《上海新闻学校关于调整学员工资的指示及报告》（1953），档案号：B34-2-80-18，上海市档案馆藏。

"包下来"，负责组织学习和分配工作，以解除《大公报》北迁的后顾之忧。①

经过充分讨论，"迁津工作委员会"于 11 月 18 日最终确定北迁工作人员待遇办法以及赴津、留沪人事划分办法。根据这一办法，《大公报》编辑部全体编辑、助理编辑、记者、摄影记者、行政秘书、资料组长、绘画工作者（两人）去天津，全体校对、电务、收发工作者及资料组组员、读者工作组内事务工作人员留在上海学习；经理部总管理处、会计、总务、发行推广等方面共 11 人赴津，其余留沪学习；全体排字工作人员留沪学习；印报等方面根据工作需要分别调配一部分人员赴津，其余留沪学习；勤工除将来上海办事处需要递送员及勤务员各一人外，其余全部留沪学习。②

至于《亦报》，上海报业领导机关早期并没有要合并《亦报》的意思。③ 5 月 29 日，陈虞孙给市委宣传部上报的思想改造方案，具体谈到了私营各报的调整办法。陈虞孙明确表示："《亦报》本是较落后的市民的消闲性读物，其对象不变。"④ 市委宣传部在 7 月 1 日上报中宣部的方案中，也认同了陈虞孙的意见，并未对《亦报》进行调整。此外，宣传部还专门谈到《亦报》的亏损问题，提出"在七、八两月内还须略加补助"以帮助其在 9 月达到收支平衡。⑤ 各种迹象表明，在思想改造学习前夕，报业管理部门对《亦报》的定位及分工并没有改变。

思想改造学习、揭发、批判后，各报最后进行了填表交代。《亦报》编辑、经理两部门有历史政治问题者分别占总人数的 35.4%、30.7%。⑥ 整个报社中，不但没有一名党员，而且超过 1/3 的人员存在不同程度的历

① 《大公报通过充分动员、讨论、协商，一致拥护迁津工作的人事调配办法》，《学习》第 20 号，1952 年 12 月 6 日。
② 《大公报通过充分动员、讨论、协商，一致拥护迁津工作的人事调配办法》，《学习》第 20 号，1952 年 12 月 6 日。
③ 关于《亦报》的调整，参见拙作《上海解放初期中共对小报的改造与整编》，《中共党史研究》2015 年第 3 期。
④ 《关于私营报纸调整办法的报告》，档案号：A22 - 1 - 47 - 3，上海市档案馆藏。
⑤ 《本部关于报纸工作、新闻界思想改造工作的计划，报告总结及谷牧、姚溱两同志在新闻界思想改造会议上的讲话稿》，档案号：A22 - 1 - 47，上海市档案馆藏。
⑥ 中共上海市委宣传部：《上海新闻界思想改造总结》，档案号：A22 - 1 - 47 - 129，上海市档案馆藏。

史或政治问题，这种情况显然让管理部门极为担心。另外，经过思想改造学习批判，《亦报》还暴露出认识上的混乱：一是在整个上海新闻界的分工中，新形势下的小报应该担负什么任务；二是为确保工人阶级的领导地位，《亦报》应该如何充实人力。① 因为没有想清楚这些问题，《亦报》在业务实践中不时出现思想混乱、工作失常的状况。譬如《亦报》的记者在思想上搞不清楚要跑什么新闻，编辑搞不清楚要发什么样的稿子。记者、编辑普遍对于报纸的读者是谁，报纸的基本内容怎样这类基本问题感到迷茫。② 这些情况其实都反映出《亦报》自身在分工定位及组织领导上的认识模糊，这自然让宣传部门很不满意。

直到思想改造学习阶段结束前夕，上海新闻管理部门才最后决定将《亦报》并入《新民报》。《新民报》欧阳文彬回忆，《亦报》并入《新民报》是在思想改造学习结束之时，夏衍同志曾向她专门说明为何要在学习结束将两报合并。③ 另一位亲历者蒋文杰的回忆也大致印证了此点，蒋文杰回忆说："新闻界思想改造运动的后期，两报合并定下来后，有两个问题需要解决。一是人事上的安排问题，二是版面上的调整问题。"他还透露："《新民晚报》和《亦报》合并的点子，是陈虞孙和夏衍、姚溱共同商议出来的。"④ 至于三人因何决定将《亦报》《新民报》两报合并，则无从稽考。尽管不清楚夏衍等人下决心调整《亦报》的原因，但显然《亦报》的合并仅是整个上海私营报业调整的一部分，最直接的目标还是指向"整编机构、明确分工、改进工作、合理经营"，以扭转经营不力的状况。由于《新民报》方面很早就明确要以里弄居民和家庭妇女为服务对象，改走小型通俗化的道路，且效果不错。作为小报的《亦报》，其服务对象和办报风格与《新民报》颇为近似，因而将《亦报》与《新民报》合并，当有助于进一步增强《新民报》的实力，这显然是两报最终合并的重要因素之一。陈虞孙随后给《亦报》员工做思想动员，劝说《亦报》员工服务大局时说："要进一步发挥亦报的力量，必须转换方向，把亦报今后还

---

① 《及时解决思想问题打消顾虑后，亦报全体人员愉快地服从调配》，《学习》第 19 号，1952 年 11 月 16 日。

② 《工作中的问题（亦报）》，档案号：A22 - 2 - 1545 - 16，上海市档案馆藏。

③ 欧阳文彬：《夏衍关怀〈新民晚报〉的二三事》，严建平编《心中的绿洲》，光明日报社，1997，第 276 页。

④ 虞丹：《聚沙集》，福建人民出版社，2001，第 184、189 页。

能继续发挥作用的部分，抽调出来，加强到新民报去，办好一张以文化、文娱、体育、卫生、市政建设为主要内容的报纸。"而对于《亦报》来说，"就不必再单独出版下去了"。①

1952 年 10 月 25 日，陈虞孙给宣传部门的报告中提出：《新民报》与《亦报》应在思想建设学习以后，组织建设讨论开始以前，即须插入合并问题。在这一步骤内，《新民报》应讨论晚报的前途与方针等基本问题，《亦报》则在组织建设批复内，花十天到半个月，专讨论结束及调配人员的问题。"② 11 月 13 日上午，《亦报》举行全体大会，宣布参加《新民报》工作和参加学习的人员名单。《亦报》内部，员工对报纸的调整态度不一。有的员工提出积极的要求，但有的同志抱着"跳出苦海"的心情，希望《亦报》赶快关门大吉，反正饭碗是牢靠了，随便到哪儿去，总比"倒霉的小报"好。至于分别参加"学习"与"工作"的人事分流，因事关个人命运，更是意见不一。③ 但无论如何，《亦报》并入《新民报》（晚刊）已成定局，人员的分流也势在必行。

1952 年 11 月 20 日，《亦报》正式停刊，唐云旌、龚之方、沈毓刚等 18 人先后转入《新民报》（晚）继续工作，编余人员 38 人，则由政府包下来，送入新闻学校，予以训练学习，逐步助其转业。④ 上海最后一份小报就此退出了历史舞台。

留沪报刊整编机构的状况

《大公报》和《亦报》一迁一并，是思想改造后调整最大的两家报纸，《新闻日报》早就是公私合营，只需进行部分人事调整，1952 年后上海报业机构和人事调整的重点就落在了余下的《文汇报》《新民报》两报之上。

思想改造转入组织建设阶段后，《文汇报》上下大多表现出等待、期

---

① 《及时解决思想问题打消顾虑后，亦报全体人员愉快地服从调配》，《学习》第 19 号，1952 年 11 月 16 日。

② 《陈虞孙给谷、姚、陈、白部长的报告》（1952 年 10 月 25 日），档案号：A22 - 2 - 1545 - 21，上海市档案馆藏。

③ 《及时解决思想问题打消顾虑后，亦报全体人员愉快地服从调配》，《学习》第 19 号，1952 年 11 月 16 日。

④ 祝均宙：《上海小报的历史沿革（下）》，《新闻研究资料》总第 43 辑，第 219～220 页。

望、忐忑的心理。很多同志希望建设阶段快些来，"理想中即将会有一个环境"，仿佛什么问题"都可以解决了"；还有些人认为通过思想改造，"毛病都暴露出来，现在就是等领导方面开始医治毛病"。对于私营报业的普通员工而言，即将到来的身份转变让他们由衷地期待。尽管期盼殷殷，心情激动，然而普通员工对接下来具体工作要如何开展却并不明确。学习支会报告说，总经理希望先解决公营私营问题，却发现困难重重，读者工作组要想搞读报的工作，但又不知所措。①

在《文汇报》上下一片殷切的期盼中，《文汇报》机构调整的核心——公私合营再度浮上议事日程，这让持有私股的文汇报经理严宝礼再也坐不住了。10月17日，严宝礼给新闻出版处写信要求献股，严氏在信中说"不愿意再拖延，拖延使我感觉很痛苦"。严宝礼不仅将自己在《文汇报》的股权献给政府，而且为表示进步，同时也准备将借给虞顺懋的款子以及在苏州买的一幢房屋也全部献出。② 为打消严氏的顾虑情绪，上海市委宣传部副部长姚溱批示说："文汇今后既是实际上公私合营，则他主要是国家干部，没什么痛苦的，至于私股目前仍保存，对人民利益并无妨碍，请他不必顾虑。"③ 可以看到，上海宣传部在10月中旬前即已明确要将《文汇报》公私合营，只是具体何时改组，尚待时机成熟。

1952年10月25日，陈虞孙在报告上海新闻界思想建设阶段的工作构想时就谈到赵超构、陈铭德、徐铸成、严宝礼等人对公私合营问题期待甚殷，公私合营事关两报的机构人事安排，建议应"必须解决"。他还报送了文汇、新民两报公私合营筹备小组的名单。在这份报告中，陈虞孙向市委宣传部专门请示"文汇与新民的公私合营问题，是否在建设阶段中一并解决"，结果得到明确批示"应并解决"。④ 由是，《文汇报》与《新民报》的公私合营迅速展开。11月，陈虞孙起草了"公私合营报社董事会暂行章程"，呈送市委宣传部，私营报业公私合营改制正式进入启动阶段。⑤

---

① 文汇报学支会：《建设阶段的思想问题》，档案号：A22-2-1545-10，上海市档案馆藏。

② 《严宝礼致陈虞孙信》，档案号：A22-2-43-41，上海市档案馆藏。

③ 《严宝礼致陈虞孙信》，档案号：A22-2-43-41，上海市档案馆藏。

④ 《陈虞孙给谷、姚、陈、白部长的报告》，档案号：A22-2-1545-21-24，上海市档案馆藏。

⑤ 陈虞孙：《公私合营报社董事会暂行章程》（1952年11月），档案号：A22-2-43-37，上海市档案馆藏。

在推进公私合营改制的同时，《文汇报》也开始进行人事调整。经过思想改造填表交代，《文汇报》交代历史政治问题者33.3%，经理部门人员交代问题者占19.6%。《文汇报》参考《新闻日报》《大公报》的做法，结合自身情况，慎重研究了人事调整方案，确定了两条整编原则：一是新闻学校参加轮训班学习的人分为两类，一类是学习结束后仍回报社工作，另一类是转行不回来。二是"不回"者的标准是"思想改造中收获不大"，"政治面目不清"，以及"思想落后，能力不强"。①《文汇报》初定参加轮训名单，其中编辑部10人，经理部15人。11月17日，《文汇报》最终送报的名单共计21人，其中11人被确定学习后不再回来，3人被内定仍然回报社工作，另外7人未注明。②

1952年12月初，《文汇报》出台了《文汇报今后的方针、方向和组织机构》，表示"已经明确了人民报纸是马列主义、毛泽东思想的宣传者，是为人民利益服务、为人民民主事业斗争的有力工具"。有了新的定位，报纸的工作方向也随之改变。《文汇报》宣称不再为"公营私营问题苦闷"，报纸作为"生产思想的机器，是思想斗争的武器"，因此，"不论经营的方式如何，新闻工作者都应该自觉地成为国家工作人员，人民的勤务员"，"我们的工作，是经常的教育和团结人民，打击和消灭敌人，站稳工人阶级的立场和一切敌人及一切错误的反动的思想作不倦的斗争"。③ 在自觉成为党宣传事业"螺丝钉"的认识下，《文汇报》进一步明确了编辑方针要以工人阶级的思想团结教育中小学教师和青年学生（高等、中等学校学生）。这份文件肯定了《文汇报》4月改版时把中小学教师、中学生、乡村教师和职工业余学校教师作为主要读者的做法。同时鉴于《大公报》迁津，因此又把高等学校的学生也作为今后的主要读者。④ 12月底，《文汇报》编委会总结说："从一般性、综合性的报纸，逐步改变为面向教师学生的专业化的报纸……是一条成功的基本经验"。因此从1953年开始，《文汇报》就基本上忽略了政治的、生产建设的报道，而特别强调教育、

① 《文汇报学习支会会议记录》（1952年11月4日），档案号：G20-1-42，上海市档案馆藏。

② 《关于文汇报思想改造后合营前去新闻印刷学校学习的名单》（1952年11月17日），档案号：G20-1-44，上海市档案馆藏。

③ 《文汇报今后的方针、方向和组织机构》，《学习》第20号，1952年12月6日。

④ 《文汇报今后的方针、方向和组织机构》，《学习》第20号，1952年12月6日。

教学业务的报道。① 1953 年 1 月，中共上海市委下达《市委关于上海新闻界思想改造后加强领导的通知》，正式规定"文汇报应进一步明确以中小学教师、高中学生和一部分大学师生为对象，并着重提高内容的质量"。② 1953 年 1 月，《文汇报》正式实行"公私合营"，采取社长负责制。徐铸成出任社长兼总编辑，严宝礼出任副社长兼管理部主任。

《新民报》在思想改造前是上海私营报中经营最为惨淡的一份报纸，宣传部在思想改造前曾对《新民报》的处置方案有过多次不同的设想。按此前的想法，新闻协会党组考虑《新民报》亏损严重，需要并入一家日报方可不构成负担。因此，新闻协会党组先是考虑新民与文汇合作，后又积极撮合《新民报》与《新闻日报》合并，直到思想改造学习阶段，才最终明确将《亦报》与《新民报》进行合并。思想改造组织建设阶段，《新民报》除进行与《亦报》的合并外，另一项重要工作即是进行报社的机构调整。1952 年 10 月下旬，上海市委宣传部最终明确在思想建设阶段要一并解决新民、文汇两报的公私合营问题。《新民报》员工期盼已久的公私合营体制变革终于到来。

10 月 29 日，赵超构写信给陈铭德，告知《新民报》机构调整的初步方案：新民报名保留，仍出晚刊，改为公私合营，拟推陈铭德出任董事长，并不再负赔蚀责任。11 月 4 日，陈铭德复信表示，认为在"股东纷纷表示恳求或捐献，已无人愿再任新民报之股东"的局面下，"公私合营"的"私"已名实不符，因此再次恳请直接将《新民报》转为"公营"。至于董事长一职，陈氏表示"董事长一职对我来说，是阻碍我的进步的，我决心作一个人民干部"，而且"三反""五反"以后，各机关均有规定，凡担任资方代理人者即不能担任公职，因而表示"坚决不担任董事长"。③ 此外，陈铭德还对《新民报》改制提出八点具体意见。

　　（1）请求政府接受捐献改为公营。（2）用最少数的钱收购新民报的财产改为公营。（3）所作价款除还人民银行借款外，有愿退股者

① 《文汇报史略（1949.6—1966.5）》，第 49 页。
② 《关于上海新闻界思想改造后加强领导问题的通知》，档案号：A22 - 2 - 163 - 1，上海市档案馆藏。
③ 《陈铭德致赵超构信》，档案号：A22 - 2 - 43 - 43，上海市档案馆藏。

则退股，有愿捐献者则捐献于抗美援朝。（4）如公家不拟价购，可将财产总值算一笔账，证入原新民报私股账内，备为将来进入社会主义时转为国家财产。（5）报纸公营后，我的工作听凭政府安排，我无任何条件。（6）党和政府如认为我有留在报社之必要，我愿意在党和政府领导下，在报社社长领导下作一工作人员，作实际工作，倘能如此决定，我即长期在沪工作。（7）如认为必须走公私合营之途，则私股董事只有由公家就私股中指定人担任（因已无人自愿当董事），但董事长一职必须由公家担任。我个人不担任董事长或董事。（8）如无设董事会之必要，最好不设，另以社务委员会等形式出之。①

1952年11月20日，《亦报》正式停刊，并入《新民报》，《亦报》部分办报骨干转入《新民报》工作。《新民报》主要是一份"以文娱、体育、卫生及社会生活为重心"的地方性晚报，但该报原是一家大型报，虽定下了小型化、通俗化的路线，但仍较为严肃，《亦报》的加入无疑有助于《新民报》风格的转变，更能满足里弄群众的文化需求。两报的合并也将《亦报》原有1万余份订户带到《新民报》。《新民报》其时仅发行1万余份，合并后增加到2万余份，一年后增加到4万余份。② 两报的成功合并，后来被《新民报》的蒋文杰称作是"天作之合"。③ 1953年1月，新民报社正式改为"公私合营"，建立新的编委会替代社务委员会。因陈铭德的坚辞，最终由赵超构、程大千出任正、副社长，蒋文杰出任总编辑，另从市委宣传部调入欧阳文彬出任编辑部办公室主任。这家私营自由主义报刊最终转变为公私合营的人民报刊。

上海报业格局经过进一步调整，1953年全市的大报剩下《解放日报》《新闻日报》《劳动报》《文汇报》《新民报》继续刊行。这五家报纸要么是纯粹的党报，要么已经进行了公私合营改造，上海私营报纸的历史就此画上了句号。

---

① 《陈铭德致赵超构信》，档案号：A22-2-43-43，上海市档案馆藏。

② 《亦报》原日销数15000份，并没有全部转移过来，因为报贩一般都不愿送晚报，一合并就少了3000名读者，合并后日实销24000份左右。12月间，又减少2000份左右，到1952年底为止，实销22000余份。《新民报社关于发行工作和拟改日报等工作报告》，1953，档案号：B36-1-10，上海市档案馆藏。

③ 《飞入寻常百姓家：新民报—新民晚报七十年史》，第208页。

第三节　上海私营各报编委制度的建立

上海新闻界思想改造学习结束后，各报陆续进行机构调整。《大公报》北迁天津，《上海新闻》（英文）停刊，《亦报》并入《新民报》，《新民报》与《文汇报》朝公私合营方向改制。为进一步明确各报定位分工，加强对各报的领导，上海市委着手从两个方面加强对公私合营报刊的领导。一是在党报继续加强领导的基础上，专门对新闻协会党组进行改组，加强党组活动。二是在公私合营后的各报中着手建立新的"编委联系制度"。

在私营各报进行机构调整期间，上海市委专门制定了《上海私营各报辅导暂行办法》，力图通过党、政两方面的直接领导，组织新的编委制度，密切与私营报业的关系，进一步强化党对私营报业的领导。"辅导暂行办法"要求中共上海市委或市委宣传部负责人每月至少召集各报负责人举行一次座谈会，邀请各报负责人参加解放日报社举行的报道计划会议，市政府新闻处召集各报参加每周举行的报道工作汇报，以及争取每两周组织专题报告一次。此外，该办法还规定与各报业务相关的市行政或事务领导机关指派负责人加入各报编委会，各报在征得市一级各行政或事务机关同意后也可指定记者参加相关会议。①通过上述方式，宣传部门旨在将各报的报道主题、话语策略都纳入既定的宣传轨道，最终将原来的私营各报改造成为配合党报解释政策法令、文化经验、指导工作的宣传工具。

进入组织建设阶段后，为进一步指导与推进报纸工作，上海市委宣传部在1953年1月10日发出了《关于上海新闻界思想改造后加强领导问题的通知》。该通知沿袭了"辅导暂行办法"的基本思路，核心要意有二：一是进一步明确分工，二是组织编委会进一步加强领导。

明确分工方面，《通知》要求"除《解放日报》继续发挥其党报的作用，《劳动报》发挥其全总华东办事处及上海总工会机关报的作用外，其余三家公私合营报纸应进一步明确分工，改进工作，更好地发挥其宣传教

---

① 《上海私营各报辅导暂行办法（草案）》，档案号：A22-2-43-35，上海市档案馆藏。

育作用"。①《通知》明确三家公私合营报纸的业务分工如下：

> 《新闻日报》应加强地方性，以报导上海的经济建设为重心，更好地联系与教育占其全部读者90%以上的本市群众，特别是工商界群众；《文汇报》应进一步明确以中小学校教师、高中学生与一部分大学师生为主要对象，并看重提高内容的质量；《新民报》应以文娱、体育、卫生及社会生活为重心。②

《通知》分析了以往上海报业的一般情况，指出主要的问题是"各报大同小异，大大减弱了宣传力量。尤其是内容一般化，缺乏战斗性，缺少批评与自我批评，没有发掘工作中的缺点与问题，看不出应当'拥护什么、反对什么'"，因此要求今后"各报应力求大异而小同，要根据分工，密切联系群众，加强战斗性，开展批评与自我批评"，并努力"成为群众所爱好的斗争武器"。③

《通知》还明确要求新闻协会党组的活动应进一步加强，并根据各报分工情况，要求各有关业务机关指派负责干部参加各报编辑委员会，以强化党的领导。正是在这一要求之下，公私合营各报开始在编辑部门中设立编委会。在公私合营各报党员力量有限的情况下，上海市委宣传部试图在各报编辑委员会中加入各业务单位的干部来加强对各报的指导。编委会制度的引入虽然表面在于指导公私合营各报的业务，但新的编委的加入显然将改变各报编辑部原有的权力结构，有助于强化各报对中共政治宣传的贯彻。

按上海市委宣传部的要求，各报迅速着手推进编委会建设。1953年4月，新闻协会党组报告称，各报均与有关机关建立了初步联系。《新闻日报》的编委有市财委刘志诚、市政法委方行、工业局陈智方、工商局陈坚、商业局杨延修、税务局朱如言、劳动局许克端、合作社市联社毕平

---

① 《关于上海新闻界思想改造后加强领导问题的通知》，档案号：A22-2-163-1，上海市档案馆藏。

② 《关于上海新闻界思想改造后加强领导问题的通知》，档案号：A22-2-163-1，上海市档案馆藏。

③ 《关于上海新闻界思想改造后加强领导问题的通知》，档案号：A22-2-163-1，上海市档案馆藏。

非、店员工会朱刚、工商联丁忱；《文汇报》编委有教育局戴白韬、教育工会张树人、市青委郭坤如、华东教育局李震、学联翟象乾、华东青委孙轶青、文委陈虞孙、陈向平；《新民报》编委有文化局刘厚生、卫生局马龙瑞、民政局顾俊生、文联孙石灵，体总因机关未成立未派编委，各报并已指定组长以上干部经常与各编委联系。[①]

编委会名单的产生并非随意之举，编委会委员最初先由新闻协会党组提出名单，再经市委宣传部同意，最终由上海市文教委员会任命。编委主要来自与各报业务联系较密切的单位，而且各编委大多系相关单位的主要党员干部，其中不乏重量级的领导人物。各报新组成的编委会，由于有大量社外党员编委的加入，因此在很大程度上也弥补了原来各报党的力量薄弱的问题。[②]

编委会的成立，并非简单安排相关部门的负责同志进入报社摆摆样子。按照宣传部门的意图，它要求编委确实在报纸的编辑过程中发挥作用，建立起报社与编委人员的经常联系制度。各报在组成编委会后，先后召开编委会议，《文汇报》《新民报》为每月开一次，《新闻日报》每季开一次。各报与编委间除会议联系外，还指定组长以上干部与各编委联系，并参加各单位的一些重要会议。很显然，宣传部门是希望通过各报与各编委建立经常性联系，报社可以"了解各单位的领导意图，工作计划、政策方针，使报纸的宣传报导对各项工作能起更好的配合作用"，俾使各报能紧密围绕党的中心工作开展新闻宣传。再者，"报社也将收集来的读者反映，出版内部情况简报，供编委参考，使编委经常了解基层情况，作为具体指导工作的依据"。[③] 更重要的是，党的宣传意图得以通过编委会得到贯彻与落实。在编委会中，"党员根据市委宣传部或新闻协会党组的布置与意图，在编委会中或则以编委个人身份提出，或则正式作为党的意见，进行传达"，"当上级党委有重大问题的决定、布置或指示，则分别由市委宣传部负责同志通知各报负责人、总编辑或编委作传达，或由文委新闻出

---

① 《新民晚报关于上海市新闻协会党组给市委宣传部的信》（1953 年 4 月 11 日），档案号：G21 - 1 - 32 - 1，上海市档案馆藏。

② 《新闻日报、劳动报、新民报综合情况报告》（1954），档案号：A22 - 2 - 249 - 6，上海市档案馆藏。

③ 《新民晚报关于上海市新闻协会党组给市委宣传部的信》（1953 年 4 月 11 日），档案号：G21 - 1 - 32 - 1，上海市档案馆藏。

版处召开各报负责人会议，进行布置"。① 编委会的存在一定程度上改组了报纸的权力结构，成为贯彻宣传指示的推动者和报纸新闻报道的把关人。

经过几个月的初步尝试，新闻协会党组对编委会制度给予了充分肯定，认为编委在提供线索、问题、指导宣传的政策方针这些方面，很积极、很具体，对各报的帮助也大。编委会制度的建立在更好地贯彻宣传方针，加强报纸的指导性，发挥报纸的宣传作用方面"起了良好的作用"。但同时，新闻协会党组也指出编委制度还存在着一些问题，比如建立时间不久，制度还不巩固，一些单位经常的联系制度还未很好建立健全起来；个别报纸对编委存在依赖心理；个别单位确定编委人选时不够慎重，部分编委对业务不够熟悉。《文汇报》编委变动很大，人数不全。②

1953 年 4 月 16 日，上海市委宣传部向市委、华东宣传部及中宣部报告，认为"党委通过业务部门，加强与各专业报纸的联系，是必要的和可行的"。同时针对编委联系制度存在的问题，市委宣传部要求再度调整编委，"各业务部门必须派出处长级以上的党员干部，才能胜任这一任务，现在派出科长级干部或非党干部的部门，应作必要的调整，以便更好地发挥报纸的作用"。③ 根据这一精神，1953 年 5 月，《文汇报》编委增加了教育工会王子成，市青委刘鉴农，华东教育局编委改由刘芳担任；《新民报》编委民政局改为屠基远，卫生局改为张振亚，体委的编委由李凯亭担任。④

然而新中国成立之初百业待兴，各业务部门的任务都较为繁重，业务部门与报社之间如何协调的问题一直未能得到很好解决。加之业务指导部门的编委对报纸经营管理大多是门外汉，如何切实可行地进行业务指导，避免流于形式就成为一大问题。实际上，这一制度的实践效果并不理想。新闻协会党组就一度抱怨，如果强行规定每月举办一次编委会，会议就可

---

① 《新闻日报、劳动报、新民报综合情况报告》（1954），档案号：A22 - 2 - 249 - 6，上海市档案馆藏。
② 《新民晚报关于上海市新闻协会党组给市委宣传部的信》（1953 年 4 月 11 日），档案号：G21 - 1 - 32 - 1，上海市档案馆藏。
③ 《上海市新闻协会党组和各报社关于建立编委会和执行编委制度的情况报告》，档案号：B36 - 1 - 3 - 1，上海市档案馆藏。
④ 《新民晚报社关于上海市新闻协会给向市宣传部有关执行编委联系制的报告》，档案号：G21 - 1 - 32 - 3，上海市档案馆藏。

能流于形式。比如《文汇报》编委会开会时，"事前缺乏准备，会上缺少争论，就未能取得一致的意见"，甚而《新闻日报》《新民报》，因"编委所属单位业务性质不同，互相联系不大"，以致会议出现"难于讨论"的尴尬。反之，若不做规定，取消固定的会议，又"将使制度松懈，编委会流产"。① 从新闻协会党组此后不断上报的情况来看，如何加强报社与编委的联系真正发挥编委的作用，一直是困扰编委制度的一大难题。

第四节　整编人员的分流、学习与清理

思想改造除了批判私营报业新闻工作中旧有的资产阶级思想外，另一个更迫切、更急求解决的短期目标是通过思想改造、改变原来报纸中机构臃肿、经营不善、对象复杂的情况，从而达到合理化经营。

经过思想改造学习阶段后期的填表交代，私营各报中均发现大量存在历史政治问题的人员。思想改造运动结束后，根据中央决定，《上海新闻》即行停刊，《大公报》北迁天津，其他各报内部也进行了不同程度的机构调整。为安置机构调整后的编余人员，上海方面专门成立了上海新闻学校，拟对编余人员进行训练学习，并逐步帮助他们再就业。上海市委宣传部在上海新闻界思想改造总结中明确指出：

> 照原定计划，《大公报》北迁天津，《亦报》并入《新民报》。据宣传部门于思想改造总结时判断，《大公报》北迁计划可于十二月以内顺利完成，《亦报》则已于十一月内停刊，合并工作已经作好。两报编余人员共289人（大公251人，亦报38人），则准备由政府包下来，加上中央决定停刊的《上海新闻》（英文）编余人员（约60人），各报调整人事机构的编余人员（约100人）和各私营电台改组为公私合营的编余人员（10余人）共500余人，设立新闻学校，予以训练学习，逐步助其转业。②

---

① 《上海市新闻协会党组和各报社关于建立编委会和执行编委制度的情况报告》，档案号：B36-1-3-13，上海市档案馆藏。

② 上海市宣传部：《上海新闻界思想改造总结》，档案号：A22-1-47-129，上海市档案馆藏。

当然，助其转业主要是针对《大公报》等原单位迁移政府承诺"包下来"的人员而言，而对于其他"问题"编余人员，转业的前提则是继续改造、弄清问题。市委宣传部在思想改造总结中明确应将填表交代历史、政治问题者中问题较严重者"调到新闻学校学习，继续了解情况，搞清问题"。① 因此，除帮助编余人员转业之外，新闻学校还有一个更重要的政治任务，就是继续搞清楚这些学员的政治历史问题。②

新闻学校原本只叫学习班，上海市委觉得如果名称叫学习班，"还显得不够重视"，因此提出要改作"上海新闻学校"。按上海市委的设计，新闻学校按学员的不同层次分成研究班、普通进修班、文化学习班等不同等级。鉴于不少人将学校视为处理编余人员的"垃圾桶"，市委指示各报及相关领导要"转变思想"，学校不是"垃圾桶"，而是"培养人才的"。为了消除成见，市委要求除编余人员外，各报应有积极分子一并参加学习，以显示学校培养人才的定位。③

1952 年 12 月 2 日，陈虞孙就上海新闻学校 1953 年的财经预算向上海市副市长潘汉年、华东新闻出版局周新武请示。在报告中，陈虞孙陈述了上海新闻学校的设立背景和筹备情况。他报告说：

> 本市原有报纸十种，解放三年来在配合政府政策进行宣传方面，都曾起过一定的作用，但其中有些报纸由于机构臃肿，经营不善，对象复杂，迄今尚不能达到合理经营，有的报纸根据中央决定应即停刊（上海新闻），或迁并（大公报）。为了解决这些问题，并使各报得以合理发展，除已停刊、迁并等外，各报内部亦同时进行适当整编，俾使人力不至浪费，合理化经营得以贯彻。同时本市各私营广播电台现已全部停业，改组成立公私合营的联合电台，经整编出来的职工有 13

---

① 上海市宣传部：《上海新闻界思想改造总结》，档案号：A22－1－47－129，上海市档案馆藏。

② 新闻学校对此任务有清醒认识，在一份报告中，校方明确表示："本校学员主要是新闻界思想改造之后各报调整组织、调整机构之后的整编人员，从政治上来说，大多数都有大小不一的或不同程度的政治历史问题，而这些具有政治历史问题的学员，在思想改造时期中，其问题又多像系刚冒头，或虽已冒头而没有彻底，因此在思想改造的基础上，继续搞清楚这些学员的政治历史问题是必要的。"《上海新闻学校忠诚老实运动计划（草案）》，档案号：A22－2－128－2，上海市档案馆藏。

③ 《新协扩大党组会议》，档案号：A22－2－43－29，上海市档案馆藏。

人。统计由于停刊、迁并整编出来的各报及电台职工共有466人（包括教师职员在内），经市委同意决定成立上海新闻学校，经过一定时期的政治、业务学习及分别今后转业。目前筹备工作已经完成，即可开始上课。①

陈虞孙的报告表明上海新闻学校在12月初已基本完成筹备工作，全校教师职员加上由于停刊、迁并整编出来的各报及电台职工共有466人。

上海新闻学校最终招收学员420人，分成研究班、进修班、文化班三类。其中研究班42人，进修班208人，文化高级班75人，文化中级班51人，文化初级班44人。② 这些人员来自不同部门，被分配到"新闻学校"的原因各不相同，到校后的心态也千差万别。新闻学校负责人鲁平注意到，这些学员大致有以下四种心态。

（一）等待转业的——如原属大公报、亦报、上海新闻、私营电台等的大部分学员他们因为原单位已经迁移，自认为是"烂橘子"，被原单位淘汰了，感到无可奈何，因此把学校看作是"荐头店"，以通过学习等待转业。

（二）承受惩罚的——如原新闻日报、新民报、文汇报的大部分学员，他们都是原单位的编余人员，而原单位在派送他们学习时，动员工作做得不好或者不够，一般的认为自己是被"二脚踢"，"排除异己"。因此把学习看作是"惩罚"，对原单位固然不满，对学习也存在着"委曲"或抗拒情绪。

（三）有恃无恐的——新闻日报的部分学员，他们都是拥有积蓄、反正现在有原薪可拿，就不妨学习学习，一旦将来分派工作，不如意就回家去"养老"，或者"另谋出路"。因此对学习抱着"无所谓"的态度，认为学也好，学不好也没有什么。

（四）心怀恐惧的——某些有着政治历史问题的学员，他们顾虑

---

① 《陈虞孙致华东新闻出版局周新武的报告》，档案号：B34-2-16-8；《陈虞孙致上海市副市长潘汉年的报告》，档案号：B34-2-16-10，上海市档案馆藏。

② 《新闻学校工作计划及有关新闻学校工作问题与张映吾同志的来往文书》，档案号：A22-2-128-9，上海市档案馆藏。因经济压力较大，学校需不断将审查合格的学员介绍出去参加工作，因此学员的人数一直在变动。

重重，情绪紧张，有的想在学习中扔掉包袱，有的妄图顽抗到底，更多的伪装进步，企图蒙混过关。①

鲁平的观察大体刻画了被纳入新闻学校参加学习的学员心态。作为新闻界整编出来的臃员，大部分学员心理负担较大，入校之初多有较浓的负面情绪。学员的成分复杂，既有需要通过学习等待转业的人员，也有政治、历史问题交代不清需要再加以甄别的对象。

在经过短暂的"学习准备周"后，上海新闻学校从1953年1月19日开始进行了为期3个月的第一阶段学习。该阶段主要的任务是在稳定学员情绪的基础上，结合理论进行学习。研究班学习"社会科学基本知识讲座"1～4册，进修班学习"政治常识读本"上、下册，在各个单元进行时一般都经过讲解报告、文件阅读、小组讨论、单元小结、单元考试及民主评卷等阶段。文化班不分单元，但也按照预定教学计划在本阶段内进行三次学课考试，测验成绩。

从4月20日起，学校展开第二阶段的学习。第二个阶段为"怎样做一个好的人民公务员"学习运动，这场运动还有另一个名称叫着"忠诚老实运动"，这个名字暗示了要做一个好的公务员应该具备的基本素养。参加这一阶段学习的学员为研究、进修、文化三个班共30个学习小组318人，另有秘书科干部8人编成单独一组随同学习，实际参加学习人数为326人。② 整个学习运动被分成文件学习和自我交代两个部分。文件学习部分从4月20日陈虞孙的动员报告至5月9日，"各班组成员结合动员报告，主要学习饶主席有关'怎样做一个好的人民公务员'的文件，树立国家干部应有的基本的革命思想，和忠诚老实的态度，以明确检查自己、批判自己的标准，从而达到提高自己、改造自己的目的"。③ 自我交代部分从5月11日起，学校负责人鲁平率先做了动员报告，在各班组学员明确检查交代的政策方针、目的要求和检查交代范围后，个人检查即行启动。

① 《新闻学校工作计划及有关新闻学校工作问题与张映吾同志的来往文书》，档案号：A22 - 2 - 128 - 9，上海市档案馆藏。

② 随后又有2人病假，4人因工作调离学校，故最后实际填表交代者共计320人（312名学员，8名秘书科干部）。

③ 《上海新闻学校"怎样做一个好的人民公务员"运动总结报告》，档案号：A22 - 2 - 128 - 107，上海市档案馆藏。引文中所说饶主席，是指时任华东军政委员会主席饶漱石。

6月3日，填表结束，接下来的三天进行总结学习，随后宣告运动结束。①

"怎样做一个好的人民公务员"运动主要目的在于通过思想上的继续学习，弄清学员政治面目，并促进大部分无严重政治问题人员老实服从组织分配。之所以这场运动又被称为"忠诚老实运动"，有两层意思。一是指对于政治与历史问题，自我交代应该坦白老实。二是指通过政治训练，让这批学员主动降薪，老实服从组织分配。在拟订方案时，学校即明确希望通过"忠诚老实运动"让"有政治历史问题的自觉交代其问题，应该补充的自觉补充，应该说明的自觉说明，从而纯洁内部，清理少数隐藏的反革命份子"。②针对不同对象，运动亦注意加以区分，分别对待。至于具体的交代范围，主要包括五类：凡曾参加反动党、团、特务组织及其反围组织者；凡曾在反动军、警、宪任尉官以上及反动政府之官职者；凡曾参加反动道会门及反动社团者；土匪、恶霸分子；历史上有反动罪行或有血债者。③

"忠诚老实运动"后，新闻学校认为"在提高学员们的政治觉悟的基础上，基本弄清了他们的历史情况和政治面目"。学校总结说：

> 在检查交代历史问题中，学员318人（实际为312人）中，交代自己的问题或补充自己的问题的学员，为160人，占50%强。其中，我们事先没有任何材料而交代问题的学员为59人，这59人中，虽然问题大小不同，但都是学习前所不愿或不敢交代的问题。交代或补充交代问题的160学员中，属于反动党团骨干分子和特务分子者约48人，属于反动军警宪及伪府官员者为33人，属于反动会道门及反动社团者25人，属于土匪、恶霸分子者1人，其他如参加伪工会、反动帮会者53人。此外，有17人我们已掌握其材料，而他们没有交代或没有交代清楚。其中有问题较为严重之分子如陆激（军统特务）、胡伟民（特务）、张植鸿（军统特务）、王松涛（大贪污犯）等6人。填表交代中，实际填表312学员中，交代出反动关系或反革命关系及

---

① 《上海新闻学校"怎样做一个好的人民公务员"运动总结报告》，档案号：A22 - 2 - 128 - 107，上海市档案馆藏。
② 《上海新闻学校忠诚老实运动计划（草案）》，档案号：A22 - 2 - 128 - 2，上海市档案馆藏。
③ 《上海新闻学校忠诚老实运动计划（草案）》，档案号：A22 - 2 - 128 - 2，上海市档案馆藏。

资产阶级共 2841 人，平均每一个学员交代了 9 个以上的坏关系，且由填表发现 5 人经历不清。或为特务如周福根，或为兵痞如徐银锡，或为逃亡地主如仇武林，或是与特务有关系的如杨少华、杨林等皆已冒头，但仍图隐瞒。其次，不少学员在交代了自己的问题之后，并表示悔恨，因而感到沉痛，而痛哭或哭泣过的学员，为 51 人，占全部学员 16% 强。[①]

通过运动，新闻学校对学员的政治历史问题基本上摸清了"底"，而且也为即将到来的工资调整和工作分配做好了铺垫。学员在填表交代时，不仅对自己的政治和历史问题进行了清理，更因为思想改造带来的"群体性压力"，绝大多数表示愿意"服从统一分配"，在填表上"经济栏最低生活费或希望待遇时"，全部学员都愿自动降低，其中 70% 的学员自愿降低工资 20% 左右。[②]

或许是迫于运动的压力，亦可能是学员思想的主动转变，大部分学员在运动中都表示愿意自降工资。在这种形势下，新闻学校认为调整工资的学习时机已经成熟，因此从 1953 年 6 月 8 日起着手对学员工资进行调整，展开"暂行调整学员工资"的学习。根据学校掌握的情况，学员工资的整体特点是"两头小，中间大"，普遍工资分集中在 250 分至 600 分之间，低于 250 分或高于 600 分的比例很低。鉴于此，新闻学校在考虑学员生活的基础上，采取"工资不高者不减，高者稍减，过高者多减的办法"进行调整。经过动员和学习讨论，从 9 日下午起各学员进入"自报公议"的过程。经过"自报公议"，三个班工资平均降低 30.1%，即减为原工资的 69.9%。[③]

基于政治压力的减薪显然并非都是完全出于自愿，也非新闻学校报告中所说主动减薪行为反映出"学员们认识到了他们和革命的关系，和国家的关系，认识了他们在革命队伍中的地位，而向革命走近了一步"。[④] 大

① 《上海新闻学校"怎样做一个好的人民公务员"运动总结报告》，档案号：A22 - 2 - 128 - 104，上海市档案馆藏。

② 《上海新闻学校"怎样做一个好的人民公务员"运动总结报告》，档案号：A22 - 2 - 128 - 104，上海市档案馆藏。

③ 《上海新闻学校三个紧急问题的请示》（1953 年 6 月 11 日），档案号：A22 - 2 - 128 - 98，上海市档案馆藏。

④ 《上海新闻学校"怎样做一个好的人民公务员"运动总结报告》，档案号：A22 - 2 - 128 - 104，上海市档案馆藏。

幅减薪带来的生活压力随后也引发了部分减薪人员的激烈反抗。《大公报》的梅焕藻在分配到文史馆工作后，即因工资待遇问题多次写信给中央人民政府政务院人事处、中央办公厅、上海市人事局、宣传部等部门反映情况，钱象五、周襄若、王志和等人也不断写信要求解决工资待遇。甚而在1953 年 7 月下旬，还发生了周襄若、王志和、王亦雁、余定国、周海林等人为首的集体抗议行为。① 梅焕藻、钱象五、周襄若等人辩称："《大公报》系奉中央命令迁津，并非维持不下去才迁津，因而不能把他们当着失业人员来处理。"他们抗议说《大公报》北迁时中央曾电告市委，对留沪人员处理的原则"完全负责，妥善安插"，而且陈虞孙曾当众宣布，学习期间仍按原薪支付，并继续享受劳保待遇，将来转业后工龄应连续计算。因此新闻学校对他们的减薪处理与原精神完全不符。② 梅焕藻、钱象五等人还提出，"原大公报社的工资，与一般报业比较起来并不高，因而就不是太不合理，转业到政府部门来，虽曾考虑到要降低，但没想到要降的这样多"，以致"工资骤降太多，生活发生困难"，因此要求单位重新给他们"确定职级"。③

　　梅焕藻等人事后的抗议反映了减薪运动的无奈。之所以要发起减薪运动，一方面固然是经过"忠诚老实运动"，向"革命"靠近一步的必然过程；另一方面却是来自现实的被迫之举。通过新闻学校的来往公文，不难看出新闻学校资金捉襟见肘，无力全额支付学员的正常工资。④ 再者，因其时一般机关单位都在紧缩机构、减少开支，若学员原来工资过高，这显然不利于转业介绍工作。在"服从组织安排"名义下的减薪再就业之举，

---

① 上海市新闻学校鲁平：《关于学员出路的有关问题的请示》（1953 年 7 月 30 日），档案号：A22 - 2 - 128 - 120，上海市档案馆藏。

② 《上海市人事局关于大公报馆留沪转业人员待遇问题的报告》，档案号：B23 - 4 - 788 - 25，上海市档案馆藏。

③ 《上海市人事局关于大公报馆留沪转业人员待遇问题的报告》，档案号：B23 - 4 - 788 - 25，上海市档案馆藏。

④ 1953 年新闻学校的一份报告显示，"学员现共 382 人，内 45 人由原单位支薪，由学校实际发付工资的学员共 337 人，每月共发付工资为 3.5 亿元"，原年度预算为 41.3 亿，后经核准为 30 亿。"按照我们根据 30 亿元的预算必须按计划在 4 月底以前介绍出学员 57 人，5 月底以前介绍出 58 人，6 月底以前介绍出 57 人，7 月底以前介绍出 38 人，8 月底以前介绍出 57 人，9 至 12 月以前介绍 115 人出校。"参见《关于成立新闻学校、配备干部及经费预算等的指示、报告》，档案号：B34 - 1 - 41 - 19，上海市档案馆藏。

对于那些在政治清查中颇有问题者而言或可理解与接受，然而对于类似《大公报》北迁，党和政府曾经承诺要"妥善安插"的"国家干部"来说自然就感觉落差巨大。

通过"忠诚老实运动"完成减薪后，及时介绍学员出校便成为新闻学校的头等大事。大多数学员按照组织的要求转行，历史较单纯、问题较小的由人事局分配，问题较复杂者由劳动局负责向外介绍，问题严重者由公安局处理。相当一部分学员去了当时编制急剧扩充的卫生局、教育局、商业局下属的市联社等单位。1953 年底，大部分学员得以介绍出校工作，最后只余下 30 余人尚未就业。经请示，最后一批尚未分配的人员被要求分散学习，听候分配。新闻学校先行办理结束，校舍资财等办理移交，全部干部各回原工作单位。这批人中有 6 人被劳改管制，6 人（或 7 人）退休转业，17 人（或 18 人）得以陆续介绍出去，6 人被集训开除。①

总的来看，新闻学校的学员中，仅有极少人最终返回报社继续新闻事业，大部分的人员都在"服从分配"的名义下被分配至新的单位工作。上海新闻学校的结束也标志着新闻界思想改造整编人员的清理与分流暂告完成。

---

① 《新闻学校工作计划及有关新闻学校工作问题与张映吾同志的来往文书》，档案号：A22 - 2 -
　128，上海市档案馆藏。

第七章　合营：上海各报股份结构的调整

一般来说，私营企业的公私合营大体经历了三个阶段，即个别企业公私合营阶段、扩展公私合营阶段以及全行业公私合营阶段。由于报纸兼有生产工具与斗争工具的双重属性，报业治理显然有别于其他私营企业。就全国情况来看，私营各报在 1953 年前就已基本完成了公私合营，甚至《新闻日报》从创办之始就直接开启了公私合营的模式。纵观解放初上海报业的公私合营改造，股权结构上的调整和人事组织的改组是最为核心的两个问题。对于《解放日报》而言，由于不涉及改组问题，故而如何清理私人股权，将其从报社的股份中剔除出去从而将《解放日报》变成纯粹的公家资本成为关键。至于其他各报，股权结构的调整与报社管理机构的改组则构成公私合营的两项核心内容。前者主要表现为公家资本通过没收官僚资本、拨款、借贷、注入等方式占据私营报业股份结构的主体，后者则集中体现在 1952 年思想改造建设阶段的组织调整与体制转变。

第一节　上海解放后解放日报社的股权清理

上海解放后，中共在上海报业接管过程中的一个重要问题就是对旧有私营报业的股份清理。在众多私营报业的清理收管工作中，最为引人注目的便是解放日报社对旧《申报》股份的清理工作。

在上海解放之前，《申报》即被列入接管之列。中共接管新闻事业的基本原则是没收官僚资本归人民所有和保护民族资本家的正当利益。按照这个原则，《申报》被认定为官僚资本和民族资本合办的新闻单位，因此军管会先对《申报》进行军管，然后分别情况进行处理。1949 年 5 月 28 日，解放日报社在接管《申报》资产的基础上，正式出版。接管时，《申报》资产总额为伪金圆券 75 亿元，全部股份 7500 万股，其中战犯潘公展等人的公股和性质不明的股份占 4250 万股，占全部股份的 56.7%，史量才之子史泳赓名下私股 3250 万股，占全部股份的 43.3%。按规定，国民党官僚资本直接被没收转为公股，私人资本予以保护，性质不明的股份则继续弄明情况。在没收官僚资本的基础上，华东局又陆续向《解放日报》增添公家资本，因此史泳赓的私股比重不断被稀释。1950 年 8 月底，解放日报社股权结构的公私股比值已由原来的 3∶2 调整至 3∶1 左右。①

作为华东局和上海市委的机关报，私股的存在显然与《解放日报》党报的身份和属性不相匹配，因此解放日报社对旧《申报》的私股进行了多次整理。然而因原《申报》的股权复杂，私股大股东史泳赓避祸香港不愿配合，数次清理整顿均难获成功。

1949 年 6 月 18 日，文管会命令设立"申报股权与人事机构整理委员会"，整理委员会共有 6 名成员组成，公股代表 4 人，分别是恽逸群、陈虞孙、陈祥生、夏其言。2 人为私股代表，分别是抗战前申报总经理马荫良、原申报常务董事兼协理王尧钦（史泳赓代理人）。整理委员会由解放日报社社长恽逸群任主任委员。整理委员会主要的工作是对旧有股权进行初步分类、点交、估价，着重解决股本、财产、权益、损益等悬案。但由于无既定的法规凭据，诸如"公私合营机构之股本比例问题，即公股（政府股本）最低限度之成份与百分比"；在新公司法制定前，"股份有限公司的法制根据"等问题都造成股权整理的困惑。② 加之接管初期任务繁重，整理委员会并未对旧《申报》的私股和国民党党产及时清理。1950 年春，解放日报社方才腾出手来，准备着手解决原《申报》中的私有股份问题。然而又因马荫良、王尧钦两人为争夺私股代表的身份存在矛盾，工作难以推进。解放日报社多次去函史泳赓协商如何处置其持股股权问题，一直未得回复。同年 12 月，史泳赓私股代表王尧钦长期留港不返，解放日报社试图联系史泳赓另行指定代理人，亦未获回音。解放日报社资产清理工作遂陷入停顿。

1950 年 10 月 13 日，中央财经委员会发布《关于统一整理公私合营企业公股的决定》，指示：凡公私合营企业中的公股，其股权属于中央财政

---

① 《第一部分 1949～1950 年的工作计划》，档案号：A73－1－3，上海市档案馆藏。
② 《解放日报关于清理申报公私股份问题的函》，档案号：A73－1－17－7，上海市档案馆藏。

部，公股的清理与股权管理，由中央财政部委托人民银行责成交通银行统一办理。① 解放日报社根据该决定于1951年2月填具了甲种和丙种股份登记表各一份送达交通银行华东分行，并遵照交通银行通知办理"过户"手续。4月5日，交通银行华东分行复函确认钱新之、杜月笙等1250万股仍维持代管，唯户名变更，另徐青甫、陈布雷、潘公展等16人所持资本3000万股一律过入"中央财政部（交通银行代管）"户。② 此举虽解决公股的问题，彻底将原官僚资本没收过户，但私股仍属"代管"状态，仍然悬而未决。

1952年9月，在华东财经委员会领导之下，解放日报社成立"原申报公股公产清理委员会"，着手对旧《申报》股份进行正式清理。清理委员会首先确定解放日报社应是公营企业性质，不能搞公私合营的基本原则，并由解放日报社拟定清理原则，报送华东行政委员会转呈中央人民政务院批准。1952年11月26日，中央人民政府政务院批示，没收战犯潘公展等股份应遵照"关于没收战犯，汉奸，官僚资本家及反革命分子的财产的指示"分别审查办理，其不能决定为战犯者，可采取代管的方法。钱新之、杜月笙、李叔明的股份可予代管，其余的"中立股"可清出发还，各私股持有人不在，无从发还者，可交一定机关代管。史泳赓部分亦照中立股的原则处理。③

此后，解放日报社方面数次与马荫良进行谈话，征询他对处理旧《申报》股份的意见，同时希望通过他来了解史泳赓的态度，以求史泳赓私股的彻底解决。在向马荫良说明解放日报社必须是国营的道理后，马先后两次表示同意这样做法，又说史在沪家属亦无意见，史本人也不会有何异议。"但最后他又表示为妥当计，尚须面询史本人的意见，第三次再来谈时，即称史泳赓在港得悉这一事情后，曾派专人来告诉马，为纪念其父亲，目前不同意拆出。将来则'可以考虑捐献给政府'云云。"这一态度显然是变相拒绝了解放日报社清出发还的要求。至此，"报社已无法与其

① 《关于统一整理公私合营企业公股的决定》，《山东政报》1950年第12期，第106页。
② 《解放日报关于移交申报股票据的函》（1951年4月5日），档案号：A73-1-81-14，上海市档案馆藏。
③ 《华东行政委员会关于清理旧申报馆股权一案的批复》，档案号：A73-1-118-32，上海市档案馆藏。

继续谈下去"。① 1953 年 6 月，新闻出版处会同工商局、交通银行等单位再次邀请马荫良进行商谈，马表示史泳赓的股权他可以全权代表，并谓史家并不在乎申报馆的产业，而是要求将此产业办理史量才纪念事业，并希望由解放日报社为其考虑。新闻出版处提出，如果一时想不出可办的事业，是否可以折股交马荫良保管。马当即表示，他不能对此负责，须征求史泳赓同意。② 由于史泳赓旨在保留股份开办纪念史量才的事业，而中共方面则想让其退出股份，因此自然无法达成一致。经过多次接触与协商，史泳赓并无意折股清还，因此给新闻出版处留下了极坏的印象。新闻出版处报告说："由于他不是真诚态度，所以是毫无结果，此后我们请统战部帮助了解史的情况和意见，结果所了解的一点情况，亦不能促成问题的解决，目前只停留在公股内部协商，而无法与私股一步协商。"③

　　因史泳赓并不愿退出《申报》股份，解放日报社的股权清理陷入僵局。直到 1954 年，解放日报社才以资产转移的方式，谋得此问题的根本解决。是年 6 月，华东财政经济委员会根据中央政务院指示再次明确："解放日报系中共中央华东局暨上海市委的机关报，党报不应有私股，故清理申报馆时，首先将私股从解放日报社转移到申报馆临时管理委员会，以便解放日报与申报不发生直接关系。发还私股时，亦须由该临时委员会出面……关于发还私股史泳赓股款问题，如其不愿接受，可将股款（包括房屋折价在内，解放日报可租赁该屋，按月支付租金）交由交通银行上海分行保管，以后如何处理，再与史之家属协商解决。"④ 据此指示后，解放日报社成立"申报馆临时管理委员会"，并将私股转移到临时管理委员会名下，史泳赓私股则交由交通银行上海分行实行保管。⑤《解放日报》

---

① 《华东军政委员会新闻出版局关于旧申报馆股权清理问题、私股毫无拆股诚意趋于停顿状态的情况报告》，档案号：A73-1-159-43，上海市档案馆藏。
② 《华东军政委员会新闻出版局关于旧申报馆股权清理问题、私股毫无拆股诚意趋于停顿状态的情况报告》，档案号：A73-1-159-43，上海市档案馆藏。
③ 《华东军政委员会新闻出版局关于旧申报馆股权清理问题、私股毫无拆股诚意趋于停顿状态的情况报告》，档案号：A73-1-159-43，上海市档案馆藏。
④ 《对申报实行军管的前前后后》，《解放日报、新闻日报报史资料》（2），第 115 页。
⑤ 1985 年，《解放日报》收到上海市政府转史泳赓后人史浩来信，要求为其父落实政策。1988 年 5 月，上海财政局决定对史泳赓私股做定息处理，结算定息为 311191 元。此款由财政局拨付给解放日报社后，由解放日报支付给史浩。参见《对申报实行军管的前前后后》，《解放日报、新闻日报报史资料》（2），第 115 页。

另用新的国工业企业统一会计科目记账，正式改为国营。至此，解放日报社方与私股完全剥离关系，成为完全的国营报社。

不难看出，从对《申报》的军管到其私股股权清理的结束其实也意味着《解放日报》从公私合资到完全国营。而在 1954 年股权清理最终完成之前，《解放日报》的股份结构中事实上存有大量的私人股份，这无疑是"党报"发展历程中一个较为特殊的状态。不过若以"公私合营"的一般标准来看，《解放日报》在所有权上虽有公、私双方资本的参加，但是并没有真正"合营"，其在经营管理上完全操控在党的手中，是真正意义上的党报。

第二节　上海私营各报的股权结构及公私合营

与作为党报的《解放日报》旨在清退私股的路径不同，建国初上海其他几家大报大多是私营报纸，在 1950 年代初的政治语境与经济压力下，这些私营报纸如何在股权中添加"公"的成分，进而摘掉"私营"的帽子，获得新的身份认同显得尤为迫切。私营各报中，《大报》《亦报》《剧影日报》属于小型报。其中，《剧影日报》只办了短短两三个月就宣告停刊。《大报》和《亦报》则历经调整，1952 年初《大报》并入《亦报》，11 月《亦报》再并入《新民报》宣告上海最后一份小报退出历史舞台。上海私营报纸只剩下《大公报》《文汇报》《新民报》三家大报，这三家大报无疑也是推进报业公私合营的重点，以下仅就此三份私营大报的股权结构调整略做说明。

《大公报》的股权调整

解放上海时《大公报》股份共有 6 万股，原《大公报》三驾马车之一的吴鼎昌持股最多，共 9750 股（股东名为吴达诠、吴前溪），胡政之及其夫人顾俊琦、女儿胡燕共持股 7500 股，张季鸾持股 5000 股。

表 7-1　上海《大公报》股东姓名暨股权清册

单位：股

姓名	股额	姓名	股额	姓名	股额	姓名	股额
吴达诠	6350	王孟锺	1200	赵恩源	450	左芝蕃	150

续表

姓名	股额	姓名	股额	姓名	股额	姓名	股额
吴前溪	3400	胡 燕	1000	王恩东	400	李清芳	150
顾俊琦	6400	黄浴沂	1000	许萱伯	400	徐 盈	150
张季鸾	5000	杨历樵	750	王佩芝	400	胡政之	100
李国钦	5000	王毅灵	500	张琴南	300	樊庚生	100
李子宽	3000	袁光中	500	张伯苓	200	周绍周	100
金诚夫	3000	孔昭恺	500	萧 乾	200	黄钱发	100
王芸生	3000	王文彬	500	李纯青	200	郑耀南	100
曹谷冰	2000	费彝民	500	严仁颖	200	于 潼	100
王宽诚	2000	吴天德	500	许君远	200	胡雨霖	5950
周作民	1500	吴于达	500	曹世瑛	150		
胡惠春	1200	王文耀	450	叶德真	150		

注：吴达诠、吴前溪均为吴鼎昌持股，为一户两名；胡雨霖户下5950股系未发行股票，留备份赠有功者。

资料来源：《上海大公报馆关于执行政务院发布的公股公产清理办法的函》（1951 年 6 月 16 日），档案号：B35 - 2 - 107 - 5，上海市档案馆藏。

关于上海《大公报》在解放初的股份情况和经济属性，1949 年 7 月回来接替杨刚工作的李纯青曾有回忆。他介绍此时《大公报》的情况说：

> 《大公报》股份没有清算过。应该属于官僚资本的股份，例如吴鼎昌的股份占《大公报》股份四分之一，没有宣布没收。在人事上也没有派军代表来，净是《大公报》旧人自己管理。[①]

李纯青所说的情况大体反映了解放初《大公报》的实际情况，官僚资本尚未没收、各报自行管理的状态也同样适用于新民、文汇等报。但是这种状态并未持续太久，伴随经营亏损的增大，私营各报越发感觉难以维继。因整个报业陷入困局，中共开始对部分私营报纸实行扶助。1949 年 11 月底，中宣部致电中共华东局宣传部："私营报纸及公私合营报纸，在现阶段，有其一定的必要，故应有条件予以扶助。"但是扶助并非没有条

---

① 李纯青：《笔耕五十年》，第 536 页。

件，中宣部明确指示华东宣传部对《大公报》"拨给适当数目纸张"予以扶持，但要求"作为公股进入该报"。[①] 因此，私营报业接受扶助开始，其股权结构即行发生改变。

1950 年 6 月底，《大公报》因损失加剧以致"业务不能维持"，"变成了政府一个负担"。[②] 为了维持《大公报》不致因经济原因而倒台，管理部门即决定通过政府入股或补助实行公私合营。据目前档案所见，早在 1950 年 6 月 26 日，新闻总署已经商讨过有关上海《大公报》公私合营问题。当时商定的核心要点包括上海《大公报》决定公私合营，为考虑政治上的可能影响，暂不公开宣布。在经济方面，政府以入股方式，或其他补助方式，与新闻出版局在上海商定办法，呈报新闻总署实行。[③]

1950 年 12 月，《大公报》李纯青给新闻协会党组书记陈虞孙写信，汇报《大公报》资产盘点情况。此信主文甚短，但包含的信息较为丰富，特录于下。

> 虞孙同志：
>
> 　　大公报资产额已计算出来，奉上。公私合营何时讨论？（1）没收部分是否只限于吴鼎昌股份？（2）公股派代表参加，我希望有一位同志来搞工会工作。（3）津港贸易尚未完成，此事如何处理是一问题。附在京商议八点，请参阅，其中有些已不成问题了。
>
> 　　　　　　　　　　　　　　　　　　　　李纯青 50 年 12 月 11 日[④]

信中所谓"在京商议八点"即是指 1950 年 6 月 26 日在新闻总署商讨的关于上海《大公报》公私合营的八点意见。通过该信不难看到，1950 年下半年的《大公报》正按既定的公私合营方式着手准备，在清产、核资后，李纯青在信中催问"公私合营何时讨论"，并对合营后公股派代表参加工作提出建议。据李纯青呈送的资产额来看，《大公报》至 1950 年 10

---

① 转引自孙旭培《解放初期对旧新闻事业的接收和改造》，《新闻研究资料》总第 43 辑，第 58 页。

② 李纯青：《大公报整编工作报告》，档案号：B35-2-108-66，上海市档案馆藏。

③ 《上海市人民政府新闻出版处关于上海大公报馆公私合营问题商定的要点》，档案号：B35-2-108-23，上海市档案馆藏。

④ 《李纯青关于大公报馆公私合营时间、没收吴鼎昌股权派公股代表等问题的请示报告》，档案号：B35-2-108-13，上海市档案馆藏。

月接受政府投资人民币 23.05 亿元（2305029584 元，白报纸 200 吨的折
价）。按照政府规定办法折算，1950 年 9 月底《大公报》实有资产共计人
民币 22101608820.55 元，其中 3591511433.34 元（16.25%）原属吴达
诠、吴前溪两户（均属吴鼎昌，一人两户）。如果计入政府投资的 23.05
亿元，此时大公报馆的资产总额应为 24406638404.55 元，其中公股和应
请处理的股款为 5896541017.34 元（24.16%），商股为 18510097387.21
元，政府公股占比 9.44%，吴鼎昌占 14.72%，商股占 75.84%。[①] 因此从
股份的实际结构上讲，《大公报》早在 1950 年 10 月就已属于"公私合
资"了，只是公股比例较低，且出于政治的考虑一直没有公开。此时的
《大公报》维持私营的身份，并没有进行改制，但已在催派公股代表，试
图往公私合营方向发展。

对于《大公报》这样一家在国际上都较有影响的报纸，贸然地摘除其
"私营"的帽子显然在政治上是不利的。这也是中共方面一直未改组《大公
报》的原因所在。保持《大公报》的私营身份，显然更有利于进行舆
论宣传。这一定位无疑是柄双刃剑，虽然认可了《大公报》存在的必要
性，使其得以维系生存，另一方面却导致《大公报》难以真正获得公营的
身份。

思想改造后，《大公报》北迁天津。《大公报》在北迁前对股份进行
了析分处理。《大公报》的 6 万股最后分作三类情况处理：第一，可以确
定为公股的共有 22000 股，其中没收吴鼎昌 9750 股。第二，王芸生、曹
谷冰、金诚夫、李子宽等愿意交出共计 16000 股"劳绩股"；第三，私股
部分的 19500 股中，李国钦、王宽诚所占的 7000 股，在香港《大公报》
股权未清理前暂不处理；胡政之、张季鸾所占的 12500 股，由上海《大公
报》按月给其家属不等的生活补助费。[②] 经过处理，《大公报》公股股份
已达 3.8 万股，占《大公报》股份的大多数。《大公报》后来在执行该股
份处理计划时稍有变动，每月由报社给予张季鸾家属生活费 200 元，另外
三位 1957 年前退职的私股老职工，每月发给他们 20～50 元的生活困难补

---

① 《上海大公报馆关于执行政务院发布的公股公产清理办法的函》（1951 年 6 月 16 日），档
　　案号：B35-2-107-5，上海市档案馆藏。
② 方汉奇等：《大公报百年史》，中国人民大学出版社，2004，第 350 页。

贴。不愿意放弃股票的胡政之妻女等，其股本则暂时悬置。[①]

1953 年 1 月，《大公报》北迁与天津《进步日报》合并，正式公私合营，这往往被视为《大公报》公私合营的开始。中共随后指示各地党委，要对《大公报》给予重视，《大公报》虽然对外仍保持私营的面目，但实际已是党领导的"公私合营的报纸"。[②]

文汇报社的股权调整

解放初的《文汇报》同样也遇到严重的亏损，因此大量接受政府补助，实行了所谓的"私营公助"。至 1950 年 8 月，《文汇报》亏损多达 54 亿多元。1950 年 8 月底，华东新闻出版局、上海市新闻出版处与文汇报社达成协议，文汇报社从 9 月起实行"私营公助"，由政府一次拨给协助费 8 亿元，并商请银行给予贷款 10 亿元，文汇报应以自力更生为主，在政府扶助下争取于 1951 年 2 月底以前做到自给自足。[③] 到 1951 年 3 月，文汇报社报告已基本"达成保本自助，收支平衡的任务"，不过仍请政府再"拨助十亿元"，以解决资金周转的困难。[④]

1952 年 10 月 17 日，市委宣传部副部长姚溱在严宝礼要求捐献股权和私产的信上批有文汇报社今后"实际上公私合营"等语。[⑤] 10 月下旬，上海市委宣传部明确应在思想改造组织建设阶段解决文汇报社公私合营问题。11 月，陈虞孙起草了"公私合营报社董事会暂行章程"，呈送市委宣传部，私营报业公私合营改制正式进入启动阶段。[⑥] 1952 年 11 月 26 日，陈虞孙致函潘汉年，报告各报调整的方案，其中明确文汇报社改为公私合

① 常芝青：《关于确定与改变大公报的领导关系，明确大公报国营企业向中央及文化部的报告》（1958 年 12 月 9 日），档案号：043 - 001 - 00033 - 15 - 16，北京市档案馆藏。
② 《中共中央关于重视运用光明日报和大公报的通知》（1953 年 1 月 14 日），《中共中央文件选集（1949 年 10 月 ~ 1966 年 5 月）》第 11 册，第 43 ~ 44 页。
③ 《华东新闻出版局、上海新闻出版处与文汇报关于政府扶助事宜的协议》，档案号：G20 - 1 - 30，上海市档案馆藏。
④ 《文汇报关于向上海新闻出版处报告私营公助的结果》，档案号：G20 - 1 - 31 - 1，上海市档案馆藏。
⑤ 转引自张济顺《从民办到党管：上海私营报业体制变革中的思想改造运动》，华东师范大学当代中国史研究中心编《中国当代史研究》第 1 辑，第 83 页。
⑥ 陈虞孙：《公私合营报社董事会暂行办法》（1952 年 11 月），档案号：A22 - 2 - 1545，上海市档案馆藏。

营，该报旧欠《解放日报》之纸、款约 20 亿元，全部作为公股投资，另
再投资 12 亿元作为流动资金，加上应由政府没收或接管之私股约 2.775
亿元，公股共计 34.775 亿元，约占全部股本的 80.68%，私股约 8.325 亿
元，约占全股本的 19.32%。①

　　1952 年 12 月 31 日，上海市人民政府文化教育委员会和文汇报社正式
签订公私合营协议书，从 1953 年 1 月 1 日起文汇报社实行公私合营，改
称"公私合营上海文汇报社股份有限公司"。随后，文汇报社也进行了改
组，实行社长负责制，徐铸成出任社长兼总编辑，严宝礼出任副社长兼管
理部主任。② 此外，文汇报社还进行了资产清理并召开股东大会，选出严
宝礼、徐铸成、张乾若私股股董三人，虞顺懋为私股监察，公股董事四
人，由上海市文教委员会会同有关主管机关指派张映吾、陈落（以上为上
海市文教委员会代表）、谢光弼（上海市交通银行代表）、潘惠霖（上海
市工商局代表）担任。③

　　从 1953 年公私合营至 1954 年 9 月，文汇报社总计股数 700 万股，每
股股值 500 元，总股值 35 亿元。其中公股 6444100 股，占 92.06%；私股
529752 股，占 7.56%。另外有合营股 1200 股及其他股 24949 股，占股
0.38%。④ 经过公私合营，文汇报社中的私股比例已经极低，这也为其后
《文汇报》党管国营的转型做好了铺垫。

《新民报》的股权调整

　　1951 年冬，《新民报》与民革解除合营关系，《新民报》随后即向政
府要求公营。1952 年 2 月，中央接受《新民报》公营原则，嘱分别向北
京、上海两地主管机构洽谈。陈铭德等率先向北京市领导同志洽商，《新
民报》私股董事请求将私股财产全部无条件献给公家，"政府以格于政策，
不能接受"，最后指示只能作价收购，价款由私股股东自由处理。最终，

①　《关于各报公私合营的指示和报告》（1952 年 11 月 26 日），档案号：B34 - 1 - 37 - 1，上
　　海市档案馆藏。
②　《公私合营上海文汇报社股份有限公司董事会第一次会议记录》，档案号：B34 - 1 - 37 -
　　40，上海市档案馆藏。
③　《文汇报公私合营》，档案号：B34 - 1 - 39 - 1，上海市档案馆藏。
④　《文汇报社 1953 年起公私合营后股份情况》（1954 年 9 月 13 日），档案号：G20 - 1 - 72，
　　上海市档案馆藏。

1952 年 3 月 27 日由北京市人民政府代表与《新民报》公司代表签订协议书，自 4 月 1 日起北京《新民报》即由北京市人民政府接办。①

因北京《新民报》成功转制，《新民报》总管理处同样也希望上海《新民报》能顺利转向公营。为此，上海《新民报》赵超构专程到北京中央文委与徐迈进、汤宝相等同志先后晤谈，徐迈进表示同意公营的原则，并嘱咐将意见反映到上海。4 月 3 日，陈铭德、邓季惺联名给陈虞孙、姚溱写信，请他们为上海《新民报》提供帮助和指导。次日，陈铭德、邓季惺又致函夏衍，反映上海《新民报》要求公营的决心，并请夏衍给予帮助。在信中，陈、邓两人说：

> 目前我报的政治任务与经营方针是明确的，但在私营的基础上，不可能取得充分的坚强的政治领导，也就很难愉快达成任务，形成了事与愿违，业务的盈蚀还是次要的问题，因此我们诚恳而坚决地要求上海新民报转入公营。我们但求报纸更能符合人民的需要，决无任何保留条件和意见。②

夏衍在来信上批示："超构已和我及虞孙谈过，此事盼能早日决定方针，否则心中无数，难以应付。"③ 夏衍的批示反映了上海方面对《新民报》何去何从尚无任何方针。

尽管中央已原则上明确同意上海《新民报》公营，但最终的决定仍然取决于上海报业主管机关。一方面，此时恰值上海整个报业经营最困难的时期，《新民报》则属几家私营报纸中经营最困难的一家，因此上海方面并不愿意马上接手。另一方面，《新民报》的调整亦需通盘考虑整个私营各报的情况，而上海方面显然还没有明确具体的调整方案。陈虞孙在 5 月 13 日给华东宣传部报告称："目前该报经济情况不及文汇，估计纸张只能用到 6 月，到时恐须加以适当支援。最好不要用贷款，而用贷纸，一面还

---

① 《陈铭德、邓季惺致夏衍函》（1952 年 4 月 4 日），档案号：B34 – 1 – 37 – 5，上海市档案馆藏。

② 《陈铭德、邓季惺致夏衍函》（1952 年 4 月 4 日），档案号：B34 – 1 – 37 – 5，上海市档案馆藏。

③ 《陈铭德、邓季惺致夏衍函》（1952 年 4 月 4 日），档案号：B34 – 1 – 37 – 5，上海市档案馆藏。

须他们自己再向陈铭德去逼一下，是否可行请示。"① 因此，主管机关明显是想再拖上一拖，以便最后掌握更大的主动。之所以上海方面想拖上一拖，除想利用经济压力逼迫一下陈铭德，还有一个重要原因是新闻协会党组察觉到《新民报》内部员工的心态出现了变化。因为北京《新民报》的顺利公营，上海报社因此也抱有幻想，"这时期内该报上下一致存在着坐待公营的心理"。② 新闻协会党组显然不想直接接手一份人心涣散的报纸，是以"经我们和赵超构等一再说明，新民报的前途不决定于公营与否，而决定于是否为人民所需要。他们才憬然认识到，首先要把报纸办好，恰文汇报的成功帮助了他们有勇气与信心来接受我们的建议——确定对象，小型通俗化，并且要从群众工作着手"。③

　　结果再过一个月，《新民报》虽然有了"勇气与信心"，但亏损更甚。到了 7 月 1 日，上海市委宣传部上报私营各报调整方案时，对于上海《新民报》的意见称："与其把他拖得山穷水尽，最后还得接受这个烂摊子，不如早些接过来。因此，拟在思想改造运动的基础上，由新闻日报出资收买，将新民报并入新闻日报，继续出版一个时期，视销路与经济情况再定是否出版。"④ 此时《新民报》已经"山穷水尽"，宣传部才动议将其接收，但提出的方案是由《新闻日报》出资收购《新民报》。

　　直到思想改造学习阶段行将结束，上海方面最终才明确将《亦报》与《新民报》进行合并。思想改造组织建设阶段，《新民报》除进行与《亦报》的合并外，另一项重要工作是进行报社的机构调整。1952 年 10 月下旬，上海市委宣传部最终下定决心在思想建设阶段要一并解决新民、文汇两报的公私合营问题。10 月 29 日，赵超构给陈铭德写信，告知《新民报》机构调整的初步方案。11 月 4 日，陈铭德复信表示，所谓"公私合营"系指公私双方都有股本，而共同经营事业而言，公私合营的董事会系

---

① 陈虞孙：《关于五报方针及内容调整给谷、姚、陈部长的请示》（1952 年 5 月 13 日），档案号：A22 - 2 - 1533 - 14，上海市档案馆藏。

② 陈虞孙：《关于上海公私合营、私营各报最近情况和分工问题的报告》（1952 年 5 月 23 日），档案号：A22 - 2 - 1533 - 20，上海市档案馆藏。

③ 陈虞孙：《关于上海公私合营、私营各报最近情况和分工问题的报告》（1952 年 5 月 23 日），档案号：A22 - 2 - 1533 - 20，上海市档案馆藏。

④ 《本部关于报纸工作、新闻界思想改造工作的计划，报告总结及谷牧、姚溱两同志在新闻界思想改造会议上的讲话稿》，档案号：A22 - 1 - 47，上海市档案馆藏。

指双方都有董事，共同组织一个董事会而言。在《新民报》"股东纷纷表示恳求或捐献，已无人愿再任新民报之股东"的局面下，"公私合营"的"私"已名实不符，因此再次恳请直接将《新民报》转为"公营"，同时坚决请辞董事长一职。① 11 月 26 日，陈虞孙报告各报调整的方案，提出"亦报与新民报合并，该报债务约 6.65 亿（年奖在内），大报已停，其债务亦有 2 亿元，两报的债务共计 8.65 亿元，全部由政府拨款代还。新民报改为公私合营，该报债务约有 7.5 亿，由政府代偿，另拨给流动资金 13.5 亿元，共计 21 亿元，作为公股"。②

12 月 31 日，上海市人民政府文教委员会与上海《新民报》签订公私合营协议书，由原来的政府投资改为公私合营，成立公私合营上海新民报股份有限公司。上海新民报社原有资产减去负债，以其净值作为新公司投资额。政府投资 21 亿元作为公股，1952 年年终前全部拨清。③ 公私合营《新民报》设董事会，负责决定报社组织、主要人事及审核经营计划，预决算等。董事会由政府方面指派一人，原报社推举四人共同组成。张映吾出任《新民报》公股董事，吴晋航、陈铭德、赵超构、席文光出任私股董事。公私合营后的《新民报》实行社长负责制，代表董事会处理事务。另以社务委员会为报社行政领导机构，以编辑委员会为编辑业务与思想的领导机构。赵超构出任社长，陈铭德为副社长，蒋文杰为总编辑。赵超构、陈铭德、蒋文杰、欧阳文彬、曹中英为社务委员会委员，赵超构、蒋文杰、程大千、张慧剑、梁维栋、欧阳文彬、唐云旌、钱谷风为编辑委员会委员。④

股份处置方面，原《新民报》股份共 30 万股，其中 211618 股全部移转加入公私合营上海新民报股份有限公司，具体包括交通银行代管四川省银行等 18 户 73012 股，公司股和成银行、民生公司、华康银行、四川畜产公司、重庆宝源公司、重庆牛奶场、大康公司、怡益银行八户 54772 股，个人股陈铭德、邓季惺、罗承烈、何北衡、席文光、胡仲实、李奎

---

① 《陈铭德致赵超构信》，档案号：A22-2-43-43，上海市档案馆藏。
② 《关于各报公私合营的指示和报告》（1952 年 11 月 26 日），档案号：B34-1-37-1，上海市档案馆藏。
③ 《上海市文化教育委员会、新民报股份有限公司签订的上海新民报公私合营的协议书》（1952 年 12 月 31 日），档案号：G21-1-157-17，上海市档案馆藏。
④ 《赵超构：合营后工作报告》，档案号：G21-1-17-8，上海市档案馆藏。

安、石体元、张志渊、杨典章十户86744股。另外，张恨水、王达仁等59户90382股于公司财产处理完毕后，照股值核算，凭公司股票或缴款收据以现金退还款数。[①] 按合营协议书，原《新民报》私股按旧公司原有资产减去负债以其净值作为投资额。旧公司1952年底终决算，资产净值为5.9亿余元。[②] 公股投资共21亿元，是以公司资产共计约合27亿元，按每股1万元计，新折合27万股。而且在公私合营之前，为争取公营，《新民报》私股中就发生90%的董事"声明退股、捐献或辞去董事职务"，"股东也纷纷退股或捐献"。因此，公私合营后整个《新民报》中私股比例已极其微弱。

　　总的来看，上海几家私营报纸在解放初都保持纯粹私营的特点，此后都不同程度地接受了"公款"的救助，转向"私营公助"。个别报纸在股权结构上，实际上早就已经变成了"公私合营"，只是直到1953年方才进行报社改组，正式公私合营。相对而言，股权结构的调整与布局或从1949年底就已开始，显得缓慢、渐进，而组织机构的调整与改制则主要集中在1952年底的思想改造建设阶段，显得雷厉风行。1953年公私合营完成后，上海市委即行发文要求"各级党委及各有关部门应加以重视与运用，使之成为配合党报解释政策法令、文化经验、指导工作的工具"，并明确各机关和部门对各报应给予"必要的帮助与便利，纠正过去有意无意加以排斥的倾向"。[③]

第三节　公私合营与报业性质的讨论

　　如前所述，《解放日报》在1954年前尚存在大量私人资本，《新民报》《文汇报》《大公报》三家报纸在接受政府扶助后，也有大量公股资本参与。单纯从股权结构上看，上述各报都有公私合资的色彩。只是在经营形态上，党报呈现出完全公营的形态，而其他几家报纸并未进行改组，故而仍旧保持私营的模式。

　　较为特殊的一家报纸是《新闻日报》，它是上海解放后唯一明确进行

---

① 《关于各报公私合营的指示和报告》，档案号：B34-1-37-9，上海市档案馆藏。
② 《赵超构：合营后工作报告》，档案号：G21-1-17-8，上海市档案馆藏。
③ 《通知》（沪委53字第030号），档案号：A22-2-163-2，上海市档案馆藏。

公私合营的报纸。上海解放后，军事管制委员会派恽逸群为特派员、许彦飞为副特派员，对原来新闻报馆进行接管。接管时，因原有董事会已不能行使职权，而股东会因股权尚未清理无法召开，故此组织临时管理委员会，以恽逸群、许彦飞、金仲华、汪伯奇、马荫良为委员代行董事会职权，并推选金仲华为主笔，许彦飞任总经理。这个委员会中前三位系政府派驻，后两位则是原来新闻报馆的私股代表。临时管理委员会为军管时期《新闻日报》的最高机构，同时带有公私合营企业的董事会性质。临时管理委员会下设社务委员会，以临管会主任委员、总主笔、总经理、正副总编辑及党、团、工会负责人为委员，领导全社行政。[①] 1949 年冬，《新闻日报》获重新估值，资产定为 40 亿元，分作 40 万股，每股 1 万元。经过对其股份的清理审查，其中官僚资本 107125 股被确定接管充为公股，这部分占全部股份的 26.8%。余下私股共计 292875 股，占总股本的73.2%。无论是从资本构成还是从组织配置上看，《新闻日报》都具有公私合营的特征。不过，由于《新闻日报》一直以私营的面貌存在，因而报纸内部对《新闻日报》的性质存在颇多争议。

　　建国初期各报在实际经营中，内部对这种"似公似私""非公非私"的身份时存尴尬，并导致对各报性质、身份认同的不确定性。即便是作为党报的《解放日报》，其自身其实也颇感迷惑。1953 年初《解放日报》的一份报告即指出："我社自接管申报以来，解放日报是公营还是公私合营，一直不很明确。这样也就造成了工作中的很多困难。"[②]《解放日报》后来自修的报史自我解释说，这个时期的《解放日报》"在政治上是中共中央华东局和中共上海市委机关报，经济上属公私合营性质"。[③] 不难看到，股权结构实际上给建国初的《解放日报》造成不小的困扰，它直接影响到《解放日报》自我性质的判断。

　　随着股权结构的调整，各报的性质至少在经济上已然发生改变。在新政权的政治语境中，报纸性质往往又与政治身份等问题密切联系。对于身处变局之中的报人而言，报纸性质与身份认同的问题显得异常敏感。《新闻日报》早就定性为公私合营报纸，但长期以私营的面目经营。对于报纸

①　《新闻日报综合报告》（1954 年 3 月），档案号：A22 - 2 - 249 - 6，上海市档案馆藏。

②　《关于企业化经营方面的汇报》，档案号：A73 - 1 - 152 - 22，上海市档案馆藏。

③　《解放日报、新闻日报报史资料》（2），第 178 页。

股权与经营形态的这种差异，该报内部有不同的声音。党员梁古今就提出质疑，认为应该重新研究界定公私合营的性质。他明确反对其时将《新闻日报》"当作一般私营报纸来处理"的做法。他认为《新闻日报》应该明确公私合营，因为"《新闻日报》是军管会派特员接收的，编辑部人员全部换过，生产管理人员虽然不动，但是经营管理全由党员负责"。① 另一位党员胡中瑾也强调《新闻日报》公私合营的身份。胡说："公私合营的报纸恐怕全国只此一家，按照全国金融条例，凡是公股在20%以上的公私合营企业，就由国家来管理，工作人员和股东是公私关系而不是劳资关系。"② 梁、胡两人都偏向认同《新闻日报》公私合营的身份，梁古今的证据是报社已经进行过改组，而且经营管理都是党员负责。胡中瑾的证据则是公股已超过20%，而且工作人员与股东并非私企中的劳资关系。然而，梁、胡两人的据理力争恰恰反映出《新闻日报》的"名实不符"的状况。

也有人对《新闻日报》公私合营的身份提出质疑。例如鲁平就极为疑惑，他提出既然《新闻日报》没有资方，属于国家管理的机构，"只有股东而没有资方，经营管理方面没有资本家参加"，那么"为什么恽逸群派人进行工作都是用帮忙的名义，好象怕资方不接受的样子"。许彦飞对此解释说："过去我们对于公私合营企业应当由国家管理这一点不大体会，处理问题总想照顾资方利益，因为私股还没有全部没收。新闻日报没有资方，我们就把经理部一部分旧人员假设为资方，后来他们也真以资方自居起来，这些都是造成错误的原因。"③ 通过鲁平和许彦飞的言说，大致可以看出《新闻日报》虽具有公私合营的特征，但实际其经营实践偏向私营，自我制造了"资方"。股权结构与经营形态的分野，正是引发报社内部身份认同危机的根源之一。

《解放日报》《新闻日报》内部对报纸性质的迷惑与争执其实反映出一个问题，即"公私合营""公营""私营"的界限在当时显得极为模糊、含混不清。特别是"公私合营"，中共并没有明确的政策规范此种经济形态，由于没有石头可摸，是以报纸在具体的经营实践中就多受各报历史因

---

① 《新闻界思想改造（二）》，档案号：A22-2-1551-15，上海市档案馆藏。

② 《新闻界思想改造（二）》，档案号：A22-2-1551-15，上海市档案馆藏。

③ 《新闻界思想改造（二）》，档案号：A22-2-1551-15，上海市档案馆藏。

素、实际情况的影响表现出相当的复杂性。不过，令报人困惑的远不止于此。由于解放、新闻、文汇、大公、新民等报的股权结构中都有公、私股权（只是比例和程度略有差别），形式上都是公私合营，但实际上《解放日报》是华东局和上海市委的机关报，《新闻日报》则是中共领导的第一家公私合营报纸，而另几家报纸则属于私营，这显然令人费解。

报业思想改造运动正式启动前，新闻协会党组曾组织各报党员先期进行党内整风，以期为即将展开的思想改造运动统一思想。在党内整风座谈会中，"私营报纸性质"就是讨论的重要议题之一。这场争论局限在上海新闻界各党支部之间，相关材料亦只见于新闻界学委分会办公室编印的内部资料，因此并不为外界所熟知。尽管这场论争影响甚微，不过对于理解当时中共基层对于"报纸性质"的认识却有着重大意义。

这场争论围绕"私营报纸的性质"展开，涉及"为什么要办私营报""私营报的性质如何决定""私营报的任务与前途"等多个问题，其中最为核心的讨论集中在"私营报的性质如何决定""公私合营报纸的性质如何"两个问题。大多数私营报纸（如《文汇报》《大公报》等）的党员在讨论中都极力澄清自家报纸的"私营"身份，认为自己的报纸与公营报纸并无二致。甚至还有部分党员质疑《解放日报》的党报身份。孙葵君的发言就极有代表性。他在会议上发言说：

> 私营报性质到底怎样决定？假如说，私人出钱办的，就是私营报，那么，解放日报还有史量才的资金，虽然托交通银行代管，只是个说法问题，其它各报也可以这么办。而新闻日报私股有70％，大公报私股也不过75％，只多了5％，还有文汇报，据严宝礼说公家帮助的数目已超过私人资本，为什么解放日报是公营，新闻日报是公私合营，大公、文汇就是私营呢？假如说，是以报社总经理是否资产阶级来决定它是否私营报，也不对。假如说，解放后没有军管的就是私营报，那大公报也很希望政府接管，这样看来好像是全凭政府高兴，喜欢怎样就怎样宣布报纸的性质。例如宣传解放日报是党报，新闻日报要军管。[①]

孙葵君的困惑反映出建国初期上海报人对报纸性质的困惑和自我身份

---

① 《新闻界思想改造（二）》，档案号：A22－2－1551－15，上海市档案馆藏。

认同的普遍焦灼。这些争论与困惑都指向一个重要问题，公营、私营报纸与公营报纸的区别到底何在，什么才是这几类报纸的区别标准？用孙氏的语言来表述，即所有的报纸都有私股的成分，"为什么解放日报是公营，新闻日报是公私合营，大公、文汇就是私营呢？"孙葵君的困惑在于，在报人一般的经济观念中，报纸的性质普遍决定于股权结构，然而随着公营资本注入私营报纸，私营报纸的股权结构与报业性质就显得难以兼容，"公""私"之间存在着巨大的政治分野和身份落差，自然导致私营各报对党报的质疑与自我私营身份的不满。

回溯中共对于报纸的定性，中共很早就明确报纸是阶级斗争的工具而非生产事业。中共出台的《中外报刊通讯社处理办法的决定》对于报纸的性质即主要是从政治上予以定性，以反动、中间、进步的标准加以评判。从这个意义上言说，报纸除了经济的属性同时还被赋予了政治（工具）的属性。报人对报业性质的困惑反映出在建国初的政治语境下报业性质的判定存在着两套不同的评判标准。中共新闻理论更强调各报的组织形态和政治态度，而报人则多秉持过去的经济标准。因为政治权力的介入，各报股权结构与经营管理的必然关系最终被瓦解。因此，虽然股权结构上都带有公私合资的性质，但建国初上海各报在经营形态上却呈现出"公营""私营""公私合营"三种截然不同的形态。

由于中共并未对"党报""私营""公私合营"的界限与差别提供了明确的认识论标准，却在实践中采取了差异化的管制策略，加之"公""私"间在实践中不断被放大的落差，最终激起了私营报人对于报纸性质的争论以及要求获得新的政治身份的强烈诉求。新中国成立初期，因报业性质导致的公、私身份的落差本来就明显存在。随着各报股权的调整，特别是私营报纸中加入了越来越多公股后，私营报纸中的部分报人开始积极寻求"身份"的转变。各报基层党员因身份特殊，然而又不得不在私营报纸工作，由此更是表达出摆脱私营身份的强烈诉求。

上海报业性质的差异以及由此带来身份认同上的落差，也进一步影响了上海报业的团结，这与私营报纸团结在党报周围服务于党的宣传事业这一根本任务相矛盾。因此，如何调适公营、公私合营与私营报纸的冲突就成为随之而来的思想改造运动的重要内容之一。

第四节　"人民报纸"：以政治属性统摄经济差异

在调适公营、公私合营、私营报纸冲突的过程中，"人民报纸"提供了一个有利的框架和基础。"人民报纸"本是马克思在反对德国书报检查过程中提出的一个概念。① 1940年代初期《解放日报》改版过程，中共党报观念中明确发展出党报的人民性命题。1945年后，"人民报纸"逐渐发展成代表人民立场反对国民党独裁统治的具有新闻统战意义的概念。② 按这一概念，凡是代表人民立场发声的报纸皆可以算是人民报纸。除党报外，一些非党进步的报纸显然也属于人民报纸的范畴。在新城市解放后，中共要求所有继续出版的报纸均要向军管机构登记。在经过严格的政治筛选后，获准登记出版的报纸其实大体上属于"人民报纸"的行列。③

将所有经过登记的报纸都归入"人民报纸"，这显然与"新民主主义"的政权性质高度吻合，同时也符合统战的要求，更容易获取非党进步的民间报纸的认同。不过很快这一情况就发生变化。范长江在上海宣布："在国民党反动统治时期，有些私营的文化出版事业中，是曾在不同程度上代表人民的，是应当称为'民'营，或属于'民间'的，但在人民政权下，政权的本身是代表人民的，这里只有公营和私营之分，不再是'官方'与'民间'的区别。"④ 由"民"改"私"的性质认定显然极大动摇了这些报纸的身份认同，强化了公、私之间的经济和阶级差异。而此后的报业实践，公、私各报间的不平等关系更造成了公、私各报之间的紧张。既然党报是代表人民的公营报纸，那么私营报纸还属于人民报纸吗？

---

① 可参见吴璟薇《马克思"人民报刊"理念提出的背景考证：读马克思关于〈莱比锡总汇报〉被查禁的系列通讯》，《国际新闻界》2013年第10期。

② 可参见龙伟、董佳瑜《"人民报纸"的理论起点、话语衍变与历史实践（1942~1953）》，《国际新闻界》2019年第8期。

③ 胡乔木在全国新闻工作会议上的报告中曾说："全国经过登记的报纸大体上都可以承认是人民的报纸。"胡乔木：《关于目前新闻工作中的两个问题》（1950年3月29日），中共中央宣传部办公厅、中央档案馆编研部编《中国共产党宣传工作文献选编（1949—1956）》，学习出版社，1996，第38页。

④ 《文汇报》1949年6月21日。

毫无疑问，建国后继续出版的私营报纸也是"人民报纸"的组成部分，但同时这些报纸也被认为离真正意义的"人民报纸"有很大的距离，甚至在一定程度上模糊了人民报纸与资产阶级报纸的区别。既然这些私营报纸还没有站到"无产阶级和人民大众的立场"，那么将这些私营报纸改造成真正的"人民报纸"就是正当的政治诉求。思想改造期间，中共明确将"人民报纸"作为私营报纸改造的目标，并强调在此共同目标下的报业分工，试图借此消弭公、私对立，强化各报间的团结。颇可留意的是，此处的"人民报纸"与建国初期胡乔木言说的"人民报纸"在内涵上已有天壤之别，胡氏所说的"人民报纸"已属结果，而此处的"人民报纸"则是私营报纸思想改造要达成的目标。在建国之初，中共出于统战的考虑强调资产阶级和广大民众在建立新中国过程中的重要作用，但是民主专政总是能很快地重新规定"人民"中任何成分的政治地位。①

不管怎样，中共延续了"人民报纸"这一概念，并将其视为思想改造前后私营与公营之间的显著性标尺。以"人民报纸"这类笼统的政治定性来弱化各报经济属性的差异，此举无疑与建国时《共同纲领》规定的框架暗相契合。另外，这种标准还具有一个很大的优势，即它可以促使不同经济属性的媒体都统摄到一元化的意识形态旗帜之下，至少在表面上抛弃公、私的差异与分野，共同服务于党的宣传这一主题。这种观念在其时不断被新闻媒体的管理部门提及，谷牧在私营各报思想改造的动员讲话中就清楚地表达了这种理念。他讲：

> 各报纸根据其具体条件可以而且必需做适当地分工……甚至在企业经营的性质上，也可以有私营、公私合营或公营等等的不同。但是无论如何相异，有一点却是必须完全一致，完全相同的，那就是：方针只有一个。我们的一切报纸，都必须按照共同纲领所规定，明确工人阶级的领导地位。在我们报纸工作中，必须坚持工人阶级思想的不可动摇的

---

① J. R. 麦克法夸尔、费正清编《剑桥中华人民共和国史：革命的中国的兴起（1949—1965）》，谢亮生等译，中国社会科学出版社，1990，第71页。

领导地位，不许任何错误的思想危害人民民主革命的伟大事业。①

通过淡化私营报业的经济属性和经营形态，报业领导机关显然将更有可能把那些允许继续出版的私营报纸成功整合到同一个文化阵营。换言之，中共向私营报业传递了一个理念，只要按照《共同纲领》的规定明确工人阶级的领导地位，私营、公营还是公私合营其实只是形式上的差别，本质并没有什么不同。

这一策略显然获得私营报纸的好感。虽然在名义上建国初各报地位平等，但私营报业显然并不喜欢"私营"的帽子，而"人民报纸"的诉求则淡化了经营上的差异，这也为私营报纸去挑战、瓦解"私营"的概念，进而争取获得"公"的身份认可提供了契机。《新民报》的蒋文杰就为私营报辩解，他说："私营报的所有权属于资本家，但是领导权不属于他们，政治领导，思想领导都在我们手里，因此除了股份以外，公营报和私营报是一样的。"② 很明显，蒋文杰将报纸经济上的所有权与政治上的领导权截然分开，因此他得出的结论是"除了股份以外，公营报和私营报是一样的"。言下之意是新民等报也应该获得尊重，不能被单纯视为私营报，他们与公营报纸并没有本质的差别。

《大公报》李纯青的看法更是直接。他直接讲："私营报私在什么地方？是不是由资产阶级经营的？私营报中的资方既没有资产阶级的三权，又不能宣传资产阶级的思想，这种资产阶级似乎已不存在，私营只是一个形式而已。私营报和公营报具有共同的宣传内容对共同的敌人宣战，其中并没有私人的东西，所以性质上是公的。"③ 李纯青的表述简化后即是私营只是形式，实际上"性质是公的"。在李纯青看来，"私营"仅仅是经济形态，而政治属性决定了报纸的根本性质。李纯青说："私营报是私营的，但它生产思想品，所以有两重性，一方面是私营报，一方面是人民的报纸。"④ 按他的逻辑，报纸的政治属性决定报纸的根本性质，人民报纸与私营报纸因此得以在同一份报纸中兼容。不难看出，通过中共树立的

①　谷牧：《在上海新闻界思想改造学习动员大会上的讲话》，档案号：A22 - 1 - 47 - 129，上海市档案馆藏。

②　《新闻界思想改造（二）》，档案号：A22 - 2 - 1551 - 15，上海市档案馆藏。

③　《新闻界思想改造（二）》，档案号：A22 - 2 - 1551 - 15，上海市档案馆藏。

④　《新闻界思想改造（二）》，档案号：A22 - 2 - 1551 - 15，上海市档案馆藏。

"人民报纸"这一政治标签，私营各报试图剥离私营报自身的经济属性，努力扩展"公"的政治范畴（同一文化阵营，同属"人民的报纸"），从而使得私营报纸可能获得"公"的新身份与新认同。

当然，私营报纸内部的这些阐释只不过是各报支部党员一厢情愿的美妙设想而已。因为即使从政治上来讲，充斥资产阶级办报观念的私营报纸是否属于"人民的报纸"还要打上很大的问号，类似蒋文杰所说"政治领导、思想领导都在我们手里"这样的判断也显得言过其实。报业主管机关尽管暂时弱化了各报的经济差异，但这并没有消除私营与公营之间存在的巨大鸿沟。报业主管机关清醒认识到私营报业中还存在着大量的新闻工作者，他们"许多都是出身小资产阶级的知识份子"，这与报纸应该坚持工人阶级的领导地位极不匹配。因此，"批判和清算资产阶级的办报思想，使我们全体新闻工作者从资产阶级思想影响下解放出来，稳稳地站到工人阶级的立场上来"[1] 就显得尤为必要。

就随后展开的新闻界思想改造运动来看，这场运动也可视为从私营报到"人民报纸"的转变运动。《文汇报》在思想改造之后，即宣称"我们过去曾为公营私营问题苦闷，现在，这问题应该在思想上解决了"。如何解决了呢？《文汇报》解释说因为经过学习，报人认识到了"报纸不同于其他企业，它是生产思想的机器，是思想斗争的武器。因此，不论经营的方式如何，新闻工作者都应该自觉地成为国家工作人员，人民的勤务员"。[2]《文汇报》的这一宣言即明确昭示，私营报纸中的不同观念都统一在了"人民"的名义之下。因为都是为人民服务，都是人民的勤务员，故而大可不必为公营、私营问题感到苦恼。

私营报纸性质认识分歧的背后，事实上反映了新中国成立初期私营报业内部的认同危机，以及报人摆脱私营身份的诉求。说到底，是私营报人思想上对公营、私营问题倍感苦闷的表达。通过这场论争，可以看到建国初期报界内部对于"党报"、"公私合营"与"私营"之间的界限皆存在着含混的认识，报业性质与股权结构的冲突一直潜伏在1950年代初期上海报业脉络之中。作为消极和负面的情绪，私营报人对私营身份的质疑显

---

① 谷牧：《在上海新闻界思想改造学习动员大会上的讲话》，档案号：A22-1-47-129，上海市档案馆藏。

② 《文汇报今后的方针、方向和组织机构》，《学习》第20号，1952年12月6日。

然有碍私营报纸的工作积极性。不过，作为积极和正面的情绪，私营报人对公营身份的追寻同样也为此后通过思想改造和献出股份来扭转身份提供了内在动力。

为消弭报业中普遍存在的公、私营身份上的分歧，中共有意暂时弱化了各报经济属性上的差异，在"人民报纸"的统摄下，以求得各报的团结及其体制转型。但"人民报纸"前后所指内涵的变化，已然反映出中共对新闻业的政策出现了明显的转变，既要对小资产阶级进行联合，又要清算其思想根源为无产阶级通向非资本主义扫清道路。经过公私合营的机构改组，私营报纸的股权结构与报纸性质得以协调一致，私营报人最终实现了从民间报人到国家干部的身份跃变。

第八章　党建：中共党组织在上海各报中的运作

解放后上海新闻界面对的重要任务是建立起以党报为核心的国营新闻体系，以实现计划体制和国家意识形态的统帅。要完成这一任务，除党报的正常出版发行外，最困难之处莫过于如何让私营报纸统一到党和国家的意识形态之下，成为工人阶级与共产党领导下的人民报纸。新政权成立后，党政各级机构迅速将报纸置于全面组织管理之下。然而要使私营报纸真正转变为"人民报纸"，主要还得积极发挥私营报纸内部党组织的领导作用。在私营报业由旧式自由报纸转变为工人阶级领导的"人民报纸"过程中，党对私营报业的领导是极为关键的环节。在对私营报业思想改造的同时，同步推进私营报业系统的整党建党工作，试图在私营报业发展党员、建立支部，以此强化党对非党报纸的领导。

第一节　解放初期上海报业中的党组织

上海解放当天，军管会就颁布了《中国人民解放军上海市军事管制委员会关于上海市报纸杂志通讯社登记暂行办法》，对上海原有报纸、杂志、通讯社进行重新审查登记。① 经过严格筛查，报业方面，除《解放日报》等党报外，最后只允许《大公报》《文汇报》《新民报》《新闻日报》等几家报纸继续出版。

解放初的上海报界中，党报和非党报中的政治力量表现得非常不均衡，党报中的党团组织和力量占据了压倒性的优势。作为华东地区的一面旗帜，《解放日报》中的党团力量在整个上海报业中最为强大。《解放日报》不仅建立了完善的基层党组织体系，而且配备了大量的党员干部充实

---

① 《上海市军管时期法令汇集》（一），第 111～113 页。

队伍。1951 年 7 月的一份材料显示，其时《解放日报》已设党总支①，下设编辑部、秘经、工厂、青年报四个支部，全社员工共 521 人，四个支部党员就有 103 人。四个支部中，尤以编辑支部党员比例最高，135 名职工中有党员 56 人。另外三个支部，秘书经理两部门职工有 160 名，其中党员 15 人；工厂职工 192 人，支部党员 13 人；青年报职工总 34 人，支部党员 19 人。②

与《解放日报》等党团报纸中党的领导所占的权威地位相比，上海私营报纸中党团组织的力量就显得极为"匮乏"。在解放后的相当一段时间内，几份私营报纸不仅党员人数极少，而且没有自己的党支部。

为方便了解私营报业业务及思想情况，确保党的宣传方针与经营方针在私营报业中的贯彻执行情况，上海市委决定率先在新闻协会中组建联合党组。1950 年 7 月 13 日，上海市委组织部批示，同意由陈虞孙、许彦飞等组成新闻协会党组，以陈虞孙为书记，委托上海市委宣传部对其进行领导。新闻协会党组的成立虽然有助于强化对私营报纸的统一管控，然而因为党组和直属单位党组织只是指导关系，根据党章党组无权对党支部进行直接领导，更无权发展接收新党员。因而，党的宣传路线、方针、政策在各报的贯彻执行，最终还有赖于党支部的大量工作。

解放初期上海私营报纸中党员相对有限。据 1950 年 6 月的统计，其时《新闻日报》有党员 14 人，《大公报》有党员 3 人，《文汇报》有党员 1 人，《新民晚报》有党员 2 人，《大报》和《亦报》只有党员 1 人。③ 这些私营报纸中的党员大多是解放前就在各报工作的地下党员，由上海地下文委领导，身份较为隐秘。因党员数量较少，按党章的规定，解放后的五大私营报纸仅设立了两个支部：一是新闻日报支部，一是文汇、大公、新民三家的联合支部。《新闻日报》主要是从原《新闻报》发展而来。上海解放接

---

① 解放初设有党总支的单位并不多。据相关材料显示，1949 年 7 月，整个上海市共有党的基层组织 717 个，党员 17602 人，其中随军进入上海的党员 9964 人。1949 年底，全市有党的基层组织 956 个，其中总支部 72 个，支部 884 个，党员 20646 人。参见上海通志编纂委员会编《上海通志》第 2 册，上海人民出版社、上海社会科学院出版社，2005，第 761 页。

② 《解放日报社党员总支概况》，档案号：A73 - 1 - 64，上海市档案馆藏。

③ 《上海市新闻协会党组关于各报党员情况及对组织党组意见的报告》（1950 年 6 月 15 日），档案号：B36 - 1 - 2 - 12，上海市档案馆藏。

管时，《新闻报》（主要是工厂部）有地下党员 7 人，由军管会调《新闻日报》搞接管等工作的党员 6 人，另有通过私人介绍等关系进入编辑部工作的党员 5 人，共组成新闻日报支部，属黄浦区委领导。[①]《文汇报》《大公报》《新民报》三家报纸因党员人数极少，所以成立一个联合支部，同属黄浦区委领导。至 1952 年 11 月，私营各报党员分布情况见表 8-1。

表 8-1　上海私营报业中党员分布情况（1952 年 11 月）

支部	报纸	编辑部	经（管）理部	工厂	共计
新闻日报支部	《新闻日报》	邹凡扬、邢象超、胡中瑾、陈伟斯、陈六祥（候补）	许彦飞、鲁平、邹子明、莫嘉惠、庄善继、陈竹高、姜凤兰（女）、毕玉香（女）、程千里	梁古今、顾毛毛、王克刚、王虎根、张桂英（女）、张政、于殿芝、李英杰、欧兆珍	23
联合支部	《大公报》	李纯青、潘德谦	—	—	2
	《文汇报》	郑心永	孙葵君	虞学芬	3
	《新民报》	蒋文杰	—	陆善本、胡林根	3
合计		9	10	12	31

资料来源：《新闻界整党建党计划（草案）》（1952 年 11 月），档案号：A22-2-1546-4，上海市档案馆藏。

从数量上看，上海私营报业中的党组织力量极为薄弱。到 1952 年 11 月，上海 5 家报纸的党员共有 31 人（含候补党员 1 人），其中《新闻日报》因是公私合营，调入不少党员，共计有党员 23 名。其余四报，每报都只有二三名党员。《大报》《亦报》两家小报最初只有李之华一名党员，李之华因车祸去世后，连一名党员也没有了。这种局面显然难以确保党员在报社的编辑、管理、出版、发行等业务工作中发挥优势，贯彻党的政策、方针在新闻业务上的落实。

从上海解放至 1952 年底，上海私营报业内中共党组织基本处于停滞不前的状态，上海私营报纸的两个支部也基本上没有发展新党员。甚至在一段时间，上海私营报业两个党支部的直接领导机关黄浦区委还指示支部

①　《新闻日报综合报告》（1954 年 3 月 11）；《新闻日报、劳动报、文汇报、新民报综合情况报告》，档案号：A22-2-249，上海市档案馆藏。

应以整顿为主，停止发展党的工作。① 之所以没有在私营报纸中强行壮大党组织，主要有三个方面的原因。其一，中央在全国范围内放慢建党步伐。淮海战役后，中共中央认为淮海战役中党员人数激增，党员质量的参差不齐致使党的队伍不够纯洁，因此有意放缓了党建步伐，中央规定在大城市对上层知识分子的入党应采取"暂时关门"的举措，上海等地应"待解放后再说"。② 直到1951年2月，中共中央仍还在强调城市与新区建党必须采取审慎的方针，要求对整党、建党实行严格的控制。③ 其二，私营报纸的特殊性决定。中共之所以还允许私营报纸在新中国继续出版，主要是考虑到贸然关停私营报纸影响国际舆论，相反保留几家进步的私营报纸可以"联系更广泛的社会阶层"，④ 有利于站在民营的立场替党说话。在新民主主义旗帜下，中共在建国之初主要是以"私人关系"的方式派遣进步分子到党外报纸推动其工作，⑤ 并没有直接插手干预私营报纸内部的组织管理。其三，解放初期私营报业内部的党组织亦不健全，基层支部存在严重顾虑，因而也不敢贸然发展党员。解放前，由于私营报纸中党的组织被反复破坏，"党员有的被捕，有的投敌叛党，有的失去关系"，组织混乱与党内不纯的情况十分严重。上海解放后，报纸内部党员身份复杂，急需审查清理，基层支部也对发展党员缺乏信心，"害怕搞错"，以致不敢轻易发展党员。⑥ 总的来说，新中国成立之初，中共并不因为报纸"是阶级斗争的工具"就试图控制私营报纸，私营报业中党组织的发展也并未因此而呈现差异性。1952年前私营报纸中党员稀少的实际情况恰恰表明中共在新中国成立初期坚持了《共同纲领》的精神，只是意图在思想上和行政上对私营报纸进行指导和管理，并没有要将私营报纸彻底收编之意。

　　新中国成立之初上海私营报业中的党组织，不但面临力量薄弱的问

①　《新闻日报综合报告》（1954年3月11日），档案号：A22-2-249-18，上海市档案馆藏。

②　《中央关于在新解放区域及待解放城市必须谨慎地发展党员的指示》（1949年2月15日），《中共中央文件选集》第18册，第133页。

③　《中共中央政治局扩大会议决议要点》（1951年2月18日），中共中央文献研究室编《建国以来重要文献选编》第2册，中央文献出版社，1992，第41~42页。

④　《中共中央关于大城市报纸问题复南京市委电》（1949年5月9日），《中国共产党新闻工作文件汇编》上卷，第280页。

⑤　《中共中央关于新解放城市中中外报刊通讯社处理办法的决定》（1948年11月8日），《中国共产党新闻工作文件汇编》上卷，第189~193页。

⑥　《新闻日报综合报告》（1954年3月11日），档案号：A22-2-249-18，上海市档案馆藏。

题，更重要的是不少党员的身份亦有待审查弄清，上级党组织对部分党员的党性素养颇有质疑。例如《新闻日报》的报告就提及："（解放前）新闻报工人中曾发展党员数十人，其后在敌人的残酷进攻下，党的组织被反复破坏，党员有的被捕，有的投敌叛党，有的失去关系，组织混乱与党内不纯的情况十分严重。"① 这种情况下党员身份很大程度上难以完全弄清，身份审查和党的整顿成为该时期党务工作的重点。由于组织薄弱，党员受教育机会较少，党员的党性修养亟需提高。市委宣传部副部长白彦在后来的一次讲话中就指出，上海私营报业两个支部的党员大部分是解放前加入各报，"是党从事地下活动时发展的"，② 这些同志虽然"大多数是好的，基本上是好的"，但是"也存在若干问题"。③ 归纳来说，上级党组织认为私营报纸中的基层党组织主要存在以下问题：一是因为私营报纸的党员长期在白区从事地下工作，故而组织生活松懈，受党的教育较差，属于"上海党组织比较薄弱的一环"；二是党的基层组织比较薄弱，支部并非按生产单位独立建制，联合性的支部导致本身组织观念不强，小组会、组织生活开展不正常，影响党员对党的认识；三是私营报业中虽然成立了党组以加强领导，但现有党的力量不能发挥党的领导，严重影响党的宣传方针与经营策略在私营报业中的贯彻执行。

　　总体而言，报业思想改造前，上海市委对私营各报中党组织情况的基本判断是人数极为有限，基本上没有新党员，党内组织生活也不正常，党员很难发挥领导作用。这个判断显然较为中肯，它至少表明，私营报业中的党组织和党员素质离上海市委的期望还相距较远，党在私营报业中的基层力量还存在不少亟须解决的问题。因此，在1952年6月上海市委宣传部拟订的思想改造运动计划草案中，就有意识地提要将思想改造与整党运动相结合，"先党内，后党外，党内严，党外宽"，最终"要达到整党的目的"。④

---

① 《新闻日报综合报告》（1954年3月11日），档案号：A22-2-249-18，上海市档案馆藏。

② 《新闻界整党建党计划（草案）》（1952年11月），档案号：A22-2-1546-4，上海市档案馆藏。

③ 《新闻界整党动员大会》，档案号：A22-2-1546-44，上海市档案馆藏。

④ 上海市宣传部：《上海新闻界思想改造学习计划（草案）》（1952年6月底），档案号：A22-1-47，上海市档案馆藏。

第二节　思想改造前夕上海私营报业的党内整风

为使新闻界的党员能够统一思想，并为即将到来的私营报业思想改造运动奠定基础，新闻界内部率先在思想改造学习前发动了党内整风。

上海报业中的党内整风并非上海市委针对私营报业的独创，而是建国初在全国范围内整党工作的组成部分之一。1951年2月，中共中央政治局扩大会议决议，要从1951年下半年开始，以三年的时间，有计划、有准备、有领导地进行一场整党运动。随后召开的第一次全国组织工作会议又通过《关于整顿党的基层组织的决议》和《关于发展新党员的决议》，要求以共产党员八项条件教育全体党员，对基层组织进行普遍整顿，并对新发展党员做出明确规定。① 整党运动开始后不久，"三反""五反"运动随即展开。1952年2月3日，中共中央发布《关于"三反"运动应和整党运动结合进行的指示》。② 到1952年8月底，全国地委以上机关和部分县委如火如荼地进行整党工作。

上海新闻界的党内整风于1952年7月10日展开，为期40天，一直持续到思想改造运动的发起。从宣传部门制定的"先党内、后党外"的方针看，党内的整风事实上是私营报业思想改造运动的一次党内预演。党内整风的目的主要有二：一是先在党内统一认识，为即将开始的思想改造扫清思想上的障碍；二是通过党内整风为思想改造从党内到党外的扩展做好示范、奠定基础。

私营报业持续40天的党内整风，大体经历了明确标准、普遍揭发、自我检查几个阶段。由于私营报业中的党员都没有经历过类似的政治训练，因此工作推动极为缓慢，特别是"明确标准"阶段的思想动员工作耗时甚多。

"明确标准"阶段主要以党内讨论的形式展开，涉及的问题非常多。据新闻界学委分会办公室对党内讨论搜集整理的资料，涉及的主题包括

---

① 《中国共产党第一次全国组织工作会议关于整顿党的基层组织的决议》（1951年4月9日通过），《建国以来重要文献选编》第2册，第205～212页；《中国共产党第一次全国组织工作会议关于发展新党员的决议》，《建国以来重要文献选编》第2册，第213～216页。

② 《中共中央关于"三反"运动和整党运动结合进行的指示》（1952年2月3日），《建国以来重要文献选编》第3册，第64～66页。

"对思想改造的目的与方法问题的意见""对私营报纸的性质与方针问题的意见""对私营报中统一战线问题的意见""对私营报纸中资产阶级思想影响问题的意见"。通过这些资料，可以看到党内讨论的问题极为广泛，既涉及即将开展的思想改造运动的目的、方式、标准，也涉及新社会中诸如报纸的性质与方针、报纸的分工、报纸的经营方针、私营报社中的统战工作等一系列基本问题。

就党内的讨论过程看，由于私营各报党员素质不一，因此对报纸工作中一些基本问题的看法显得较为混乱。譬如在讨论如何整党时，各报基层党员的看法就有较大分歧。对于即将开展的整党运动，部分党员内心忐忑。有党员在讨论整党标准时提出，因为私营报馆里的党员没有经历过延安整风，所以比起那些真正的布尔什维克来，"对我们（的标准）还须从宽一些"。另一位党员则反驳说："想降低标准，是不对的。党员必须要按标准办事，党内严就一定要达到八条标准不可。"然而，私营报业中党员成分驳杂，整风本就是要统一思想，提高水平，通过党内整风让党员完全达到八条标准也近乎理想主义。以至又有党员说："党员都要达到八项标准，那么整风以后我们都布尔什维克化了，恐怕是不可能的。"① 党内的讨论暴露了基层党员思想政治水平参差不齐，在核心问题认识上存在较大分歧。

基层党员集中讨论的过程其实也是反复的政治训练过程。由于各报党员之前基本上没有接受过类似的政治操练，因此党内整风开展之初的思想动员工作极为困难。新闻协会党组书记陈虞孙只能自己带头，先做自我检查，由参加整风的全体党员提意见，最后才得以顺利推动。通过批评与自我批评以及在党内的交流讨论，基层党员围绕建国初期私营报业一系列根本问题发表看法、谋求统一。领导机关显然是希望能通过"以问题为中心"的集中讨论，让基层党员逐步在讨论中"划清思想界限，掌握批判标准"。②

在初步掌握标准之后，整风运动随后展开了"以问题为中心的对事不对人"的普遍揭发，"从三年来的工作中尽量揭发一切资产阶级思想影响的事例，集中归纳成类，再进行批判，进一步划清思想界限，然后在这基

① 《新闻界思想改造情况》（一），档案号：A22－2－1551，上海市档案馆藏。
② 上海市宣传部：《上海新闻思想改造总结》（1952 年 12 月 13 日），档案号：A22－1－47－129，上海市档案馆藏。

础上进行个别检查"。① 所谓的"个别检查"不仅是对个人以往资产阶级思想的清理，更重要的是借批判与揭发重新审查个人的政治与历史问题。从形式上看，党内整风所采取的明确标准、普遍揭发、自我检查等方法不但与此前党的各次整风运动一致，也与此后私营报纸党外的思想改造运动高度一致。对于没有经历过各种运动的私营报人来说，这无疑是鲜活的示范。这种形式随后也受到上海市委宣传部的充分肯定，认为党内整风的经验"对于以后展开各报的思想改造学习运动所起的作用是极大的"。②

显然，党内整风并非闲聊式的讨论，其政治指向除了通过问题讨论以实现思想的统一，其更重要的目的还在于通过交代与揭发政治历史问题，从而达到人事调查和组织审查的目的。通过交代与揭发，"有问题"的人员被排除在了报社之外。经过对基层党员的甄别，基层党组织的思想趋于统一，这也为随后展开的整党建党工作奠定了基础。

在思想改造过程中，私营报业中的党员虽人数较少，但在配合党组带头交代、检举揭发方面发挥了重要的动员作用。与此同时，上海市委也注意到私营报业基层党支部的薄弱，私营报纸在新闻报道上仍存在不少问题，要完全摆脱资产阶级的新闻观念、树立正确的新闻观，必须强化基层党员在报社中的领导地位，加强党对将报社的掌控。为进一步强化对私营报业的领导，在思想改造运动告一段落后，上海市委宣传部即刻提出应该"在思想改造的基础上进行整党建党，加强党在各报中的领导力量"。③

第三节　思想改造后期上海私营报业的整党运动

之所以要在思想改造学习结束后还要继续整党，其直接的原因还是在思想改造学习过程中，报业领导机关发现私营报业内部党员存在不少党性不纯问题，整党将为进一步的建党，以及私营报业公私合营后强化党对私营报业的领导奠定组织基础。从本质上讲，整党运动与思想改造学习虽然

---

① 上海市宣传部：《上海新闻界思想改造总结》（1952 年 12 月 13 日），档案号：A22 - 1 - 47 - 129，上海市档案馆藏。

② 上海市宣传部：《上海新闻界思想改造总结》（1952 年 12 月 13 日），档案号：A22 - 1 - 47 - 129，上海市档案馆藏。

③ 上海市宣传部：《上海新闻界思想改造总结》（1952 年 12 月 13 日），档案号：A22 - 1 - 47 - 129，上海市档案馆藏。

性质与手段不同，却能达到承前启后、殊途同归的目的。上海市委宣传部副部长白彦曾解释为何在思想改造学习结束后开展整党运动。他谈到了四点理由：

> 1. 思改并未解决党员标准问题。因为思改未以党员标准检查，未涉及党员标准是否够党员条件。批判了资产阶级思想，划清了资产阶级与工人阶级思想并不一定是一个党员。因为工人阶级并不就是共产党员，必须进一步划清党群界线，先锋队与阶级界线。2. 思改后有回生现象，这说明思改并不是很深入解决问题。3. 群众性的交代历史，但我们一些党员并未完全解决问题，有一些同志还未完全向党讲清这些问题。必须经过整党搞清问题，放下包袱，让党更了解党员，党员更靠近党。4. 新闻界要建党，要发展扩大党，就必须先整理现在的队伍，使步伐整齐，思想一致，团结才行。

整党一方面固然是想"认真地、有系统地对所有党员进行一次关于共产党员的标准、八项条件的教育，提高所有党员的共产主义的政治水平，并能根据党员标准来检查自己，提高自己"，更重要的还是对尚有历史关节问题的若干党员以及不起作用的消极分子，通过整党谋求"稳妥而又严肃地"解决，最终的目标是"整理现在的队伍，使步伐整齐，思想一致"。只有纯洁了组织，才能进一步建设组织、发展组织。① 因此，如果说思想改造学习批判主要是针对党外的知识分子和小资产阶级展开，旨在改造其资产阶级思想，那么整党则是党内针对党员进行的政治甄别、清理，两者尽管在运动对象、方式上有所区别，但最终都指向意识形态的统一和强化，旨在造就思想统一、行动统一的宣传工作者。

在主管部门的决策设计中，私营报业内部的整党运动属于思想改造运动"组织建设"阶段的工作。该阶段包括明确分工、调整机构、建立制度、人事调整、整党建党等多方面工作。在各报组织人事调整基本尘埃落定后，私营报纸的整党建党工作于1952年11月底展开。运动主要由整党工作组领导，由思想改造办公室的陈虞孙、束纫秋、欧阳文彬三人，外加

---

① 《新闻界整党建党计划（草案）》（1952年11月），档案号：A22-2-1546-4，上海市档案馆藏。

两个支部的书记邹凡扬和蒋文杰组成。整党工作组直属上海市委整党建党办公室领导，由陈虞孙负责。为确保整党建党工作的顺利开展，上海市委还特别批准将两个支部临时组织关系从黄浦区委转出，先由新闻协会党组领导，后由整党工作组直接领导。

整党既是思想改造"组织建设"阶段，同时是对思想改造学习的再次"巩固提高"。新闻协会党组拟订的《新闻界整党建党计划》方案明确指出："按照新闻界党的力量现有分布状况，如果仅仅依靠这些主观力量，是无法完成今后日益繁重的宣传任务的。为了做好今后党的宣传工作，巩固新闻界思想改造的收获，在各报的整党建党的学习中，发展党在新闻界的力量，这是目前上海新闻界党组织的一个非常重要的政治任务与组织任务。"[1] 据《新闻界整党建党计划》方案，新闻界的整党建党分为两个步骤：第一步是教育提高，第二步是组织处理和接收新党员。教育提高阶段主要围绕"整党建党的意义及怎样进行整党建党"以及"党员标准"[2] 两个问题，运用"自修与讲课并重，结合集体讨论的方法"，"展开批评与自我批评，求得思想和行动的提高"；第二步则是在第一步的基础上，对有问题的党员进行处理，对可靠的积极分子加以接收。[3]

与其他部门较早开展的整党运动相较，上海新闻界相对滞后的整党运动有其自身的特点。1951 年整党时，一般把党员划分成四种人：具备党员条件的；不完全具备党员条件，或者有较严重的毛病，必须加以改造提高的；不够党员条件的消极落后分子；混入党内的阶级异己分子、叛变分子、投机分子、蜕化变质分子等。[4] 从步骤和程序上看，一般的整风主要是学习、审查和处理，因此是以"整"为主，以"建"为辅。上海新闻界整党运动的性质从一开始就很明确，乃是思想改造后报业体制变革的一个组成部分，整党固然在于消除党性不纯、工作作风懒散与拖沓等问题，更重要的任务则在于通过整党而建党，发展基层党员进而强化对私营报业的领导。

---

① 《新闻界整党建党计划（草案）》（1952 年 11 月），档案号：A22 - 2 - 1546 - 4，上海市档案馆藏。

② "党员标准"是指刘少奇在第一次全国组织工作会议上提出的共产党员标准的八项条件。参见刘少奇《共产党员标准的八项条件》（1951 年 3 月），《党的文献》2010 年第 2 期。

③ 《新闻界整党建党计划》（1952 年 11 月），档案号：A22 - 2 - 1546 - 4，上海市档案馆藏。

④ 中共中央文献研究室编《建国以来重要文献选编》第 2 册，第 42 页。

　　为顺利展开整党运动，新闻协会党组在 11 月下旬多次开会布置准备。22 日，新闻协会党组会议集中就整党过程中的具体安排和细节进行了讨论，涉及两个党支部组织的调整问题、整党第一步骤的过程、工厂何时接上、发展培养对象名单等问题。在新闻协会党组的安排和领导下，随后新闻日报支部、联合支部进行了改选，并按整党运动要求明确了小组及组长名单，各报进一步研究确定了积极分子参加学习的名单，重新考虑发展培养对象的名单，团员及积极分子的编组名单。25 日，新闻协会党组再度召开会议，对整党运动的准备情况进行检查。①

　　按照要求，所有私营报业中的党员，第一、二类积极分子②及青年团员，均要参加整党学习、教育提高。具体参加整党学习的人数共 189 人，包括党员 25 人、团员 85 人、积极分子 33 人、旁听报告党员及群众 46 人（见表 8 - 2）。

表 8 - 2　1952 年上海私营报业参加整党学习人数统计

单位：人

	参加整党党员数	参加学习团员数	参加学习积极分子数	旁听报告党员数	旁听报告群众数	共计
《新闻日报》	16	21	9	5	11	62
《大公报》	2	43	12	0	9	66
《文汇报》	2	13	4	1	15	35
《新民报》	2	8	8	1	4	23
办公室	3	0	0	0	0	3
合计	25	85	33	7	39	189

　　一般来说，整党运动主要是针对党内的党员，并不涉及普通群众。然而"为扩大学习的影响力，以形成学习的制度"，"使大家受一次共产主义的教

---

① 《党组会议（讨论整党建党）记录》（1952 年 11 月 22 日），档案号：A22 - 2 - 1546 - 33，上海市档案馆藏。

② 第一类积极分子是指经研究、排队，拟发展为党员的对象，第二类积极分子是指拟培养的对象。最初拟定的名单第一类积极分子共有 26 人，其中团员 11 人，编辑部占 16 人。第二类积极分子共有 32 人，其中团员 15 人，编辑部占 23 人。此后新闻协会党组会议曾明确"发展培养对象还要经各报仔细研究，经工作组审查批准"，因此后来实际参加整党的人数有所调整，最后只有 33 人作为积极分子参加整党。

育"，私营报业的整党运动不仅要求党团员和积极分子参加整党学习，也要求一般人员"进行共产主义与共产党的学习"。之所以让普通群众加入，固然有使群众有机会受教育的考虑在其中，但更主要的因素可能还是私营报业中的党员人数太少，如果只是在党员中展开整党，很难形成广泛影响，也难以达到预期的效果。因为运动对象不同，任务和要求自然也各有不同，党员的任务主要是对照八项条件联系自己进行检查，而积极分子和团员的任务主要是提高认识，普通群众则以进行共产主义学习为主。[①]

12月1日，上海新闻界召开整党动员大会，陈虞孙、白彦等发言，主要由白彦做关于新闻界整党的报告。白彦主要围绕为什么要整党、为什么在新闻界思想改造后整党、整党方针政策、如何整党、建党问题五个方面展开报告，并传达了上海市委关于新闻界整党的精神。[②] 上海市委深感"上海的任务与党的力量不相称"，因此明确上海"以建党为主"，"没有解决的问题在整党中解决"。按此精神，新闻界整党运动首要任务和主要目的是建党，"使够条件党员不断提高，不够、不完全够的党员努力改造提高，争取做个够条件的党员"。其次才是进行政治甄别，弄清党内存在的政治历史问题。新闻界的这种做法在一定程度上避免了整党过激。

虽然历经党内整风、思想改造，而且对整党运动也早有耳闻，但当整党运动真正在新闻界党支部开展起来时，私营各报中的党员仍然心存忐忑、顾虑重重。12月3日，上海新闻界整党工作组会议召开第一次会议，各支部汇报了整党开始以来的情况，反映各支部党员对陈、白两人报告的思想动态。联合支部蒋文彬汇报说，联合支部在听取整党报告后，开了两次漫谈会，但效果都不佳。陈虞孙敏锐地发现，大部分党员"偏重于解决党籍的问题，不是争取提高八条"[③]，这显然与整党的宗旨背道而驰。之所以漫谈会的讨论重点会跑偏到"党籍"问题上，很重要的原因在于不少私营报纸的党员有或多或少的历史问题，能否留在党内尚成问题，哪里还会去讨论争取提高的问题。

与党员普遍"担忧"的心理相比，积极分子可能是整党运动中表现最

---

① 《各报整党建党期间一般群众的学习计划（草案）》，《学习》第20号，1952年12月6日。
② 《新闻界整党动员大会》，档案号：A22-2-1546-44-51，上海市档案馆藏。
③ 《新闻界整党建党工作组会议（1）》（1952年12月3日），档案号：A22-2-1546-52，上海市档案馆藏。

为积极的一个群体。张林岚即是其时的积极分子之一，他后来回忆说：
"当时确实非常兴奋，十多年前刚参加救亡运动、在民先队开会时的那种
感觉，又回到了我的身上。看来，入党好像只是指顾间的事。"① 积极分
子大多是工作比较积极、政治水平较高的骨干，对入党很有激情。因此在
整党中，"学习情绪很高，讨论也很热烈"。②

　　经过学习，整党运动最后进行了党员登记填表、鉴定和组织审查处
理。据 1953 年 9 月 30 日统计，整个上海市有 1408 个支部、23174 名党员
参加整党。经过整党，出党的 425 人，给予各种党纪处分的 149 人，延长
候补期或继续审查考察的 316 人，不予处分的 1694 人，尚未结束处理的
845 人。③ 就私营报纸来说，《新闻日报》支部通过整党，发现党员中有政
治历史问题者 13 人，组织处理开除党籍的 3 人，本人申请批准退党者 1
人，另有未处理者 5 人，已处理下结论无问题者 4 人。④《新民报》《文汇
报》两报党员中发现有重大历史问题者 2 人，一是联合工厂副厂长陆善
本，曾参加"铲共同志会"、汪伪"七十六号"特务组织，随后被开除党
籍。另一名系《文汇报》调入党员，"有托匪嫌疑，在处理中，尚未作出
结论"。⑤ 不论审查处理妥当与否，通过整党将私营报业中的"坏分子"
清洗出去，并使党内所有的党员通过学习得到提高，这对于纯洁党的队
伍、提高党员素质无疑是成功的。

第四节　上海私营报纸中的建党与党建

　　按《新闻界整党建党计划（草案）》，整党的主要任务还在于整而后建。
整党结束后，运动即行转入建党阶段。上海市委显然将私营报纸中党的建设
视作加强领导的关键，私营报纸中的建党问题因而显得尤为迫切。1953 年 1
月 21 日，市委宣传部副部长白彦专门做了"新闻界党员大会关于建党问题
报告"。白彦围绕建党的认识、建党方针、怎样才够标准以及手续问题做了

---

① 张林岚：《腊后春前》，《一张文集》卷一，第 219 页。
② 《新闻界整党学习中思想情况（二）》（1952 年 12 月 16 日），档案号：A22 - 2 - 1546 -
　　85，上海市档案馆藏。
③ 中共上海市委党史研究室编纂《中共上海党史大典》，上海教育出版社，2001，第 88 页。
④ 《新闻日报社人员政治历史情况统计》，档案号：A22 - 2 - 249 - 75，上海市档案馆藏。
⑤ 《新民、文汇两报党的情况》，档案号：A22 - 2 - 249 - 109，上海市档案馆藏。

阐述。白彦在报告中再度强调了在私营报业中建党的重要性。

> 党的领导不是抽象的，而要通过党员。党的思想、政策、组织领导都要通过党员，过去我们党员在报馆很少。一、领导工作不能贯彻，也就是报馆的党的耳目不灵，要实现党的领导，只有一两个党员是不能保证。二、一定要发展一定党员，使党能抓住重点。过去我们的领导不正常，是通过个人关系。在报馆里的群众要接近党，但找不到，少数的党员也高高在上，脱离群众，群众摸不到，好象水里月亮看得到摸不到。报馆的工作也是须要以党为核心带头物，而过去我们没有党的力量，那就什么都谈不到。因此发展党员是加强党的领导，密切与群众联系，是组织建设的重要步骤，而不是可有可无的。①

从白彦的发言不难看到，上海市委对于私营报业中党的领导力量不足深感不满，希望能尽快充实党的力量，以此加强对私营报业的领导。白彦要求将发展党员作为全党每位党员"经常的义务"，甚至是每位党员"组织观念"的考验。他专门批评了建党工作的"关门主义"，指示应以"积极慎重"的方针发展党员，并提出应在1953年2月底前发展一批。

在上海市委督促下，各报高度重视发展新党员，以加强党在各报的力量。各报共拟定了26人作为发展对象，32人作为培养对象。其中《新闻日报》初拟发展对象9名，可培养对象15名；《大公报》初拟发展对象5名，可培养对象7名；《文汇报》初拟发展对象4名，可培养对象6名；《新民报》初拟发展对象8名，可培养对象4名。按市委的要求，各报建党工作应"有计划有准备有领导的进行"，"积极、慎重不可偏废"。不仅如此，整党小组还准备在建党阶段"拟开始分别成立独立支部"，"在工作组直接领导下，展开建党工作"。② 这表明已有在私营各报建立独立支部以加强领导的明确意图。

尽管上海市委对各报发展新党员、建立党支部期望殷殷，新闻协会党组也竭力推进，然而建党过程相对漫长，就随后效果来看，各报的建党情

---

① 《新闻界党员大会关于建党问题报告》（1953年1月21日），档案号：A22－2－1546－146，上海市档案馆藏。

② 《新闻界整党建党计划（草案）》（1952年11月），档案号：A22－2－1546－4，上海市档案馆藏。

况并不乐观。

《新闻日报》支部方面，上海解放接管时，原《新闻报》（主要是工厂部）有地下党员 7 人，由军管会调《新闻日报》搞接管等工作的党员 6 人，另有通过私人介绍等关系进入编辑部工作的党员 5 人，共同组成《新闻日报》支部，属黄浦区委领导。1950 年冬，由华东新闻出版局自山东《胶东日报》调来党员 9 人；1954 年春，上海文委又从市委党校调党员 2 人至编辑部工作。① 解放以后，《新闻日报》支部共调出党员 6 人，因有历史政治问题，在整党中组织处理开除党籍 3 人，本人申请批准退党者 1 人。截至 1954 年春，《新闻日报》共有 420 名职工，党支部仅发展新党员 4 人。如果考虑到整党过程中开除党籍和申请退党的人数，那么单从数量上看，《新闻日报》支部党员数量与 1952 年思想改造结束时并没有明显变化。团员方面，《新闻日报》于 1950 年 4 月建团，截至 1954 年春共有团员 42 人，分为编辑部分支和经理部（包括工厂部）分支，同属于报界总支。编辑部有团员 16 人，经理部有团员 8 人，工厂部有团员 18 人。

表 8 - 3　《新闻日报》支部党员组织变动情况（1954 年 3 月 11 日）

单位：人

	编辑部	经理部	工厂	总计	备注
原在旧《新闻报》工作的地下党员		2	5	7	
解放后调入工作的党员	12	8	3	23	
发展新党员	1		3	4	
调出工作	4	1	1	6	
死亡			1	1	
整党组织处理开除党籍		1	2	3	
整党中申请退党		1		1	
现有党员	9	7	7	23	有 4 名候补

资料来源：《新闻日报综合报告》（1954 年 3 月 11 日），档案号：A22 - 2 - 249 - 18，上海市档案馆藏。

新闻协会党组对《新闻日报》支部党建的情况很不满意。在 1954 年 11 月的一份报告中，新闻协会党组猛烈批评《新闻日报》支部："报社的

---

① 《新闻日报综合报告》（1954 年 3 月 11 日），档案号：A22 - 2 - 249 - 18，上海市档案馆。

组织状况和报社所担负的任务不相适应，党的力量过于薄弱，组织严重不纯，极大地影响了报纸任务的贯彻。"所说的党的力量薄弱主要表现在两个方面。其一，党员人数太少，缺乏坚强核心。《新闻日报》并无党组，只有党支部，当时只有 28 名党员，多数在解放前后入党，"实际锻炼差，思想政治水平一般不高，工作办法少，其中担任科组长以上工作者只有 8 人"，"编辑部 11 个党员中，有 6 人有政治历史问题"，这足以说明党在《新闻日报》力量的薄弱状况。其二，《新闻日报》虽有社委会和编委会，"但其成员民主人士居多数，党员数量太少（社委会中四人，编委会中三人），又是普通委员，再加步调不一，不能起决定作用"，以致"党的意图无法通过党员在编委会的活动中贯彻执行"。新闻协会党组甚至认为民主人士刘思慕等人对党员不够尊重，因而强烈建议"刘思慕专任《新闻日报》副社长，解除其所兼任的总编辑的职务；调一得力党员干部担任《新闻日报》总编辑，并以之为首建立《新闻日报》党组，树立党在《新闻日报》的领导核心"。①

《文汇报》《新民报》联合支部方面，因《大公报》北迁离沪，故此建党任务主要落在新民、文汇两报党小组肩上。到 1954 年夏，《文汇报》仅发展新党员 1 名，另从外单位调入党员 3 名，全报社共有 8 名党员；《新民报》党员 4 名，两报共有党员 12 名。特别是《新民报》，不但党员极少，而且不够团结，基本上无法对《新民报》形成领导。新闻协会党组对《新民报》的党建工作批评强烈，党组指斥《新民报》"党的力量特别薄弱，没有党的领导核心"，"8 名党员中，多数是在解放前后入党的，实际锻炼差，思想政治水平一般不高"，"他们中担任科组长以上干部的只有 4 人，不及全报社科组长以上干部数的五分之一"，"两位主要党员干部之间的团结也不够"。② 鉴于《新民报》中党的力量过于薄弱的状况，新闻协会党组为加强其组织，提出"拟请市委一方面调两名得力党员干部担任《新民报》副总编辑和编委办公室副主任。以原党员总编辑为首建立《新民报》党组，树立党在《新民报》的领导核心，并抽调若干名一般编辑

---

① 《关于目前新闻日报情况和问题的报告》，档案号：A22 - 2 - 351 - 81 - 91，上海市档案馆藏。
② 《关于新民报（晚刊）情况和改进意见报告》，档案号：A22 - 2 - 351 - 92，上海市档案馆藏。

记者干部充实其编辑部，一方面决定在该报进行一次清理中层工作，将政治复杂的分子坚决清除"。①

各报在建党阶段的党建工作推进不力，原因是多方面的。一是受直接领导机关黄浦区委指示支部停止发展党的工作的影响，私营报业的支部长期处于停滞状态，骤然之间实难迅速发展。二是私营报业支部大部分党员是地下党员，一些党员自身尚有待"改造"，对于发展党员，既没有理论自觉，又没有信心勇气，心存顾虑。三是报纸的经营管理和采、写、编都依赖于高度的专业人才。为确保报纸的正常运作，各报不得不大量留用旧式人员，这些留用人员的思想并不"纯正"，不易获得认可。特别是经过思想改造填表交代，各报大量员工存在不同程度的政治历史问题，私营报业内部"不纯"的问题表现得非常严重，可供发展的新党员极为有限，贸然发展新党员要冒较大的政治风险。

在发展新党员方面情况稍好的是《文汇报》。在经历建党工作长期停顿之后，《文汇报》1954年第二季度发展了1名新党员，第三季度又发展了2名党员，第四季度再度发展了5名党员，另有3名同志经总支部大会通过，呈送党委审批。整个1954年，《文汇报》共发展党员11名，加上调入的党员，《文汇报》党员已近20名。《文汇报》所在支部对此评价甚高，认为积极发展党员"壮大了党在《文汇报》的力量，直接增加了党对《文汇报》的领导，密切了党与群众的联系，提高了群众的政治积极性，而且使全体党员明确了积极慎重的建党方针，端正了建党思想，对培养、考察积极分子，掌握入党条件等工作上获得了一些经验"。②

不过《文汇报》在党组织发展的同时，民盟同样发展迅速。据一份材料显示，截至1954年4月，《文汇报》共有党员8名、团员32人、民盟成员16人。民盟成员不仅在人数上占优，而且全部集中在编辑部，占据了报社的关键岗位。民盟的发展引起新闻协会党组高度警惕，徐铸成甚至被新闻协会党组定性为"颇有野心，企图以此为政治资本"。③ 民盟虽无

---

① 《关于新民报（晚刊）情况和改进意见报告》，档案号：A22-2-351-92，上海市档案馆藏。

② 《文汇报关于建党工作总结》（1955），档案号：G20-1-81-1，上海市档案馆藏。

③ 《新闻日报、劳动报、文汇报、新民报综合情况报告》（1954），档案号：A22-2-249-89，上海市档案馆藏。

力与中共就报纸的领导权展开"竞争"，但《文汇报》内的党、团人事结构表明，民盟或在无意间成为报纸"贯彻党的意图"的绊脚石，民盟成员与中共党员在报社内部岗位上的重新配置必然改写报纸内部的权力结构。其他两报同样面临报社内部党际关系的调整问题。虽然通过思想改造，民主党派和知识分子的岗位被重新调整，党员在报社内的地位得以提高，报纸的基调与方向有所调整，但是报社内部党员与民主人士的关系未能理顺。就党内报告来看，新协党组明显对原私营各报民主人士的领导多有不满，甚至公开要求另派党员干部到各报编辑部担任要职，进而树立党在报社中的领导核心。① 此种建言虽仅是基层党组的一种呼声，却揭示了1950年代中期各报内部极富意味的党际关系。

表 8 – 4 《文汇报》党员、团员分布情况（1954 年 4 月）

单位：人

		党员数	团员数	民盟成员数
管理部	部室主任	1		
	科长	1		
	科员、办事员等	1	5	
编辑部	编委	2		1
	组长	1	2	5
	编辑、记者		14	10
联合印刷厂	厂长	1		
	车间主任		3	
	工人	1	8	
合计		8	32	16

资料来源：《文汇报党、团员分布情况表》（1954 年 4 月），档案号：A22 – 2 – 249 – 81，上海市档案馆藏。

建党工作既包括党员的发展，也包括党的组织与制度建设。对于公私合营报业来说，党的组织建设中重要的一环是在各报建立党支部。解放初私营报业中的党支部因人数较少只分为两个支部，其中新闻日报社独立一个支部。大公、新民、文汇三报则组织了联合支部。

---

① 《关于新民报（晚刊）情况和改进意见报告》，档案号：A22 – 2 – 351 – 92，上海市档案馆藏；《关于目前新闻日报情况和问题的报告》，档案号：A22 – 2 – 351 – 81 – 91，上海市档案馆藏。

而按整党建党计划，"在建党阶段——考虑接受新党员时，拟开始分别成立独立支部，在工作组直接领导下，展开建党工作。各报如因党员人数不够（不足三人者）不能成立支部时，可会同工作组派任的辅助人员，组成临时支部"。① 因此，在建党阶段，各报分别成立独立的党支部就成为加强党的领导的一项重要的政治和组织工作。然而因各报发展党员过慢，党员人数偏少，《新民报》《文汇报》成立独立支部的计划未能克期实现。

　　总体而论，1950年代上海私营报业中的党组织状况可以思想改造为限分为前后两个阶段。思想改造前，由于发展党员的审慎态度，加之支部心存顾虑，党建意识薄弱，私营各报党的力量基本处于停滞发展的状态，报社也被视为"组织严重不纯"，② 但这恰恰反映了新中国成立之初并未因为报纸的特殊性而对私营报纸采取统合的措施。但在1952年下半年，随着思想改造运动的兴起，加强党的领导以确保工人阶级对私营报纸的领导成为必然。上海市委拟在原私营各报建立强有力的党组织，确保党的方针政策能在这些报纸中得到贯彻，以使这些报纸"充分发挥党的一个宣传武器的作用"。虽然上级党组织的期望殷殷，但思想改造后的一段时期内，各报发展党员的成绩并不理想。由于各报中均保留了大量旧报人，他们虽经思想改造的政治身份辨识却依然难获信任，以致各报可供发展的积极分子数量十分有限。另外在思想改造中，虽然资产阶级的办报观念遭到猛烈批判，但为了让报纸摆脱经济上的困境继续办下去，不得不依靠民主人士与知识分子的专业技能。就最终的结果来看，各报党的建设与发展未能在思想改造后的预期时间内形成组织上的绝对优势。党的建设显然是一个较长期的过程，似不能"一蹴而就"地骤然完成转变。虽然在公私合营过程中，各报完成了社务委员会的重组，并在其中配置了大量党员以加强领导，但社务委员会本身仍是一个"贯彻集体领导的统一战线组织"③。非党报纸内部的人际关系、党际关系在较长一段时期内仍处在不断协商、调整之中。

---

① 《新闻界整党建党计划》（1952年11月），档案号：A22-2-1546-4，上海市档案馆藏。
② 《关于新民报（晚刊）情况和改进意见报告》，档案号：A22-2-351-92，上海市档案馆藏。
③ 《新闻日报、劳动报、文汇报、新民报综合情况报告》，1954，档案号：A22-2-249-6，上海市档案馆藏。

第九章　鼎新：思想改造后上海报业的转变

经过公私合营和机构调整，1953 年后民间（私营）报业退出了上海报业的历史舞台。

经过三年多的不懈努力，《解放日报》在上海站稳了脚跟，成长为上海第一大报，日发行量创纪录地达到 16 万份，牢牢树立了党报的核心地位。此外，还成功地对私营报纸进行了思想改造，将意识形态的话语权牢牢掌控在自己手中。私营报业从报业舞台的退出，昭示着私营报业赖以生存的报业市场被彻底改造，近代都市消费文化迅速退潮。延安时代形成的无产阶级党报理论，最终实现了对全国报业的整合。

第一节　党报核心：思想改造后的报业格局

1952 年底无疑是建国后上海报业格局的一个重要转折点，如果说此前上海报业格局还相对混乱无序，那么此后上海的报业格局就显得相对清晰。经过公私合营，上海的综合性报纸剩下五家，清一色地是公营为主的"人民报纸"。除了个别公私合营的报纸中还有少量私营股权，私营报纸全部退出。在经营上，上海各报经过调整分工后都有了明确的服务对象，加之读者的阅读取向受到政治氛围潜移默化的影响，调整后的上海各报在销量、经济上都迎来了解放之后的最好时光。

经过"三反""五反"等一系列政治运动的洗礼，报业市场总量最终得以成功拓展。在建国初的相当长一段时期内，上海报业市场的总销量一直在 30 万份左右徘徊，这基本上反映了建国初上海各报读者的总量。"三反""五反"运动中，受政治运动的刺激，上海报纸总销量开始攀升。1952 年 6 月 21 日，上海各报的总销量上升到 48.4 万余份。"五反"过后，各报销量虽有细微变化，总体上仍然维持在较高水平。到 1953 年 1 月底，尽管《大公报》北迁、《亦报》合并，上海仅有 5 家综合性的报纸，然而总销量却高达 50.2 万余份，甚而较"五反"期间 7 家报纸的发行总量还略有提升。

在 1950 年代初的报业调整中，潜在的思路之一是将原来在全国有影响力的私营报纸降格为地方性报纸，只允许中央级的党报作为全国性的媒体存在。报纸"地方化"的举措在报业实践中表现为两点。一是将这些原来的大报划归地方报业管理部门管控，加强对私营报纸的管控；二是要求报纸内容上多登载地方新闻，反映地方的生产实践。之所以不遗余力推进地方化，固然有借此调整报业布局、优化报业经营的考虑，但更重要的原因则在于要借此强化党报的核心地位，为公营新闻体系铺路。为摆脱建国初的经济困境，经各报的分工调整、努力突围，上海私营各报在 1952 年后基本上放弃了全国报的地位，转变为专业性较强的地方性报纸。在各报改组之前，对私营报纸主要采取约束、整饬、规范的策略。1952 年底各报"改性"后，私营身份已然转变为人民报纸，私营报人也转为国家干部，对其态度与策略随即也发生了明显的转变。

私营报业完成公私合营后，由"私营"转变为"人民报纸"中的一员，其地位、待遇自然大为转变。在身份转变的同时，困扰其多年的经济压力亦因整合、外迁、明确分工而获得明显转机。公私合营各报中，率先进行改版革新的《文汇报》表现最为明显。1953 年底，《文汇报》日销量高达 168419 份（正张 79581 份，副页 82838 份），较 1952 年底翻倍。由于发行量上升，成本降低，《文汇报》扭亏为盈，从 1952 年亏损 15.3666 亿元转为 1953 年盈余 47.682 亿元（旧币）。[①] 1954 年，上海三个公私合营报社均实现盈余，《新闻日报》盈利 100.94 万元（新币，下同），《文汇报》盈利 80.99 万元，《新民报》也取得 12.03 万元的收益。[②] 三份报纸的销量也增长明显。报刊出版处的一份材料显示，1954 年秋《新闻日报》日销 12.4 万份左右，《新民报》日销 3 万份以上，而《文汇报》日销更是多达 19.4 万份（包括单独发行的副页 11.7 万份）。[③] 更由于"邮

---

① 《文汇报工作报告（初稿）》（1954 年），档案号：B36 - 1 - 6 - 11，上海市档案馆藏。
② 《上海市出版事业管理处关于送文汇报工作计划的函》（1955 年 12 月），档案号：B3 - 2 - 42 - 25，上海市档案馆藏。
③ 《关于上海三个报纸的问题的发言提纲》，档案号：A22 - 2 - 240 - 94，上海市档案馆藏。

发合一"的推行，各报的发行范围也出现了不同程度的扩张。三份报纸中，外地销量占比最小的是针对上海都市里弄的《新民报》，该报九成在上海本地销售。《新闻日报》在上海当地销量占比75.66%，外地销量占24.34%。《文汇报》的外埠销售最为成功，该报在上海市内发行量仅占16.8%（不及1.2万份），华东各省市也只占29.3%，华东以外地区则高达53.9%。① 如果说建国初《文汇报》经历了从全国报到地方报的历程，那么1953年后的《文汇报》则再度出现了从地方报到全国报的势头。报业市场总销量的巨幅增长及各报销量此消彼长的背后，实际反映了思想改造运动前后两套完全不同的新闻生产、流通模式以及受众结构、报业市场的更替。

在上海报业格局的悄然转换之中，最大的特征或许还在于消费性的都市文化渐为工农为主题的政治性城市文化所替代。党报成为各次政治运动的宣传者、鼓动者与组织者，更成为民众政治生活的指挥棒，私营报纸被改造成人民报纸，团结在党报周围，共同承担起塑造无产阶级意识形态和城市文化的重任。经过建国初"三反""五反"等政治运动对一般群众的动员、改造，各行各业中普遍开展的无产阶级对非无产阶级的思想斗争，在很大程度上塑造了新的工农兵为主题的空间文化。在此背景下，作为党报核心的《解放日报》，其重要地位进一步凸显，在整个上海新闻事业的格局中扮演起核心与领导的角色。在政治上，经过思想改造运动对私营报业"资产阶级办报思想"的批判与清洗，党报理论成为报刊宣传工作的指导思想，党报成为整个公营新闻事业体系的核心，公私合营报纸亦成为公营新闻事业体系的有机组成部分。在市场上，私营报纸完全退场，党报《解放日报》1953年初的日发行已逾16万份，遥遥领先于其他几报，约占全部市场份额的1/3。1952年底，邮电部和出版总署出台《关于改进出版物发行工作的联合决定》，规定从1953年起一律实行定期定额计划发行制度。② 《解放日报》最高发行数核定为16万份。③ 然而自1953年春季始，《解放日报》每月均超出核定发行数。为此，华东新闻出版局还专门

---

① 《关于上海三个报纸的问题的发言提纲》，档案号：A22-2-240-94，上海市档案馆藏。
② 《关于改进出版物发行工作的联合决定》（1952年12月28日），《中国报刊发行史料》，光明日报出版社，1987，第125~133页。
③ 《解放日报、新闻日报报史资料》第3册，第58页。

对《解放日报》提出批评，认为超过核定发行数是"违反计划发行规定的错误行为"，要求《解放日报》进行检讨。[①]《解放日报》倍受热捧反映了党报已俨然成为人们日常政治生活的话语指挥棒。较之解放初的报业市场，一般民众的阅读习惯已发生明显的风格转换，市民阅读严肃报刊的习惯逐渐被培养起来，无产阶级意识形态占领了城市文化空间，并成为城市文化生产的指导思想。

　　与整个上海报业格局的转化相因应，非党报纸内部的组织关系也发生了重大的调整与变化。原来私营报纸中肩负领导职能的旧报人（民主人士和知识分子）经过反复的思想检查，无论是出于主动还是无奈，服从体制成为普遍的选择。与之形成鲜明对比的是，在树立工人阶级领导地位的目标召唤之下，非党报纸中中共党员的力量不断增强，党员在报社中的实际权力亦得到陆续提升。通过公私合营，改组了旧的社务委员会，并建立了新的编委会制度，进而改变了原有私营各报的组织关系与职权结构。《新闻日报》方面，1953年初由上海市文教委员会派金仲华、刘思慕、鲁平、娄立斋、邹凡扬、许彦飞、梁古今为社务委员，组织社务委员会，7名社务委员中党员共有4人。[②]编委会共由刘思慕、娄立斋、金仲华、陆诒、鲁平、邹凡扬、邢象超、郑拾风、徐怀沙、唐成中10人组成，其中党员3人、民盟盟员2名。《文汇报》新的社务委员会由徐铸成、严宝礼、孙葵君、郑心永、孙春涛5人组成，其中孙、郑2人为中共党员。[③]虽然正、副社长仍由徐铸成、严宝礼担任，但编辑委员会则由社内7人与社外6人共同组成，而且其中不乏新闻协会党组书记陈虞孙、市教育局局长戴白韬等重量级人物。这些社外编委无疑都代表着背后的权力机构，是贯彻执行党的宣传工作的重要力量。《新民报》的社务委员会由赵超构、陈铭德、蒋文杰、欧阳文彬、曹中英5人构成，[④]其中蒋文杰、欧阳文彬2人是中共党员。《新民报》由于成员中吸收了很多小报人员，报社中党的力量极为薄弱，因此在新的8人编委中仅有蒋文杰、欧阳文彬2名党员。总

---

①　《解放日报、新闻日报报史资料》第3册，第76页。

②　《新闻日报综合报告》（1954年3月11日），档案号：A22－2－249－6，上海市档案馆藏。

③　《公私合营上海文汇报社股份有限公司董事会第一次会议记录》，档案号：B34－1－37－40，上海市档案馆藏。

④　《公私合营新民报公司董事会座谈会议记录》，档案号：G21－1－17－5，上海市档案馆藏。

体而言，在新的社务委员会和编委会中，中共党员的力量得到了明显加强，民主人士虽然还出任社长、总编辑等主要职务，但原有以其为核心的权力结构不但在指导思想上被彻底清算，在组织上也明显被边缘化。虽然党还未完全掌控公私合营报纸的组织机构，但基本完成了对私营报纸政治与思想上的领导。从更大的层面上讲，经过私营报业的思想改造与公私合营，党得以将非党报纸纳入党的宣传体系，实现了对大众媒体意识形态的领导，最终建立起党管公营的新闻体系，实现计划体制和国家意识形态统帅。

　　不过有必要指出的是，尽管在意识形态方面，党实现了对公私合营报纸的掌控与领导，然而1953年的公私合营报纸却并非如普遍认为的那样已然转变成了党报。换言之，经过私营报纸的思想改造，党虽然将私营的非党报纸纳入了党宣的框架体系，并通过内部的组织调整加强了党对报纸的领导，但远未形成学界通常所谓"凡报皆党报的一统局面"。① 公私合营的报纸虽然接受政治与思想的领导，但报社的经营管理、编辑业务仍主要掌握在民主人士手中，这些报纸的性质仍是公私合营性质，以民间非党报的面目出现。事实上，因为新民主主义的社会性质，中共中央有意避免造成"凡报皆党报"的局面。1957年3月10日，毛泽东在特别邀请新闻界人士参加的座谈会上，还向《光明日报》总编辑常芝青说过下面一段话："《光明日报》是民主党派的报纸，你一个共产党员在那里当什么总编辑。你撤出来，找一个民主人士去当总编辑。"② 毛泽东所言表明，即使到1957年，非党报纸与党报之间仍存在着认识上的明显差别。

第二节　从私营报纸到人民报纸：两顶帽子的转变

　　就中国新闻事业史而言，1952年较1949年似乎显得更为重要。以1952年为界限，中国近现代的新闻事业呈现出明显的风格转变。在中国近现代新闻事业史上，私营（或民营）报纸一直是重要的组成部分，然而

① 孙旭培：《解放初期对旧新闻事业的接收和改造》，《新闻研究资料》总第43辑，第61页。
② 中共山西省委组织部编：《常芝青传》，新华出版社，2003，第23页。

1952年后私营报纸退出历史舞台。经过思想改造和公私合营，原来的私营报纸匆匆脱掉"资帽"加入公营，被改造成工人阶级思想领导的"人民报纸"。

　　表面上看，私营报的公私合营就是脱掉私营的"资帽"重新戴上"人民报纸"帽子的过程，但事实上，这种转变要比表面上两顶帽子的转换复杂得多。解放后，凡经严格的政治筛选，"经过登记的报纸大体上都可以承认是人民的报纸"，[①] 至少被冠以"非党进步"的名目。不过之后随着在经济上公、私营的划分，以及在阶级属性上小资产阶级与工人阶级对立的放大，类似大公、文汇、新民等报被认定为私营报纸，虽还在"人民报纸"的行列之内，却被视为游离在人民报纸的边缘，并未真正站到无产阶级和人民大众的立场。也正因此，随后发起的私营报业思想改造运动直接将目标指向了工人阶级思想领导的"人民报纸"。从这一角度讲，私营报纸的思想改造运动及随后的公私合营改制亦是私营报纸重获"人民报纸"认同，从思想到实践的全面转变过程。不过从登记之初的"人民报纸"到被划为"私营"，再到重新投入"人民报纸"的怀抱，"人民报纸"的意义所指已然大为变化。此前的"人民报纸"显示新民主主义政府协调各阶层利益达成共识的倾向，而思想改造前夕所说"人民报纸"则反映了以工人阶级思想为领导的阶级话语取向。"人民报纸"统属范畴的更迭、张合也昭示了新民主主义在建国初期的新闻实践中隐藏着巨大的张力。对私营报纸来说，要重获"人民报纸"的身份与认同，其立场、宗旨、观念与风格都需要全方位的"改造"。

　　私营报纸转变为真正的人民报纸，最显著的变化莫过于办报主体的转换。办报主体的转变既牵涉报社内部权力结构的调整和人事组织的重新分配，亦包括办报者的立场、思想的全面转换。从思想、立场来看，首先要解决的是反思为谁办报的问题。原来以盈利为根本目的，追求利润、看重广告收入、迎合市场口味的小资产阶级式的办报观念和方式显然不合时宜，因而受到强烈批判。相反，宣传部门一再强调："一切报纸，都必须按照共同纲领所规定，明确工人阶级的领导地位……坚持工人阶级思想的

---

① 胡乔木：《关于目前新闻工作中的两个问题》（1950年3月29日），《中国共产党宣传工作文献选编（1949—1956）》，第38页。

不可动摇的领导地位，不许任何错误的思想危害人民民主革命的伟大事业。"① 换言之，真正的人民报纸需要清除旧的小资产阶级式的办报观念与办报方式，重新树立工人阶级思想领导的办报观念，这即成为私营报纸思想改造的逻辑起点。"换帽先换脑"，通过对私营报业的思想改造，小资产阶级办报思想被彻底否定。思想改造后，《文汇报》在《上海新闻界改革工作胜利告一段落》一文中自我表态，经过学习，"批判了错误的办报思想"，"不仅树立了工人阶级的思想领导，明确了报纸为人民服务的性质与任务和各报分工的必要，而且改变了过去长期存在于各报之间抢新闻、抢订户、抢广告等现象"。② 作为运动的主导者，上海市委宣传部对思想改造的成果亦颇感满意。在总结报告中，宣传部门对思想改造运动取得的成绩给予了高度评价。

> 在办报思想方面的"集纳主义""客观主义""形式主义""技术观点""客卿思想""营业第一、广告第一"等等错误思想，在个人思想作风方面的个人主义，自由主义，个人英雄主义，名利思想，雇佣观点以及自高自大、脱离实际、脱离群众、宗派主义、教条主义，无政府无组织无纪律等等恶劣作风，都受到严格批判。有些长期存在的问题如报纸性质，报纸为谁服务，分工和经营方针等问题，都基本上得到了解决；有些问题如编辑方针、机构制度、群众工作等也已在思想上比较明确了。特别是过去新闻界长期存在着自命为"无冕皇帝"的自高自大，无组织无纪律的思想作风，基本上整垮了。一般地都有空虚的感觉，感到"两手空空，一无是处"。③

思想改造的核心即是要以工人阶级的办报思想来取代资产阶级的办报理论，以使私营报业"改头换面"，将其彻底改造为"人民的报纸"，成为党新闻宣传中如臂使指的有力工具。尽管一种新闻观的转变事实上并不

---

① 谷牧：《在上海新闻界思想改造学习动员大会上的讲话》，档案号：A22 - 1 - 47 - 129，上海市档案馆藏。
② 《上海新闻界改革工作胜利告一段落》，《文汇报》1953 年 1 月 18 日。
③ 上海市宣传部：《上海新闻界思想改造总结》，档案号：A22 - 1 - 47 - 129，上海市档案馆藏。

可能通过疾风骤雨式的运动完成彻底的改变，但是通过思想改造运动，在民间报人头脑中重新定义了报纸的性质、宗旨和服务对象，也确立了工人阶级领导思想不容挑战的绝对权威。与之相对，资产阶级的办报理念退隐历史幕后，"基本上整垮了"，再无竞争之力。

此外，从私营报到人民报纸同时意味着报社内部的组织、人事的重新分配和权力重心的转移。经过思想改造过程中的填表交代与揭发，部分存在较严重的政治和历史问题人员被清洗出报社转就他业，留下来的报人则在报社内部重新配置。总的趋势是原来民主人士与知识分子为核心的办报主体被不断边缘化，新的以工人阶级为核心的办报主体渐趋确立。在改组后的"人民报纸"中，原来依靠知识分子办报的方式"靠边站"，群众办报逐渐成为报纸倡导与追捧的主流。

从另一个角度来看，上述转换也揭示了近代中国新闻事业上一以贯之的"精英办报"和"文人论政"传统被抛弃，工农联盟为主体的"群众办报"逐步成为全国新闻事业的主流。精英办报是中国近代新闻事业的重要特征，社会精英秉持"文人论政"传统，以报纸为阵地，或鼓吹救国之道，或宣扬社会启蒙，积极参与近代政治运动。近代中国新闻发展历程中，"精英办报"是绝大多数报刊采行的基本模式，强调精英阶层通过大众媒体来引导社会改良。与之相对应，中共在革命时代倡导的"群众办报"则偏向以工农群体的主体性来激发底层群众的革命意识。作为无产阶级新闻思想的专有名词，"群众办报"最早出现在1948年。在对晋绥日报编辑人员的著名讲话中，毛泽东明确指出，"报纸的作用和力量，就在它能使党的纲领路线，方针政策，工作任务和工作方法，最迅速最广泛地同群众见面"，要"通过报纸加强党和群众的联系"，"我们的报纸也要靠大家来办，靠全体人民群众来办，靠全党来办，而不能只靠少数人关起门来办"。① 他的表述清楚表明"群众办报"既指要通过报纸来动员群众，也指办报主体要依靠群众，总之要与群众打成一片。

"群众办报"的观念虽然出现较晚，但其实质仍是围绕无产阶级党报

---

① 毛泽东：《对晋绥日报编辑人员的谈话》（1948年4月2日），《毛泽东新闻工作文选》，第149～150页。

观念展开，是无产阶级党报理论的有机组成部分。在上海新闻界全体人员大会上，吴健曾专门讲话向私营报纸的报人解释什么是"群众办报"。他指出，群众办报的路线要求报纸一切为了人民群众，一切向群众负责，相信群众自己解放自己，向人民群众学习。他解释说："群众观点与群众路线是阶级观点与阶级路线的问题，是只有在工人阶级与共产党领导下的人民报纸，才能具有也必须具有的观点路线。"① 在中共的理论逻辑中，群众办报和党的领导犹如硬币之两面，不可须臾离。坚持工人阶级和党的领导，就必然要求报纸具有群众办报的观点路线，而这在本质上与精英办报相对立。因此，私营报纸抛弃资产阶级办报观念转变为人民报纸的同时，也就意味着私营报纸放弃精英办报的传统，否定习以为常的依靠专家、记者办报路线，转而按照人民报纸的要求和群众打成一片，使之成为"群众的集体的自我教育的工具"②。

私营报业思想改造并不纯粹是针对私营报业"资产阶级办报思想"的批判，它更是建国初中共对新闻业的一次全面清理和整顿。经过思想改造、公私合营、机构调整，原来的私营报业被整编进入国家公营报业的新秩序。在这场运动中，不仅新闻的生产与流通被掌控与重塑，新闻消费的受众、市场也发生了翻天覆地的变化。与解放初报业市场中充斥其间的"自由主义""资本主义"等因素相较，1953 年后的报业在新闻生产环节已基本为中共的党报理论、人民报纸的新闻观念所统领。而随着"邮发合一"的全面推行，原来各报自己售卖的发行业务也被整顿进入高度计划性的市场。原来相对自主的采、写、编，甚至广告和发行等业务被统一规范、计划有序的新范式所替代。无论是报纸的编辑出版还是经营发行，每一个环节都要求严格按照计划的规定执行。在这种高度计划的体制下，各报按党的路线、方针、计划运作，政治腔调要求一致，言论观点要求一致，各报只因针对的分工对象、报道领域不同而略有差异。与之相应，报纸的编辑、版面、内容，甚至语言、风格都逐渐呈现了无产阶级政治话语的结构和特征。

---

① 吴健：《关于新闻界思想改造几个问题的解释——在上海新闻界全体人员大会上的发言提纲》，《学习》第 1 号，1952 年 9 月 7 日。
② 吴健：《关于新闻界思想改造几个问题的解释——在上海新闻界全体人员大会上的发言提纲》，《学习》第 1 号，1952 年 9 月 7 日。

第三节　后思想改造时代：摇摆在专业与政治之间

　　思想改造后，上海公私合营各报基本确定了自己的方向，明确了办报方针。按上海市委的设计，"《新闻日报》加强地方性，着重报导上海经济建设的消息，更好地联系与教育占其大部读者的本市市民，特别是上海工商界；《文汇报》进一步明确为教育界服务，以中小学教师、高中学生和一部分大学师生为主要对象，亦着重提高报纸质量。《新民报》则以文化娱乐、体育、卫生及社会活动为主要内容"。① 总体上看，新的定位已明确各报的角色是地方性的专业报纸，配合党报做好党的宣传工作。但是，成为一家好的地方专业报纸，扮演好安排的角色绝非在文件中说说就可以实现，它有赖于各报具体的经营摸索。在此过程中，各报的情况各有异同。相异之处在于各报实际的应对策略、经营管理差异颇大，相同之处则在太专注"专业性"，就不可避免地容易犯"脱离政治"的错误，这恰恰又成为1954年后各报饱受非议的普遍问题。

　　思想改造后各报的主要工作即是按照既定的专业化、地方化的目标推进，各报都努力在实践中找准自己的办报方向。既是新的方向，自然隐藏着需要调整的意思。一家报纸偶尔调整一下编排方式尚易操作，但是要进行办报方向、风格上的变动则殊非易事。上海几报中，尤以《新民报》对调整带来的困惑最感烦恼。

　　1952年5月，《新民报》曾进行改版，当时的定位及方针是"以里弄居民和家庭妇女为对象"，努力办成一份"进行时事教育的通俗小型报"。可以看到，这时的办报重点是"时事教育"。经过思想改造，《新民报》合并《亦报》后分工定位发生了一些调整。夏衍指示，一是应以文化生活为重点，兼顾市政建设报道；二是要吸收《亦报》的某些特色，保留小型报的综合副刊。蒋文杰和欧阳文彬根据夏衍的指示，听取赵超构、程大千及编委会的意见，拟定了新的编辑方针、改版计划。《新民报的编辑方针》中写道："以上海之大，人口之众，文化工作之复杂与艰巨，是需要一张

① 《中共上海市委关于上海新闻界思想改造后加强领导问题的通知》（1953年1月10日），档案号：A22－2－163－3，上海市档案馆藏。

报纸来负担起指导人民开展与提高文化的任务的。……这一任务以《新民晚报》来担任最为适宜……晚报的编辑方针是以开展与提高人民文化生活为主的，报道市、区建设与进行时事教育为辅的。"① 具体来说，文化生活的内容主要包括"文艺、体育、卫生"各项。新的方针将原来的重点"时事教育"放在了辅助的位置，重点转换成了"开展与提高人民文化生活"。机构的骤然调整、《亦报》的并入以及办报方向的大转弯，这些让《新民报》有些措手不及，报社坦言"弯转得大而且急"，原有的基础"很薄弱"，"不论在读者对象方向和干部业务水平方面，都显得条件不够"。② 结果，两报合并的最初几个月内，《新民报》办得并不理想，日销量一直停留在 2 万份左右，每月亏损近 1 亿元。经过测算，《新民报》的日销量要达到 4 万份才能收支平衡。③ 眼看其他各报相继脱困，改组后的新民报社更是焦急万分，报社内部的思想也出现分歧，对报社新的方针充满质疑。相当一部分同志认为《新民报》销量之所以搞不上去，最主要的问题是报纸发行对晚报不利，甚至向上级"提出要求改为日报"。①

《新民报》之所以销量上不去，主要有两个方面的原因。一是作为晚报在新闻上只能转载日报新闻"炒剩饭"，因此读者不感兴趣。② 这个原因说到底是专业化不够，没有找准自己的特色、形成自己的风格。二是作为定位上海地方的报纸，却必须以"邮发合一"的方式征订、发行，这对晚报来说极为不利。由于上述原因，1953 年前三季度《新民报》的销量极为惨淡，出现严重亏损，全社上下无不有"山穷水尽"之感。

《新民报》的脱困最终也依赖于"专业化"的摸索。一方面，由于新闻报道上难以突破的制度性屏障，《新民报》只能将脱困的心思转向其他

① 《新民报的编辑方针》（1953 年改版计划摘录），档案号：G21-1-87-27，上海市档案馆藏。
② 欧阳文彬、蒋文杰：《新民报进行季度总结的情况报告》（1953 年 3 月 30 日），档案号：B36-1-10，上海市档案馆藏。
③ 《新民报进行季度总结的情况报告》（1953 年 3 月 30 日），档案号：B36-1-10，上海市档案馆藏。
① 欧阳文彬、蒋文杰：《新民报进行季度总结的情况报告》（1953 年 3 月 30 日），档案号：B36-1-10，上海市档案馆藏。
② 《飞入寻常百姓家：新民报—新民晚报七十年史》，第 202、212 页。

版面，《新民报》的副刊逐渐办出特色。另一方面，《新民报》重拾邮发合一前报刊业的"零售"发行，经营发行终于在 1953 年 9 月迎来转机。①自从 1953 年下半年起，《新民报》开始发展零售，结果效果不错，"发行数字因逐月上升，至第四季度，平均每日发行数已达二万八千份"。②发行上扬的同时，经济上也终于摆脱亏损。《新民报》自 1953 年 9 月起开始保本自给，第四季度转为盈利。全年虽仍在亏损，但较 1952 年已大为好转。1954 年 1 月至 5 月，"平均每日出版 36542 份，较去年同期增加，以五月份为最高，平均每日出版 41277 份"。③经营方面，《新民报》继续扩大盈利，经营持续好转，这种可喜的态势为报纸完成"政治任务奠定了物质基础"，更重要的是一扫之前山穷水尽的颓势，"鼓舞了全社同志的生产情绪和经营信心"。④

　　与《新民报》开局不利相较，《新闻日报》和《文汇报》的处境则要好得多。作为最早公私合营的报纸，《新闻日报》事实上是以党的外围报纸这一身份出现的，上海市方面也为其配备、投入了大量的人力和物力，因此，即使是在解放初上海报业陷入经济困局之时，《新闻日报》仍是唯一一份没有亏损的报纸，其日销量也多年维持在 10 万份左右。

　　早期亏损的各报中，《文汇报》则是最早摆脱经济亏损，获得成功的报纸。1952 年 4 月，《文汇报》改版时曾明确将中学教师、小学教师、中学生、乡村教师、职工业余学校教师作为主要的五类读者。改版后，《文汇报》获得成功。思想改造后，《大公报》北迁，《文汇报》又将高等学校的学生纳入，明确其任务即是"以工人阶级的思想，团结教育中小学教师和青年学生（高等、中等学校学生）"。⑤《文汇报》发行数从 1952 年 6

---

① 1954 年 6 月，新民报社在工作报告中认为报纸走出困境获得成功的重要经验之一是，"在业务上摸出晚报必须以零售为主的发行方针，目前实际零售数字比合营之初的零售，增加殆在六倍以上"。《新民报社务委员会关于经营管理的工作报告》（1954 年 6 月 8 日），档案号：G21-1-17-13，上海市档案馆藏。
② 《新民报社务委员会关于经营管理的工作报告》（1954 年 6 月 8 日），档案号：G21-1-17-13，上海市档案馆藏。
③ 《新民报社务委员会关于经营管理的工作报告》（1954 年 6 月 8 日），档案号：G21-1-17-13，上海市档案馆藏。
④ 《新民报社务委员会关于经营管理的工作报告》（1954 年 6 月 8 日），档案号：G21-1-17-13，上海市档案馆藏。
⑤ 《文汇报今后的方针、方向和组织机构（草案）》，《学习》第 20 号，1952 年 12 月 6 日。

月1日的37012份（副页9650份）增加到12月底的80972份（副页33439份），发行数增加了一倍多。到1953年底，《文汇报》销量再翻番，高达168419份，与同时期《解放日报》的销量已经并驾齐驱。1952年改版的成功使得文汇报编委会对报纸的"专业化"方向志得意满。编委会在总结时认为，《文汇报》"从一般性、综合性的报纸，逐步改变为面向教师学生的专业化报纸"，"报纸已为广大教师学生所欢迎，证明了依靠领导、依靠群众的专业化方向是完全正确的"。[①]

　　总的来看，上海几家公私合营报纸在完成思想改造后，经过新的分工定位都取得了很大的成绩。即便是经营上表现最差的《新民报》在分工调整后遇到小的挫折，但也在1954年前后实现了经营上的盈利，开始沿着"专业化"的道路迈进。较之于解放初的几年，上海公私合营报纸的发展形势可谓一片大好。不过，各报"专业化"方向发展很快便面临新的形势和新的问题。

　　1953年6月，中共中央正式提出中国共产党过渡时期总路线，这标志着新中国的发展路向发生了重大调整。在此背景下，1953年10月，中共中央下发《关于召开全国报纸工作会议的通知》。该通知指出，"报纸工作是党的最重要工作之一，但多年来在中央和地方均未作过专门的和系统的讨论，致有许多问题亟待解决"，要求各地以"报纸对经济建设的宣传、报纸的批评工作、党委对报纸的领导"等三个问题为全国报纸工作会议的主要议程进行准备。中央特别指示要求各省、市委宣传部会同各省、市报纸进行检查总结工作，提出问题和意见。[②]

　　为改进报纸工作，上海市委宣传部1954年4月起对《新闻日报》《新民报》《文汇报》第一季度的报纸宣传进行检查。检查发现各报"几乎在所有各项工作的宣传中，报纸上都或多或少出现过偏差和错误"，"报纸也没有很好贯彻群众性的战斗性的原则"。[③] 检查点名批评了《新闻日报》，

---

① 《一九五二年六月—十二月编辑部半年工作总结》，档案号：B36-1-6-8，上海市档案馆藏。

② 《中共中央关于召开全国报纸工作会议的通知》（1953年10月5日），《中共中央文件选集（1949年10月～1966年5月）》第14册，第30页。

③ 《关于新闻日报、新民报、文汇报检查工作中情况报告》，档案号：A22-2-238-38，上海市档案馆藏。

认为其有存在"脱离党的领导的倾向"。① 对于造成上述问题的主要原因，检查分析认为其根本在于"报纸编辑部中党的力量异常薄弱"、"编辑部人员政治、思想极为复杂，质量很差"、"新协党组的领导及其组织形式有缺点，市委宣传部领导不经常"。② 换言之，宣传部门注意到非党报纸过于"专业"，存在脱离政治宣传的偏向，"党的领导"乃是确保报纸政治方向的关键。这一判断很快得到进一步确认和强化。1954 年 7 月，中共中央政治局通过《关于改进报纸工作的决议》。《决议》直指全国范围内各级党委对报纸工作缺乏经常领导，要求全国各地报纸进行改进。这份决议被认为是"党在目前报纸工作中的基本纲领"。③《决议》出台后，全国报业都进入改进报纸工作的紧张状态。8 月 25 日，上海方面报纸出版处专门组织召开改进报纸工作决议座谈会，继续对各报存在的问题进行剖析。会议认为作为党领导的地方报纸，各报在方针、任务上仍然不够明确，④ 在报道作风、批评与自我批评上也存在一系列的问题，并最终将原因归结为党对报纸的领导不够。⑤

　　围绕改进报纸工作，上海几家公私合营报纸随后出现了一系列的调整。最显著的调整表现在两个方面，一是各报通过对过去编辑方针的彻底检查，进一步明确今后的办报方针和任务。以《文汇报》为例，1952 年底编委会还在肯定专业化的正确道路，然而到 1954 年初，编委会在检查总结 1953 年编辑工作时，风向就发生了变化。总结自我批评说，《文汇报》"许多文字脱离政治、孤立去谈业务，某些地方甚至助长了不问政治的倾向"，"报纸'太专'，钻到牛角尖里去了"，"没有认真执行综合报纸的指示，错误理解报纸的性质和读者对象的需要，认为文汇报是张教育的'专业'报纸，教师只是单纯地需要业务的指导，因此，逐渐形成报纸脱离政治的偏向"，"文风不正、文字不通，枯涩臃肿"，而且由于发行的增

---

① 《新闻日报关于贯彻执行中央第二次全国宣传工作会议关于改进报纸工作决议的情况报告》（1955 年 3 月 17 日），档案号：A22 - 2 - 359，上海市档案馆藏。
② 《关于新闻日报、新民报、文汇报检查工作中目前报告》，档案号：A22 - 2 - 238 - 38，上海市档案馆藏。
③ 《关于改进新闻日报和新民报的指示》，档案号：G21 - 1 - 11，上海市档案馆藏。
④ 参见《关于上海三个报纸的问题的发言提纲》，档案号：A22 - 2 - 240 - 94，上海市档案馆藏。
⑤ 《本部报刊出版处召开的座谈会记录及发言提纲》，档案号：A22 - 2 - 240，上海市档案馆藏。

加滋生了自满情绪，甚至产生了"一九五四年是新的转折点，要考虑成全国性报纸"的念头。① 为此《文汇报》专门召开了十余次会议，研究如何深入实际、深入群众，使《文汇报》成为一份面向特定读者的综合性报纸。② 经过对办报方针的多次讨论，解决所谓"全国性与地方性""专业性与综合性"等问题，《文汇报》最终确定其定位，"文汇报是在上海市委领导下的地方报而对教师、学生的综合性报纸"。③ 这一"绕口令"式的定位更像是一种相互妥协的表达，其本身就暗示了这一时期报纸在"地方性"和"综合性"定位上的左右游移，反映了报纸的专业化发展与宣传部门规定性之间的内在张力。因《文汇报》严重脱离"地方报"的定位，发行数量远超《解放日报》，④ 而且读者散布全国，⑤ 这让上海市委感到"很难加以领导"，因而有了将《文汇报》"改为教育部专门对中小学教师及高中学生进行教育的报纸，迁北京继续出版"的动议，⑥ 这间接导致《文汇报》在 1956 年北迁改组为《教师报》。⑦

　　另一个显著的调整表现在党对报纸的领导不断强化。从上海几家公私合营报纸内部的政治生态来看，《关于改进报纸工作的决议》无疑是共产党在组织上领导非党报纸的转折性文献。为解决党对报纸领导不经常的痼疾，在随后报纸出版处召开的座谈会上，有人便建议"将《新闻日报》和《新民报》加以合并，并进行必要的改组，有计划的充实党员干部或政治上可靠的干部，并首先配备负责的党员干部，对于有问题的政治上不可靠的编辑和记者分别调开"。⑧ 这一建议虽然未被采纳，1954 年下半年公

① 《本报一九五三年编辑工作检查和一九五四年的工作方针任务》，档案号：G20 - 1 - 48 - 1，上海市档案馆藏；《文汇报工作报告（初稿）》，档案号：B36 - 1 - 6 - 11，上海市档案馆藏；《文汇报史略（1949.6—1966.5）》，第 49 页。

② 《文汇报史略（1949.6—1966.5）》，第 49 页。

③ 《新闻日报、劳动报、文汇报、新民报综合情况报告》，1954，档案号：A22 - 2 - 249，上海市档案馆藏。

④ 建国以后至 1954 年，《文汇报》各年增长比率分别为 100%（1949 年基数）、54.2%、57.4%、114.7%、263.3%、448.3%。参见《文汇报关于文汇报发行和广告的情况》，档案号：G20 - 1 - 71，上海市档案馆藏。

⑤ 上海当地的销量事实上仅占总销量的 16.8%，大部分都销往外地，这使得《文汇报》"地方报"的定位也不那么名副其实，反而有了从地方报到全国报的苗头。

⑥ 《关于上海三个报纸的问题的发言提纲》，档案号：A22 - 2 - 240 - 94，上海市档案馆藏。

⑦ 1956 年 4 月 28 日，《文汇报》宣布停刊，从解放后复刊至停刊，共出版六年零十个月。

⑧ 《关于上海三个报纸的问题的发言提纲》，档案号：A22 - 2 - 240 - 94，上海市档案馆藏。

私合营报纸存在的"问题"却清晰可见。之后不久，上海市委专门发布了《关于改进新闻日报和新民报的指示》，对《新闻日报》提出三点具体的指示：第一，《新闻日报》必须进一步加强地方性，应办成上海地方的一份人民报纸；第二，《新闻日报》必须有计划、有步骤地整顿编辑部的工作，编辑委员会应加强，保证党的领导，贯彻集体领导的原则；第三，为保证党对《新闻日报》的领导，必须从组织上和政治上加强《新闻日报》，并有计划、有步骤地改善党的组织工作和政治工作。[①] 《指示》特别指出，为保证党对《新闻日报》的领导，"首先是成立《新闻日报》党组，以之作为编辑委员会的核心，代表党对《新闻日报》进行政治上的领导。《新闻日报》各组组长必须换成党员担任，要求组织部和宣传部在今年年底以前配齐"。[②] 《新民报》则被要求参照改造《新闻日报》的规定改进工作。根据上述指示，开始调配大量党员干部充实各报，进一步强化对各报的组织领导。

回顾 1954 年的上海报业生态，公私合营报纸的处境或许可以用"摇摆在专业化与政治化之间"来描述。一方面是在"专业化"道路中取得经营与发行的不俗成绩，另一方面则被批评脱离"政治宣传"的路线，进而迎来内部组织结构与政治生态的重新整合。

---

① 《关于改进新闻日报和新民报的指示（初稿）》，档案号：G21-1-111-3，上海市档案馆藏。

② 《关于改进新闻日报和新民报的指示（初稿）》，档案号：G21-1-111-3，上海市档案馆藏。

结　语

（一）

1949 年中华人民共和国成立之前，近代中国的大众媒体虽然与政治关系密切，但从未被彻底纳入国家权力体系。1949 年后，政治权力的变化带来了截然不同的媒介环境，进而意味着"媒介－国家"关系的变化不可避免。最明显的变化莫过于大众媒体不再外在于国家的权力系统，而转变成为意识形态国家机器的构成部分。李普曼曾提出，报业的现代化是一个自然演进的过程，但显然西方报业发展的这一演进过程并不适用于中国语境。新中国的报业制度明显受到中国政治、社会等"制度环境"的影响，政治权力在新中国的报业变革中起着决定性的主导作用。

如果不那么宏观地观察这一历史的转变，则不难发现所有的"变化"事实上都存在一个过程。从报业制度的演变来看，1949 年前与 1953 年后呈现出截然迥异的两种样态，1949 ~ 1953 年明显存在一个过渡期。正是在这个时期，中共通过一系列的统合策略最终完成对旧有报业体系的整合。通过新中国成立之初的报业变革，中共在制度上彻底改变了大众媒体与国家的结构关系，将旧式报人收编进入国家体制，将其改造成为意识形态的承载者和宣传者。1949 年至 1953 年上海报业的历史变革清晰地展现了中共在新中国成立之初的新闻策略以及政治权力在新闻传媒行业的运作过程。

在新中国报业制度的更迭过程中，私营报业的思想改造运动无疑是推进制度变革的关键环节。正是通过思想改造，新中国的私营报纸最终得以完成公私合营，旧式报人被改造成为党的宣传者。那么经过思想改造、公私合营，1953 年后的人民报纸是否就成为中共新闻宣传战线上如臂使指的有力助手了呢？

答案是辩证的。或者说，从不同的角度和立场上看，可以有不同的答案。

如果仅仅就思想改造运动中提出的所谓"整编机构、明确分工、改进工作、合理经营"的具体目标而言，管理部门操刀的一系列变革性的举措显然初步达成了目标。经过思想改造和公私合营，原来私营的各报调整的调整、合并的合并，最终摆脱了经济上的困局。更重要的是经过改造，在思想上，私营报纸最终树立了工人阶级的办报思想；在经济上，私营报纸变成公营经济成分占主体的"公私合营"性质；在政治上，私营报纸则被改造成为思想阵地上的"战斗单位"。经过思想改造、公私合营、机构调整，原来的私营报业被整编进入国家公营报业的新秩序，新闻媒体与国家权力的内在关系发生了深刻的变革，中共在延安时期确立的延安范式扩展为整个国家新闻事业的基本制度。从1952年思想改造刚一结束上海市委宣传部的总结性立论到新闻史书写，上述言说已经成为一种典范性的论述。

调整机构、合理经营等目的不过是思想改造最直接、最具体的目标，隐匿其后的显然是党对上海私营报业的整顿与治理逻辑。作为执政党，中共试图通过思想改造和公私合营确立以党报为核心的公营报业体系，使改造后的公私合营报纸能真正成为党宣工作上的得力工具。就此目标而言，如果真的要问，公私合营后的报纸是否完全成为党的宣传战线上如臂使指的工具，抑或从相反的方向言说，近代以来资产阶级的新闻作风、文人论政的传统是否随着私营报纸的退场就此弥散了呢？那么，这个问题的答案显然又是否定的。

且不论暴风骤雨般的思想改造运动是否能真正触及灵魂，是否能将旧报人完全改造成工人阶级思想领导的忠实执行者，单凭思想改造以及股权改制能否骤然使得私营报纸摆脱长期形成的积习和惯性即成问题。在改造之后，这些报纸仍难以摆脱旧的办报习惯的影响，其舆论宣传的功效仍离宣传部门的期待甚远。《新民报》在报告中即明确说："1952年夏天，进行了思想改造，错误思想初步得到批判，但是问题不可能一下子解决。"[①]"在工作上，资产阶级新闻作风也还在某些干部身上遗留了下来。部分能力强些的干部则仍追求个人名利，认为新民报干下去出息不大，最好跳到

---

① 《新闻日报、劳动报、文汇报、新民报综合情况报告》（1954），档案号：A22-2-249，上海市档案馆藏。

其他大报，尤其是党报中去。个别年老的干部，觉得自己干了一辈子，今天还当个记者，是大材小用。个别资格老的干部，看到过去和自己一同出道的人物现在成了党政负责干部，自己就有牢骚。"① 即使是刚刚批判了小资产阶级的办报观念，报社部分负责人仍对严肃的办报风格有相当抵触，"认为编辑路线为问题，太严肃，太呆板，应当采取小报的风格，才能争取读者"。② 新民报社内部的思想状态并不能孤立看待，在某种程度上它也是其他私营报社的折射。从 1952 年思想改造后各报的实践来看，办报过程中存在的资产阶级新闻作风显然并未就此消散。

各报之所以出现上述状况其实并不难理解。通常而言，组织、制度易于强制性的推行，思想、观念虽然也可获得暂时、表面上的趋同，然而要获得真正的认同再行之于实践则并非一两月的改造可奏其效。对于思想改造的效果，中共显然也有基本的预判，并不指望能够通过运动一劳永逸地解决问题。在思想改造发动之前，刘少奇就谈道："用马克思主义的观点教育群众，首先就要肃清帝国主义的思想和封建主义的思想。对于资产阶级、小资产阶级、农民阶级的思想体系，即非马列主义、非无产阶级的思想体系，要批评，但不能肃清，也肃不清。"③ 毛泽东在 1957 年也谈道："世界观的彻底改变需要一个很长的时间，我们应当耐心地做工作，不能急躁。" 对于不愿意接受马克思列宁主义，不愿意接受共产主义的这部分知识分子，"不要苛求"，"应当给他们以适当工作的机会"。④ 对于熟悉党内改造的毛泽东来说，不可能不理解思想改造是一个漫长的过程。上海的私营报业经历思想改造运动后，小资产阶级的办报观念虽然被排斥在主流话语之外，但显然只是面对强大的政治话语的暂时性退隐，而非彻底根绝。思想改造后，报人思想上的多歧、牢骚，以及各报对严肃、呆板、教条的办报形式的争议，其本身即是面对强大的政治话语的潜意识反应。《新闻日报》在 1954 年 4 月对一季度的报纸工作进行了检查，检查的结果

---

① 《新闻日报、劳动报、文汇报、新民报综合情况报告》（1954 年），档案号：A22 - 2 - 249，上海市档案馆藏。

② 欧阳文彬、蒋文杰：《新民报进行季度总结的情况报告》（1953 年 3 月 30 日），档案号：B36 - 1 - 10，上海市档案馆藏。

③ 刘少奇：《党在宣传战线上的任务》（1951 年 5 月 23 日），中共中央文献研究室、中共中央党校编《刘少奇论党的建设》，中央文献出版社，1991，第 575 页。

④ 毛泽东：《关于正确处理人民内部矛盾的问题》，人民出版社，1958，第 22 页。

表明："新闻日报的主要问题是报纸存在着脱离党的领导的倾向，党给新闻日报规定的办报方针与任务，没有被真正接受努力贯彻。"检查还指出，《新闻日报》表现有浓厚的"同仁报纸""民间报纸"等色彩，"报纸工作中的党性、群众性等基本原则受到排斥，资产阶级办报思想与作风经常居于支配地位，在进行完的路线政策和国际形势宣传上表现立场不稳，特别是右倾情绪等"。① 不难看到，虽然通过思想改造在上海报业中树立了工人阶级领导的绝对权威，但是原来报纸中积习已久的习性与作风仍然根深蒂固，难以获得彻底的改造。

再者，私营报纸虽然已被改造成人民报纸，但"人民报纸"与"党报"显然是两个不同的概念。"党报"与"人民报纸"的内在张力成为此后新闻界长期争议的重大主题。尽管随着私营报纸的退却，改造后的新闻界已不存在私营与公营的阶级对立，但公营报系内部如何协调党报与非党报纸的关系仍是新中国新闻业亟待处理的难题。从表面上看，这只是公营报业体系的内部问题，然而实际上如何对非党报纸准确定位，如何恰如其分地处理、平衡好党报与非党报纸的关系以使两者有机地服务于党的宣传事业这一共同主题显然并非易事。公营报业体系中党报与非党报纸的关系调整，其背后凸显的乃是中共在新民主主义过渡时期协调、处理党与非党群体（特别是民主党派）的关系策略。

在报界内部，党报与非党报纸关系的平衡既涉及中共的报业统制理念，又与公私合营报纸本身自我定位、平衡与党报的关系密切关联。作为公私合营报纸，身份虽转为公营，但作为非党报纸应该怎样参与报道，怎样有效展开工作并无经验可循。1955 年 3 月，《文汇报》副总编辑张树人在报告《文汇报》的情况时便说："文汇报——人民报纸的性质，使我们的工作很困难。首先，它不是任何部门的机关报，这样就造成在经常工作中，特别是教育工作的宣传中，缺乏领导，意图不明。其次，文汇报的存在和发展本身是畸形的，目前读者绝大部分是外埠，读者提出许多问题和要求，我们根本无法解决。"② 他的报告很值得玩味。1952 年前私营报纸

---

① 《新闻日报关于贯彻执行中央第二次全国宣传工作会议、关于改进报纸工作决议的情况报告》（1955 年 3 月 17 日），档案号：A22 - 2 - 359，上海市档案馆藏。

② 张树人：《关于文汇报报纸工作决议的报告》，档案号：A22 - 2 - 361 - 16，上海市档案馆藏。

亟亟渴求的"人民报纸"的性质在公私合营后反倒成了工作的阻碍，导致报纸在运作过程中"缺乏领导，意图不明"。作为人民报纸，因其并非任何部门的机关报，并不直接隶属明确的党组织，反倒影响了党对报纸的领导。在新民主主义社会的旗帜之下，中共如何实现对这些非党报纸的领导就成为党在新闻事业中的重要问题。1953年后的报业实践也表明，中共对这些原来在全国颇有影响力的公私合营报纸的处理较为谨慎，对于要不要在这些报纸中设立党组以加强领导也出现过反复和犹豫，甚至在一段时间里还曾有将已经公营的大公、文汇、光明三份报纸恢复民营性质，将大公交还王芸生，将光明、文汇作为民主党派报纸交还民盟去办之意。① 中共对大公、文汇等人民报纸的安排固有政治上的考虑，而这种举措上的反复、犹豫本身即说明大公、文汇等人民报纸事实上还保有较浓的"民营"色彩，各报与"党报"的确还存在差异，并不能简单地等同划一。

另外，从党的领导来看，通过思想改造运动实现了对私营报纸政治与思想的双重领导，但是在组织领导上并不得力。在中共的党建哲学中，组织领导占据绝对重要的位置，是实现党的领导的基础和保障。就上海几家私营报纸来说，在思想改造之前，各报内部的党员力量就极为薄弱，个别报纸内部党员趋近于零，党组织的发展也极为缓慢。甚至到1954年，各报内部的党建情况仍极不乐观，加之各报内部的民主人士都颇为活跃，因此中共在报社很难实现组织上的绝对领导。即便是成立了党支部的报社，支部在较长一段时间未能对编辑工作起领导作用。《文汇报》副总编辑张树人回忆党支部的职能时说："支部不讨论行政工作中的重大问题，支部和党员对行政工作有意见，只能向行政和上级党组织反映。报社的日常领导工作，均依靠行政机构进行，各级领导人员有职有权，支部不加干预。"② 因此从报社的内部组织来看，中共在公私合营报纸中并没有后来研究者想象中的那般强势，民主人士对报纸仍有较大的影响力。

公私合营报纸内部的政治生态显然让报内的党组织及成员深感不满，"党的领导不足"随后也在各报党内的报告中反复提及。上海几家公私合营报纸在1954年、1955年情况报告中均一致反映党组织薄弱、领导不力

---

① 穆欣：《办〈光明日报〉十年自述（1957－1967）》，中国青年出版社，2015，第21页。
② 张树人：《我在文汇报的三年》，文汇报报史研究室编《在曲折中行进》，第140～141页。

的问题。《新闻日报》报告称，报纸与实际需要相较"仍改进不大，不能令人满意，并存在着严重的问题和缺点"，主要的问题之一便是"报社的组织状况和报社所担负的任务不相适应，党的力量过于薄弱，组织严重不纯，极大地影响了报纸任务的贯彻"。①《新民报》存在同样的问题，"党的力量特别薄弱，没有党的领导核心"，"组织严重不纯"，"严重地影响了党的政策指示在报纸工作中的贯彻"，"党的战斗力薄弱，资产阶级思想在党内的表现没有先受到应有的批判和斗争"。②《文汇报》在报告中肯定其在公私合营后取得了较大的突破，但也指出存在的问题仍然很多，其中尤其令领导机关不满意的便是"党的领导力量十分薄弱"。"我们没有经常研究党的政策指示，没有经常向党委请求报告，集体领导制度未建立，政治理论学习和业务学习很差。相反的，为报纸销数大增所迷惑，产了不同程度的自满情绪，滋长了资产阶级个人主义思想。"③按各报言说的逻辑，正是因为党的领导不力，才导致了党的政策贯彻不力，资产阶级思想再度滋长。概言之，由于党组织领导的不够，导致党的思想和政治领导无法保障。可见，即便通过建国初的人事调整和报社权力再分配，中共在公私合营报社中的力量大大加强，但是对这些报纸的领导和控制依然不够。在上海公私合营各报中，党在很大程度上要依赖民主人士与知识分子的管理经验和办报能力，并不可能完全提拔新的干部来取代旧的精英分子。因此单就党的组织而言，上海公私合营报纸中党的力量变化并不显著。

颇可注意，1950 年代中期报纸中"党的领导不力"并非公私合营报纸的特例。最典型的是 1954 年 7 月，《中共中央关于改进报纸工作的决议》开篇对全国报纸存在问题的反思性总结。《决议》指出全国报纸中普遍存在许多问题与不足，并将这些不足最终归纳为"各级党委对报纸工作缺乏经常领导"。《决议》开篇直指其时办报的基本状况。

---

① 《本部报刊处关于报纸、出版宣传工作的检查报告》（1954 年），档案号：A22 - 2 - 351，上海市档案馆藏。

② 《本部报刊处关于报纸、出版宣传工作的检查报告》（1954 年），档案号：A22 - 2 - 351，上海市档案馆藏。

③ 《关于文汇报的情况和今后工作问题的报告》（1955 年），档案号：A22 - 2 - 361，上海市档案馆藏。

　　全国的报纸工作在最近几年内有很大成绩，在各种斗争和建设事业中已成为党在全国范围内宣传和贯彻党的路线、方针和政策，指导实际工作，联系和教育广大人民群众的有力武器。但是，目前许多报纸的党性和思想性仍然不强，联系实际和联系群众不够密切，部分的批评不严肃不正确，关于马克思列宁主义的理念宣传和关于党的生活的宣传都很薄弱，报纸上的经济宣传存在许多缺点，关于国际问题的宣传也注意得不够。大多数报纸的评论工作非常薄弱，在新闻报道方面也存在着反映人民群众的多方面的活动不够，以及公式化、概念化、迟缓、冗长、不通俗等严重缺点。这些缺点，是和各级党委对报纸工作缺乏经常领导的状况分不开的。①

　　中共认为，党对报纸的领导无疑是报纸按党的方针政策展开宣传的根本保障。《决议》言说的主要对象虽是党报，但较之各级党报，公私合营报纸内中共的领导显然更是问题。《决议》所谓"改进报纸工作"，其改进的核心自然也在如何加强党的领导，这也构成1953年后公私合营报纸继续"改造"的主题。

　　综上所述，思想改造前后的办报实践表明，无产阶级的办报思想虽然在思想改造后成为新闻界的领导思想，但是资产阶级办报观念一如低吟的暗河潜伏在主流话语之下。即使在1953年后以党报为核心的公营报业体系中，如何处理"党报"与"非党报纸"的关系仍然是上海新闻业无法回避的问题。

（二）

　　当形塑革命宣传的"螺丝钉"成为历史的必然，私营报人被整肃收编就仅仅是时间问题，这些报人遭遇的挑战也就不难想见。或许是受到报人心灵史叙事的影响，西方一些学者认为，思想改造的目的旨在对知识分子进行"控制"，使其"就犯"。② 然而如果放宽历史的视野，就不难发现新闻界的思想改造只是中共作为革命党不断自我改造与自我解放的一个历史

---

① 《中共中央关于改进报纸工作的决议》（1954年7月17日），《中国共产党新闻工作文件汇编》中卷，第319页。

② J. R. 麦克法夸尔、费正清编《剑桥中华人民共和国史：革命的中国的兴起（1949—1965）》，第249页。

剖面，它事实上并不针对私营报业，也不针对旧式报人。至少在报业思想改造的动因方面，它并不如海外学者认为的那样。

回顾历史，中共在革命过程中不断有过改造的举措。改造在某种程度上是保持革命队伍纯洁的重要手段，也可以说是无产阶级政党的永恒主题之一。早在 1929 年的《古田会议决议》，中共就针对党内农民占多数的情况提出思想教育问题。此后，党内的整风与改造运动一直持续。党内之所以不断运动，根本目的还是在于保持党的纯洁性和战斗性。在革命过程中，党内意识形态的统一无疑至关重要。1945 年中共七大会议上，刘少奇明确指出："党的建设中最主要的问题，首先就是思想建设问题，就是以马克思列宁主义无产阶级的科学思想去教育与改造我们的党员、特别是小资产阶级革命分子的问题，就是和党内各种非无产阶级的思想进行斗争并加以克服的问题。"[1] 思想建设事实上涉及党的意识形态领导权问题，对领导权的争夺与控制必然决定了无产阶级思想与非无产阶级思想的斗争。

无产阶级革命理论一向认为党有教育群众的使命。列宁就认为："教育工作者和斗争的先锋队共产党的基本任务，就是帮助培养和教育劳动群众，使他们克服旧制度遗留下来的旧习惯、旧风气，那些在群众中根深蒂固的私有者的习惯和风气。"[2] 革命时期，整风和改造虽然主要集中在党内，却并不代表只局限在党内。中共认为党员的思想需要改造，一般群众的思想也需要改造和建设。毛泽东曾多次表达对一般群众进行改造的想法。1951 年思想改造运动提出后，刘少奇专门谈道："思想改造，不只是对一般的人们需要，它首先对于共产党人就是需要的。共产党人不是只改别人、不改自己。共产党人在过去的长时期内进行了思想改造，在现在，仍然在进行思想改造，在今后，还要进行思想改造，直到完全改好为止。而这就是共产党领导中国人民取得革命胜利、并在今后还要取得胜利的根本原因和根本保障。"[3] 从中央高层的各种有关思想改造的讲话来看，中共领导层将思想改造无疑看作革命事业胜利的基础和保障，只有改造方能提高，改造并不局限在党内，也包括党外的一般群众。作为工人阶级

① 刘少奇：《论党》，人民出版社，1980，第 14 页。
② 《列宁选集》第 4 卷，人民出版社，1972，第 365 页。
③ 刘少奇：《关于思想改造问题》（1951 年 11 月），《刘少奇论党的建设》，第 604 页。

先锋队的自我定位，中共虽从"群众"中来，但对于一般群众而言，共产党无疑处于先进的地位，这种定位包含了需要引导、发动、帮助、提高群众的内在逻辑。不仅在革命时期党内需要通过思想改造确保思想的高度一致，在建立政权后，为将革命事业继续到底，更需要对一般群众进行思想改造，消除其身上存在的封建主义、小资产阶级等非无产阶级思想的影响。从党内到党外，从一般党员到群众，改造范围的扩大其实是中共政治社会化的必然过程。对于刚刚获得政治统治或试图建立一个全新的社会阶级来说，政治社会化则是实现政治统治和创立新社会的基础。① 因此不难看到，思想改造是中共建党以来保持战斗性、革命性的重要手段之一，是肩负革命使命的政党不断自我改造与自我解放的有力武器。

再者，新中国成立之初，面向知识界的思想改造也是面对国际、国内环境做出的必然选择。国际上，在建国前夕美国发布所谓白皮书，宣称要在中国扶植第三种政治力量——民主个人主义者。朝鲜战争爆发后，清除欧美文化的影响，消除知识分子心目中的资产阶级观念就成为强化国家认同、意识形态一元化的重要举措。旧知识分子中的绝大多数"不是受着封建思想的束缚，就是受着帝国主义奴化思想的侵蚀"，"要为新中国服务，为人民服务，思想改造是不可避免的"。② 而在国内，随着解放全中国任务的基本完成，抗美援朝、土地改革和镇压反革命三场大规模的运动也都"取得了伟大的胜利"，这使得"国家已经实现了空前未有的统一"。③ 在此情况下，毛泽东对当时社会性质的判断趋于乐观。民主革命反帝、反封、反官僚资本的三大任务基本结束，国内政治经济力量对比发生转变，毛泽东及中共中央自然而然地开始重提无产阶级与资产阶级的矛盾。1952年6月，毛泽东明确宣布："在打倒地主阶级和官僚资产阶级以后，中国内部的主要矛盾即是工人阶级和民族资产阶级的矛盾，故不应再将民族资

① 王沪宁主编《政治的逻辑：马克思主义政治学原理》，上海人民出版社，2016，第497页。
② 《周恩来年谱（1949~1976）》（上），中央文献出版社，1997，第175页。
③ 毛泽东：《中国人民政治协商会议第一届全国委员会第三次会议的开会词》，《人民日报》1951年10月24日。

产阶级称为中间阶级。"① 正是在此背景下，毛泽东将知识分子的思想改造当作"实现民主改革和逐步实现工业化"的重要条件之一。②

1949 年中共虽然建立了新的政权，却尚未完成"革命党"向"执政党"的身份转变。1949 年的"解放"只是国家政权的更替，并非中国革命的终结。③ 马克思主义政党基因中流淌的革命话语依旧激荡着中国共产党人时刻准备完成未竟的革命事业，而对知识分子的改造正是沿着不断革命的历史逻辑中的应有之意。尽管毛泽东等中共高层时刻留意民族资产阶级和工人阶级的内在矛盾，然而在其执政实践中却并未将知识分子放置在革命的对立面。毛泽东在随后的《关于正确处理人民内部矛盾的问题》亦明确表达工人阶级与民族资产阶级的矛盾属于人民内部的矛盾。若作是观，则不难发现建国初期私营报人的思想改造其目的并非是使之"就范"，而恰恰是将知识分子视为人民的一分子加以改造提高，从而为向社会主义的过渡扫清阻碍、铺平道路。正是将报人作为人民内部的一分子，这也决定了在整个私营报业的思想改造中，主要是以团结、教育、争取、改造的方针，而不是采取"打老虎"的办法。

（三）

1949 年新中国成立后，面对大量旧时代的私营报纸，中共为统战和团结小资产阶级与民族资产阶级，允许其中一部分非党进步，甚至中间性质的报纸继续存在。非党报纸的存在使得新中国的媒介环境显得复杂而多变，也给新中国的媒介管理带来了相当大的挑战。从中共的角度来看，新中国新闻业的制度安排是延安党报模式的延续和发展，两者在结构、功能、模式上都有内在的一致性。对私营报纸来说，新的制度与规范打破了旧有习常，旧有办报模式不断受到新制度的批判与否定，自由办报日益为高度计划性的新闻规范所取替。面对强大的政治权力，如何适应新的制度安排，承担新政权意识形态国家机器的宣传功能是所有私营报纸必须面对的核心问题。就此而言，新中国的"媒介－国家"关系既包括媒介与国家

---

① 中共中央文献研究室编《建国以来毛泽东文稿》第 3 册，中央文献出版社，1989，第 348 页。

② 毛泽东：《中国人民政治协商会议第一届全国委员会第三次会议的开会词》，《人民日报》1951 年 10 月 24 日。

③ 王奇生：《革命与反革命：社会文化视野下的民国政治》，社会科学文献出版社，2010，前言，第 3 页。

权力内在关系的演变，也意指在党报主体之下公、私媒介不断调整的过程。它既可以看作是不同于旧时代的一种媒介制度，也可视作是新中国政治框架下媒介关系持续调整的一个动态过程。

中共报业统合的困难之处或许并不在私营报纸的组织重构，亦不在发动一场思想改造运动，而是如何使私营报纸能与无产阶级党报体系兼容，在新的报业制度中将看似冲突的两类报纸有机地统合在一起。上海报业的历史变革清楚地展示了党报核心报业体系的建立及非党报纸被整合进入党报系统的历史过程，同时揭示新中国成立之初中共的新闻体制具备一种制度上的弹性。这种制度上的弹性使得新中国的报业制度有能力将私营报纸吸纳、涵化成为其自身体系的重要组成部分。

新中国成立后，中共延续了解放战争时期基于统战目的提出的"人民报纸"的概念，以之作为整合党报与私营报纸的思想基础。在新政权筹建过程中，人民民主专政的国体选择以及毛泽东专门指示各级政府、各种政权机关都要加上"人民"二字，[①] 这些都暗示解放战争时期"人民报纸"的思想及新闻实践本就是新中国新闻事业的必然选择。新中国成立前夕，中共明确提出要发展人民广播、人民出版的人民新闻事业。1949 年 9 月，中国人民政治协商会议第一次全体会议通过的《中国人民政治协商会议共同纲领》第 49 条明确宣称："保护报道真实新闻的自由。禁止利用新闻以进行诽谤，破坏国家人民的利益和煽动世界战争。发展人民广播事业。发展人民出版事业，并注重出版有益于人民的通俗书报。"[②]《共同纲领》宣告的"人民"性，民主联合是其典型的性质和特征。这种人民性最广泛地将党与非党进步的人士团结在了统一战线之下。解放新城市后，中共要求所有的报纸均要向各地军管机构登记。在经过严格的政治筛选后，获准登记出版的报纸基本都属于"人民报纸"。1950 年 3 月，胡乔木在全国新闻工作会议上的报告中就曾明确说："全国的经过登记的报纸大体上都可以承认是人民的报纸。"[③] 这些都表明，建国初期党及政府延续了"人民报纸"的思想，至少在主观上是沿着人民的新闻事业继续前进。

---

① 《毛泽东文集》第 5 卷，人民出版社，1996，第 135 页。
② 《中国人民政治协商会议共同纲领》，人民出版社，1952，第 16 页。
③ 胡乔木：《关于目前新闻工作中的两个问题》，《中国共产党宣传工作文献选编（1949—1956）》，第 38 页。

在新中国初期的报业制度中，党报属于"人民报纸"，其他被准许出版的"非党进步"报纸也属于"人民报纸"。方汉奇先生曾将这一时期的新闻结构概括为"以党报为核心，多种人民报纸并存"，诚属不刊之论。①"人民报纸"范畴不仅包括大量共产党的机关报，还包括各公营团体的报纸，甚至一定数量的民间私营报纸。建国后，中共虽然没有明确在国家新闻制度中提出"人民报纸"的基本制度，但在报业实践中，"人民报纸"的思想显然是实际存在的。"各级党报为核心，多种人民报纸并存"的报业格局是特定历史时期马克思主义与中国经验相结合的产物，也是中共面对复杂政治局面策略选择的结果。

正因为新中国初期"人民报纸"的存在，这在很大程度上赋予了私营报纸生存的合法性。新中国初期报业格局及对报业"改造与限制并存的过渡型"② 新闻政策也是由新中国初期的社会性质所决定，与新民主主义社会的政权和经济结构相匹配。然而也应看到，在中共高层的政治理想与政治设计中，新民主主义社会只是一个过渡性质的阶段，因此私营报纸的存在显然只是一个短暂的过渡性存在，它最终必须朝着与社会主义相匹配的公有报纸的方向迈进。新民主主义社会的过渡性质决定了报业中党报与非党报、公营与私营并存局面的短暂性，私营报纸的消亡最终不可避免。

随着与小资产阶级、民族资产阶级关系的调整，"三反""五反"中，中共开始转向强调工人阶级立场，对工人阶级领导的强调即成为"人民报刊"的重要特征。尽管私营报纸名义上还属于"人民报纸"，但被认为距离真正的"人民报纸"相去甚远。无论是私营报纸，还是私营报人，由于均存在严重的资产阶级意识形态，因而有可能被排除出"人民报纸"的行列，团结和改造就显得不可避免。

通过思想改造，私营报纸最终按中共的意识形态指引改造成为以工人阶级思想指导的"人民报纸"。随着中共对资产阶级态度的转变，"人民报纸"亦由一个代表多阶层的广义概念改写为工人阶级办报思想指导的专

①　陈业劭主编《中国新闻事业通史》第 3 卷，第 1 页。

②　叶言都：《邮发合一：中共建国后报业发行的变局（1949～1954）》，《台大历史学报》第 42 期，2008 年 12 月，第 54 页。亦有学者认为这一时期的新闻政策是"以改造为主限制为辅的过渡型新闻政策"。参见郎劲松《中国新闻政策体系研究》，新华出版社，2003，第 58 页。

指概念。

新中国初期中共对旧报业的批判性否定、对新报业的安排与设计，在新民主主义社会过渡形态下形成的"各级党报为核心，多种人民报纸并存"的制度安排与报业结构构成马克思主义新闻理论中国实践的重要内容。"多种人民报纸并存"的报业制度既是新中国的现实所需，也反映了中共施政理论的高度包容性。与既定的刻板认识有别，中共对私营报纸的策略相当灵活，亦较为重视私营报纸的价值，在很长一段时期内对私营报纸大力扶持，至少在主观上是想让私营报及其他人民报纸与党报建立起一种协同共进的关系。即使最后对私营报纸的改制，也是让其回归"人民报纸"的阶级本位，并非是要将其全部变成"党报"。就此而言，新中国私营报业的思想改造不仅关乎新闻制度与新闻业务，更是一个与阶级立场、阶级话语紧密关联的问题。受"革命"话语影响，传统将私营报纸和党报置于"二元对立"的话语结构及由此形成的刻板成见显然无助于对历史事实的认识。

新中国的新闻实践不仅是无产阶级政党夺取政权后国家治理的积极探索，其本身也是马克思主义新闻理论中国化的重要组成部分。总的来看，虽然新中国的私营报纸只存在了短暂几年，存在期间亦不断与国家权力统合社会的强势话语发生摩擦，然而1949年至1953年私营报纸的存在却有其内在的意义。"各级党报为核心，多种人民报纸并存"的报业结构成为新中国新闻实践的独特景象，不仅为"新中国政治演进中集权与民主调和与包容"的一例，[1] 同时可为认识当代中国媒介与政治的走向提供历史之一途。

---

① 　张济顺：《远去的都市：1950年代的上海》，第188页。

参考文献

档案

上海市军管会（全宗号：Q431），上海市档案馆藏。

上海市委宣传部（全宗号：A22），上海市档案馆藏。

上海市新协党组（全宗号：B36），上海市档案馆藏。

上海市新闻出版处（全宗号：B35），上海市档案馆藏。

解放日报（全宗号：A77），上海市档案馆藏。

文汇报（全宗号：G20），上海市档案馆藏。

新民晚报（全宗号：G21），上海市档案馆藏。

文献资料

陈力丹编著《马克思、恩格斯、列宁论新闻》，人民日报出版社，2009。

华东人民革命大学教务处编《粉碎敌人封锁为建设新上海而斗争》，1949。

解放日报报史办公室编《解放日报、新闻日报报史资料》第 1 辑，1991。

解放日报报史办公室编《解放日报、新闻日报报史资料》第 2 辑，1993。

解放日报报史办公室编《解放日报、新闻日报报史资料》第 3 辑，1997。

刘少奇：《论党》，人民出版社，1980。

毛泽东：《关于正确处理人民内部矛盾的问题》，人民出版社，1958。

上海市档案馆编《上海解放》，档案出版社，1989。

宋原放主编《中国出版史料》现代部分，山东教育出版社，2001。

张民军、姚昱编《美国对华情报解密档案（1948—1976）》第 2 册，东方
　出版中心，2009。

中国人民解放军国防大学党史党建政工教研室编《中共党史参考资料》第
　19 册，国防大学出版社，1986。

中共上海市委党史研究室编《中共上海党史大典》，上海教育出版

社，2001。

中共上海市委党史研究室、上海市档案馆编《接管上海（上卷·文献资料）》，中国广播电视出版社，1993。

中共上海市委党史研究室、上海市档案馆编《接管上海（下卷·专题与回忆）》，中国广播电视出版社，1993。

中国社会科学院新闻研究所编《中国共产党新闻工作文件汇编》，新华出版社，1980。

中共中央华东局政策研究室编《上海市军管时期法令汇集（一）》，1949年7月。

中共中央文献研究室编《邓小平年谱（1904—1974）》，中央文献出版社，2009年。

中共中央文献研究室编《建国以来毛泽东文稿》（1949年9月—1950年12月），中央文献出版社，1987。

中共中央文献研究室编《建国以来周恩来文稿》，中央文献出版社，2008。

中共中央文献研究室编《建国以来重要文献选编》第1、2册，中央文献出版社，1992。

中共中央文献研究室编《刘少奇年谱（1898—1969）》，中央文献出版社，1996。

中共中央文献研究室编《周恩来年谱（1949—1976）》，中央文献出版社，1997。

中共中央文献研究室、新华通讯社编《毛泽东新闻工作文选》，新华出版社，2014。

中共中央文献研究室、中央档案馆编《建党以来重要文献选编（1921—1949）》，中央文献出版社，2011。

中共中央文献研究室、中共中央党校编《刘少奇论党的建设》，中央文献出版社，1991。

中共中央宣传部办公厅、中央档案馆编研部编《中国共产党宣传工作文献选编：1949—1956》，学习出版社，1996。

《中国报刊发行史料》编辑组编《中国报刊发行史料》，光明日报出版社，1987。

《中国共产党中央委员会关于建国以来党的若干历史问题的决议》，人民出版社，2009。

《中国人民政治协商会议共同纲领》，人民出版社，1952。

中央档案馆编《中共中央文件选集》，中共中央党校出版社，1992。

中央档案馆、中共中央文献研究室编《中共中央文件选集（1949年10月—1966年5月）》，人民出版社，2013。

著作

C. 赖特·米尔斯：《社会学的想象力》，陈强等译，三联书店，2005。

R. 麦克法夸尔、费正清编《剑桥中华人民共和国史（上卷）：革命的中国的兴起（1949—1965）》，谢亮生等译，中国社会科学出版社，1990。.

陈坚、陈奇佳：《夏衍传》，中国戏剧出版社，2015。

陈建云：《大变局中的民间报人与报刊》，福建教育出版社，2008。

陈建云：《向左走、向右走：一九四九年前后民间报人的出路抉择》，福建教育出版社，2010。

丹尼尔·哈林、保罗·曼奇尼：《比较媒介体制——媒介与政治的三种模式》，陈娟、展江等译，中国人民出版社，2012。

邓小南：《政绩考察与信息渠道：以宋代为重心》，北京大学出版社，2008。

丁贤才编《探索：新民晚报研究文集》，文汇出版社，1999。

杜英：《重构文艺机制与文艺范式：上海，1949—1956》，上海三联书店，2011。

方汉奇：《中国新闻事业通史》第3卷，人民大学出版社，1999。

方汉奇等：《〈大公报〉百年史》，中国人民大学出版社，2004。

费雷德里克·S. 西伯特、西奥多·彼得森、威尔伯·施拉姆：《传媒的四种理论》，戴鑫译，中国人民大学出版社，2008。

冯亦代：《绿的痴迷》（上），大众文艺出版社，2006。

中共解放日报离休干部支部委员会：《解放日报老同志回忆录》，解放日报社，1998。

胡正强：《中国现代媒介批评研究》，中国传媒大学出版社，2010。

郎劲松：《中国新闻政策体系研究》，新华出版社，2003。

黎安友：《从极权主义到韧性威权：中国政治变迁之路》，巨流图书股份有限公司，2007。

李纯青：《笔耕五十年》，三联书店，1994。

李金铨编《文人论政——知识分子与报刊》，广西师范大学出版社，2008。

刘海龙：《宣传：观念、话语及其正当化》，中国大百科全书出版社，2013。

马光仁主编《上海新闻史（1850—1949）》，复旦大学出版社，1996。

穆欣：《办〈光明日报〉十年自述（1957—1967）》，中国青年出版社，2015。

人民日报报史编辑组编《人民日报回忆录（1948—1988）》，人民日报出版社，1988。

王建华等：《舒同传》，中共中央党校出版社，2012。

王奇生：《革命与反革命：社会文化视野下的民国政治》，社会科学文献出版社，2010。

魏绍昌：《逝者如斯》，山东画报出版社，1998。

文汇报报史研究室：《从风雨中走来》，文汇出版社，1993。

文汇报报史研究室：《在曲折中行进》，文汇出版社，1995。

文汇报报史研究室编写《文汇报史略（1949.6—1966.5）》，文汇出版社，1997。

夏衍：《懒寻旧梦录（增补本）》，三联书店，2000。

谢泳编《思想利器—当代中国研究的史料问题》，新星出版社，2013。

新民晚报史编纂委员会主编《飞入寻常百姓家：新民报—新民晚报七十年史》，文汇出版社，2004。

徐铸成：《徐铸成回忆录》，三联书店，1998。

徐铸成：《徐铸成日记》，徐时霖整理，三联书店，2013。

严建平编《心中的绿洲：〈新民晚报·夜光杯〉副刊作品精粹》，光明日报社，1997。

杨奎松：《忍不住的"关怀"：1949 年前后的书生与政治》，广西师范大学出版社，2013。

虞丹：《聚沙集》，福建人民出版社，2001。

张济顺：《远去的都市：1950 年代的上海》，社会科学文献出版社，2015。

张静如、梁志祥主编《中国共产党通志》第 3 卷，中央文献出版社，2001。

张林岚：《腊后春前》，《一张文集》卷一，上海三联书店，2013。

张林岚：《赵超构传》，《一张文集》卷二，上海三联书店，2013。

郑保卫主编《中国共产党新闻思想史》，福建人民出版社，2004。

郑重：《毛泽东与文汇报》，香港中文大学出版社，2010。

中共山西省委组织部编《常芝青传》，新华出版社，2003。

邹谠：《二十世纪中国政治》，牛津大学出版社，1994。

Anne‐Marie Brady, *Marketing Dictatorship: Propaganda and Thought Work in Contemporary China*. Lanham: Rowman & Littlefield Publishers, 2009.

AntonioGramsci, *Prison Notebooks*. London: Lawrence and Wishart, 1971.

Daniel C. Lynch, *After the Propaganda State: Media, Politics, and "Thought Work" in Reformed China*. Stanford: Stanford University Press, 1999.

MichaelAdas, *Machines as the Measure of Men: Science, Technology, and Ideologies of Western Dominance*. Ithaca, NY: Cornell University Press, 1989.

Indrajit Banerjee, ed., *Rhetoric and Reality: the internet challenge for democracy in Asia*. Singapore: Eastern Universities Press, 2003.

论文

曹立新：《再论新中国成立后私营报业消亡的原因——以解放初期〈文汇报〉的经历为例》，《国际新闻界》2009 年第 4 期。

操瑞青：《建构报刊合法性："有闻必录"兴起的另一种认识——从〈申报〉"杨乃武案"报道谈起》，《新闻与传播研究》2015 年第 3 期。

陈力丹：《党性与人民性的提出、争论与归结——习近平重新并提"党性"和"人民性"的思想溯源与现实意义》，《安徽大学学报》2016 年第 6 期。

陈细晶：《现代中国报业国有化的历史渊源》，周武主编《上海学》第四辑，上海人民出版社，2016。

杜英：《文化体制和文化生产方式的再建立——建国初期对上海小型报的接管和改造》，《中国现代文学研究丛刊》2007 年第 2 期。

贺碧霄：《新闻范式更替：从民间报人到党的干部——以上海私营报业改

造为中心的考察（1949—1952）》，博士学位论文，复旦大学，2011。

姜进：《断裂与延续：1950 年代上海的文化改造》，《社会科学杂志》2005
　年第 6 期。

刘建明：《"有闻必录"论的起源与发展》，《新闻知识》1996 年第 12 期。

刘小清：《〈解放日报〉的"政治错误"与恽逸群的厄运》，《炎黄春秋》
　2000 年第 1 期。

龙伟：《上海解放初期中共对小报的改造与整编》，《中共党史研究》2015
　年第 3 期。

宁启文：《1949 年—1956 年大陆报业企业化经营概述》，《新闻与传播研
　究》2001 年第 2 期。

庞松：《略论解放战争时期中共对上海的接管》，《近代史研究》1997 年第
　2 期。

孙旭培：《解放初期对旧新闻事业的接收和改造》，《新闻研究资料》1988
　年第 3 期。

杨奎松：《新中国新闻报刊统制机制的形成经过——以建国前后王芸生的
　"投降"与〈大公报〉改造为例》，华东师范大学中国当代史研究中心
　编《中国当代史研究》第 2 辑，九州出版社，2011。

叶言都：《邮发合一：中共建国后报业发行的变局（1949～1954）》，《台
　大历史学报》第 42 期，2008 年 12 月。

张济顺：《五十年代初的上海报业转制：从民办到党管》，《炎黄春秋》
　2012 年第 4 期。

张济顺：《上海私营报业的思想改造运动》，《炎黄春秋》2012 年第 10 期。

张济顺：《从民办到党管：上海私营报业体制变革中的思想改造运动——
　以文汇报为中心案例的考察》，华东师范大学中国当代史研究中心编
　《中国当代史研究》第 1 辑，九州出版社，2009。

张文清：《接管上海的特点与历史经验》，《上海党史与党建》1997 年第
　1 期。

周武：《从全国性到地方化：1945 年至 1956 年上海出版业的变迁》，《史
　林》2006 年第 6 期。

祝均宙：《上海小报的历史沿革（下）》，中国社会科学院新闻研究所：
　《新闻研究资料》1988 年第 4 期。

Sei Jeong Chin, Autonomy through Social Networks: Law, Politics, and the News Media in Modern China, 1931 −1957, Harvard University, PhD dissertation , 2008.

Sei Jeong Chin, "The Historical Origins of the Nationalization of the Newspaper Industry in Modern China: A Case Study of the Shanghai Newspaper Industry, 1937 −1953," *China Review*, Vol. 13, No. 2, Fall 2013.

后 记

这是一部迟到的书。

每部书的背后，都有一段隐秘的过往。正是这样的过往才催生了作品的问世。同样，这本书也有一段故事。

写这本书，源于十年前的一段机缘。2011～2012年，我获得机会前往上海，跟随华东师范大学杨奎松教授做一年的访学。我当时刚刚博士毕业不久，由于历史系并无职位，只好混迹新闻系为稻粱之谋。那时也还年轻，似乎什么都有些兴趣。虽然在新闻系挂名，心中却没有任何学科的概念，绝对是"身在曹营心在汉"。我隐约察觉新中国史有可能成为研究的热点，华师大的思勉高等研究院其时领风气之先，因此很想去见识一番。承蒙杨奎松先生不弃，让我成为半个门徒。

这本书的问世得益于上海图书档案部门的开放、包容。我一向认为，一座城市的档案图书部门直接决定着这座城市研究的水平。其时在上海查档时，我就感觉上海真是学者的天堂，上海史研究能开风气之先不无道理。没有这样宽松的环境，自然也就没有这本小书。2011～2012年，差不多整整一年，我每天都从号称"闵大荒"的华师大新区赶到位于外滩的上海市档案馆，集中查阅相关档案。我当时刚刚出版《民国医事纠纷研究》一书，有很大的研究兴趣集中在近代医患关系史上，因此免不了好好利用上海市档案馆的资源再来一番"扫荡"。不过时常亦在闲暇之时，透过阅览室的玻璃窗远眺黄浦江和东方明珠塔，做一些非分之想。结合自己挂单"新闻系"的处境，在华师大新中国史研究的热烈氛围感染下，我几乎是自然而然地瞄上了新中国上海报业的相关档案。眼前这本书，大致就是这一年阅读档案的结果。人生有时即是如此，一个偶然的触动、一段不经意的经历，然后有了这样一个结果。许多年后回首过去，才发现这样的偶然和不经意却也悄然改变了自己。至少，它让我从此真正踏上了新闻史的研究之路。

　　说来惭愧，这本书本来在五年前即告完成，2018 年与社会科学文献出版社签约，预计在该年年底出版，但随后因故不得不再三延展，迟至今日方才面世。粗粗一算，从 2011 年沪上查档直至今日，已然十载有余。那时似乎还有一些意气风发，但现在只能感叹人生十年太匆匆。虽然姗姗来迟，但好在它终于来到了。感谢社会科学文献出版社的李期耀兄，他既是我多年的好友，也是这本书的编辑。这样一本拖延了若干年的书，中间经过不少挫折，我一度都欲放弃，如若没有他的坚持与帮助，恐怕就真没有任何结果了。

　　当然，这本书也有颇多遗憾。虽然业师反复教诲，学者不能局狭于一域，要有更开放的视野。但作为一个外地人，研究上海总免不了一些隔膜。这本书更多还是延续兰克的传统，偏重结构和史实上的梳理，而多少忽略了"人"的活动。报业变革牵涉众多，机构调整无非是城头变幻大王旗。不过对很多报人来说，不光是思想的重建，在特定的社会语境中更与其人生、家庭命运紧密相连。画形容易画神难，如果过于冷静与客观，没有与对象"同情之理解"，其实很难写出其中的烟火之气。我有时反而觉得，小说要比历史更写实，现实又比小说更魔幻。在处理纷繁复杂的上海报业变革这一主题时，史学叙述与历史客体之间也免不了存在想象、揣摩、推断的距离，这种叙述甚至可能与亲历者的经验和认识有所背离。"横看成岭侧成峰，远近高低各不同"，历史写作早已不是定论。对于亲身经历的日常生活，我们也不敢轻言洞若观火，更何况逝去的过往，这本小书仅代表我个人对这一历史过往的理解与认识。诚然，作为历史研究者不当因此而放弃重建史实的可能，更不当将此作为开脱文责的借口。本书的文责，概由本人自负。不确之处，恳请方家宥之、教之。

　　该书从写作到出版的过往十年，得到诸多师友的帮助，受惠众多，请恕我不能一一道谢。一者贸然将他们的名号打出，少不了有自抬身价的嫌疑。再者，作品写得好倒还罢了，如若写得不好，自是有损师友之名。因此，还请各位师友恕罪，谨将感谢之情深藏肺腑。此外，因该书迟迟未能出版，是以近几年我以极慢的速度将其中的部分章节整理、修改陆续投稿，承蒙《新闻与出版研究》《国际新闻界》《中共党史研究》《新闻春秋》等刊物的肯定，部分内容得以在上述刊物先行发表，特此表示感谢。

　　谨以此书的出版纪念我们共同的十年。感谢过去十年间我们遇见的诸多美好，希望下个十年会更好。

　　是为记。

2022 年 10 月底

图书在版编目（CIP）数据

成为人民报纸：新中国上海报业的历史变革：1949 –
1953 / 龙伟著. -- 北京：社会科学文献出版社，
2022.11

ISBN 978 – 7 – 5228 – 0778 – 2

Ⅰ.①成…　Ⅱ.①龙…　Ⅲ.①报业 – 新闻事业史 – 史
料 – 上海 – 1949 – 1953　Ⅳ.①G219.245.1

中国版本图书馆 CIP 数据核字（2022）第 179320 号

成为人民报纸：新中国上海报业的历史变革（1949~1953）

著　　者 / 龙　伟

出 版 人 / 王利民
责任编辑 / 李期耀
责任印制 / 王京美

出　　版 / 社会科学文献出版社·历史学分社（010）59367256
　　　　　　地址：北京市北三环中路甲 29 号院华龙大厦　邮编：100029
　　　　　　网址：www.ssap.com.cn
发　　行 / 社会科学文献出版社（010）59367028
印　　装 / 三河市龙林印务有限公司

规　　格 / 开　本：787mm×1092mm　1/16
　　　　　　印　张：15.25　字　数：256 千字
版　　次 / 2022 年 11 月第 1 版　2022 年 11 月第 1 次印刷
书　　号 / ISBN 978 – 7 – 5228 – 0778 – 2
定　　价 / 88.00 元

读者服务电话：4008918866